大石学・時代考証学会〈編〉

戦国時代劇メディアの見方・つくり方

戦国イメージと時代考証

勉誠出版

はしがき

時代考証学会は、二〇〇九年一一月の第一回シンポジウム「時代考証学 ことはじめ」以来、今年で一二年目を迎える。毎年一一月にシンポジウムを開催し、二〇一九年三月には、一〇周年記念シンポジウム「江戸時代像を考える――歴史学・時代劇と時代考証」を開き、一〇年の活動を総括するとともに、新たな「ことはじめ」として、「時代考証学」の確立を目ざすことにした。

毎年のシンポジウムは、当初、大河ドラマの制作過程や市民社会の受容をテーマとし、その成果を、逐次書籍として刊行してきた。しかし、一〇周年を機に、新たな「ことはじめ」として、特定のテーマのもと複数のシンポジウムの成果をまとめて刊行することにした。本書は、その一冊目である。

すなわち、本書は戦国時代劇メディアをテーマとした第六回と第一一回のシンポジウムと、これに関連する論考・コラムを収録したものである。第六回シンポジウムは、二〇一四年一一月二三日(日)、「戦国時代イメージを考える――時代劇メディア・学問・市民」をテーマに東京学芸大学において開催し(参加者四八名)、第一一回シンポジウムは、二〇一九年一一月三〇日(土)、「時代劇メディアと「ポップ・カルチャー」の境界を歩く」をテーマに明治大学和泉キャンパスにおいて開催し(参加者一七六名)、いずれも活発な議論がおこなわれた。

時代考証学は、テレビ、映画、小説、マンガ、アニメ、ゲームなど多様な時代劇メディアを基礎づけるとともに、歴史学、建築史、被服史、食物史、風俗史、科学史、医学史などの諸学問を体系化する「総合学」である。また、虚構（フィクション）と現実（リアル）の間をつなぎ、作品と社会を結ぶ時代劇制作に寄与するものでもある。当会が監修し、二〇一二年に刊行された『学研まんがＮＥＷ日本の歴史』（学研プラス）が、このたびＤＶＤを附録とし、マンガ、史料、映像の構成として、今年リニューアル刊行されたことは、その成果ともいえる。そのことは、同時に時代考証の意義と役割が社会に幅広く認識され、現在「ポップ・カルチャー」と呼ばれる作品群と時代考証との関係が緊密になっている証しでもある。とくに戦国武将や刀剣などをはじめとする「戦国時代もの」は、さまざまなメディアを通じて、多様なコンテンツが展開している。イメージ先行の歴史像は多くの市民を惹きつけるゆえ、他方において時代考証のかかわりも重要となる。読者の皆様が、本書により多様な時代劇メディアの実態と可能性を、考えるきっかけを得ていただければ幸いである。

時代考証学会会長　大石　学

【目次】

第1編　時代劇メディアとポップ・カルチャー

第2編　時代劇と戦国イメージ

第3編　三英傑イメージの変遷

第4編 歴史系学問と戦国イメージ

序論

◉野本禎司

一、時代劇メディアの見方・つくり方——時代考証の立ち位置

時代劇をめぐる状況が、とくにテレビ（地上波）において厳しくなったといわれて久しいが、(1) さまざまなメディア媒体を通して考えると現状は少し異なるように思える。時代考証学会では取り上げる対象を「歴史作品」＝「テレビ・ラジオ・映画・演劇など時代劇、歴史小説、マンガ、アニメ、ゲームなど」としていたが、(2) 近年のメディアをめぐる大きな変化は、「歴史作品」の受容者の裾野を広げ、これまでの認識ではとらえきれない部分もでてきた。こうしたメディア媒体をめぐる状況を積極的にとらえようと、二〇一三年頃から「時代劇メディア」という用語を使用することにしている。つまり、さまざまなメディア媒体を通じて社会に発信される「歴史作品」を「時代劇メディア」と捉えている。

時代考証学会は、時代考証の基礎となる諸学問を総合し、時代劇メディアの制作に寄与するとともに、学問、市民社会に寄与する総合学としての時代考証学の構築を目的としている。(3) すなわち、時代劇メディア制作に関わる人びと、市民、研究者という三者の関係から、新しい学問を立ちあげようと取り組んでいる。(4) いわばシチズン

サイエンスの手法ともえいるような活動を展開してきた。

まず、時代考証という営為について、私たちなりの考えを示してきたので整理しておきたい。一般的に時代考証とは、辞書的定義にあるように、小道具類などを対象として、ドラマの設定時代に適合しているか調べるものとして理解されてきた。

これに対し、大石学は「考証の仕事は、A企画（人物設定、時代設定、地域設定、ストーリーの相談など）、B台本づくり（史実との整合性、セリフの検討など）、C大道具・小道具の相談（セット、書状・文書の制作など）、D撮影現場からの問い合わせ（セットの確認、セリフの変更、役者のステージング、所作など）、Eビデオや試写のチェック、F放送後の視聴者からの問い合わせへの対応、など多岐にわたる」とし、制作者から求められる時代考証の実態から、その試案を提示した。(5) 時代考証の実務として当会で共有されている定義である、

その後、佐藤宏之は「歴史学の成果に立脚した新たな歴史情報や歴史像を提供し、歴史意識の形成に携わる」、「広く共有された、あるいは共有されている歴史意識を受けとめる」作業を時代考証とした。(6) これは歴史学研究者がおもに時代考証の担当となるその責任の所在から説明したものといえ、あわせて時代考証学について「最新の研究成果をふまえた『本来の史実』と番組内容との距離を評定する時代考証の虚実判定をするのではなく、ひとまず『物語がなぜそのようなかたちで存在するのか』、『史実がどのような現実を作り上げているのか』を問う学問」とした。

さらに、大石学は、近松門左衛門の「虚実皮膜」やカール・マルクスの『資本論』の一説を取り上げ、「時代劇制作とは、虚構と現実の間を埋め、現実と本質を結ぶ作業であり、時代考証・時代考証学とは、この作業を基礎づける行為・学問」と述べた。(7) あらためて総合学としての時代考証、時代考証学の基本指針を明示している。

これらは当会の活動目的とも重なり、当会は時代劇メディアにおける間違いなどのあら捜しをし、論評するための場では決してない。こうした時代考証に対する定義、姿勢のもと、あらためて総合学としての時代考証学の確立を図り、前進していきたいと考えている。

では、時代考証について、時代劇メディア制作者がどのようにとらえているのか確認しておきたい。当会では、とりわけ大河ドラマの制作過程やその市民社会における受容、影響について討議を重ねてきた。その際に、ワンシーンが映像化される＝視聴者が享受するに至るまでに関与する多様かつ重層的な「制作者」（原作者・脚本家・プロデューサーなど↓時代考証↓プロデューサー・演出・美術・指導など↓俳優）と討議をおこなってきた。こうした多様な「制作者」を一堂に会して議論を進めていることに当会の大きな特徴がある。時代劇メディアに関わり立場の異なる関係者が、時間と空間を共有して議論をおこない、それぞれの考えのズレや共通項を確認してきたのである。(8) これまでの議論の成果として、それぞれが考える「リアリズム」のズレ、そして映像化に求められる「リアリティー」の追求が共通項となりうることが確認されたように思う。(9) そして、その「リアリティー」が「表象（イメージ）」として視聴者に受容されることによる市民社会への影響についても検討を重ねてきた。(10) こうしたなかで強調したいのは次の発言である。

人物デザインの柘植伊佐夫は、「『精度を見極めた創造性』というものが時代考証に問われている。（中略）それは学術的な作業で言えば、『各時代の精度レベルに応じたアーカイブ化』ということによって推進される気もします」と述べ、共通のアーカイブズをつくることによる協業の可能性を語っている。(11) また、制作プロデューサーの屋敷陽太郎は、「バランス感覚に優れた時代考証を積み重ねることによって、私たち作り手側と視聴者との間での対話の土台となる、『共通言語』が築かれていくのかもしれません」と述べる。(12)

これらの意見は、当会が考える時代考証の定義、姿勢と齟齬はないが、重要になるのは「精度を見極めた創造性」「バランス感覚に優れた時代考証」という点である。この点が映像化における「リアリティー」となり、また、視聴者はそれを「表象」(あるいは「史実」)として受け入れる。

また、三野行徳は、時代考証に関わる姿勢として「ある時代がどんな時代だったか、自分の言葉で語るわけではないけれど、より正確な叙述とするという点において、可能な限り深く関わるべきだと考えている。より正確な考証に基づく叙述は、作品作りの最短距離ではないけれど、作品をよりよいものにする道だと確信するからである。とはいえ、どの程度、どのように採用するかの主体はあくまで制作側であり、どのような作品にしたいか、という制作側の考えによって関わり方は変わる」と述べる。(13) この発言は当会委員が時代考証に関わるときの姿勢を代表している。

なお、当会では、シンポジウムごとに必ず参加者にアンケートをとっており、本書にもアンケート結果にもとづく分析をコラムとして収録している。参加者のなかに時代考証は不要と回答する人はいない。その理由は、竹内誠が自身の時代考証の体験から「史実を忠実に言えば言うほどドラマはあまりおもしろくなくなってしまう。しかし、嘘ばかりであまりに馬鹿馬鹿しくなると人は観ません」と述べている通りである。(14) つまり、時代劇メディアに一定のリテラシーをもつ視聴者には、時代考証のない時代劇メディアは受け入れられることはなく、そのことはアンケート結果が示している。その具体的な理由や視聴者が時代劇メディアに求める内容などは、アンケート結果にもとづく本書コラムを参照されたい。

さて、「精度を見極めた創造性」「バランス感覚に優れた時代考証」が「制作者」で成立するためには、相互のコミュニケーションは欠かせない。この点については、シンポジウムにおけるパネルディスカッションが大切な役割を果たしており、本書に収録している（本書第1、2編パネルディスカッション）。時代考証がここまで述べてきたような性格をもつからこそ討議のうえに、その新たな地平を築いていかなければならない。

また、一つの映像（ワンシーン）が、時代考証としては成り立たない場面だとしても、演出家の菅野高至が述べるようにそれを分かったうえで放映していることも間々ある。[15] つまり、「制作者」すべてが間違いだと分かったうえで制作する場面もあるのである。視聴者にはこうした点はわからない内容であり、時代劇メディアを見る上でも（面白く見る）、つくる上でも（よりよい作品をつくる）、当会は重要な役割を果たしうるものと自負している。そして先述した三者（制作者・市民社会・諸学問）の橋渡しの役割を担い、可視化することで、時代考証学の確立がなされるのである。

二、戦国イメージと時代考証

ここまで述べてきたような専門としての「時代考証」（以下、専門の時代考証が入る場合について「時代考証」とする）を入れずに制作することが多いのが、マンガやアニメ、ゲーム、あるいは小説などである。こうした場合においては、時代考証は原作者の判断にかかる。原作者の中には、「時代考証」と創作は相反するものとして考え、「時代考証」を遠ざける場合もある。[16] あるいは「時代考証」を入れることをはじめから想定しない場合もある。とくに「戦国BASARA」をはじめ多様なコンテンツとして展開する戦国武将や戦国時代ものは、新たな歴史ファンを獲得しており、その歴史表象が定着することには一定の危うさも感じる。他方で、大河ドラマ「真田丸」（チーフ・プロデューサー屋敷陽太郎）では、ゲーム「信長の野望」の要素を取り入れ、話題を呼んだ。そして当会が監修をした『学研まんがＮＥＷ日本の歴史』は、歴史上の人物がイケメン・美女で描かれているが、このこと（「マンガ表現のリアリティー」）と歴史的事実とは矛盾はせず読者に受け入れられている。[17]時代劇メディアの多様な展開に対する当会のスタンスも検討すべき課題と考えている。[18]

本書第1編には、原作者が時代考証をおこなっている場合、あるいはそうしたことを教育現場で指導している方の思考と、彼らを一堂に会した討議を収録した。この議論の中で「時代考証」との違いを考えるならば、それは史料批判の姿勢ではないか。時代考証をおこなうにあたり歴史資料を参照するに際しては、その資料がどのような立場で作成されたものなのか、その資料の性格を正確に把握していなければならない。この点を大橋崇行は述べており、「時代考証」との差を的確に指摘している（本書第1編コメント）。[19]

戦国時代イメージを象徴するのは戦国武将、なかでも三英傑とされる織田信長、豊臣秀吉、徳川家康である。この三英傑を扱った時代劇メディア作品の数の多さは、秀吉、信長、家康の順に多い（本書第2編4章）。家康の作品が少ないことは、三英傑のイメージ変遷をまとめた本書第3編の内容からもうかがえる。すなわち信長、秀吉が、代表的な時代劇メディアとの関係が多く語られる一方で（本書第3編7章、同8章）、家康のイメージは歴史資料から多く語られている（本書第3編9章）。これは執筆者のスタンスもあろうが、家康を主人公とする時代劇メディアが少ないことが影響していることが背景にあると考える。また、信長、秀吉は、戦前戦後ともその時代の象徴として偶像化されていることも特徴的であり、時代劇メディアにも反映している。彼らのイメージは「時代考証」の枠を超えて変遷を遂げており、時代性、さらには地域性をふまえてより丁寧に検証する必要があるだろう。

時代劇においてイメージを視聴者に定着させるのに重要な役割を果たしているのは、演じ手である。視聴者が、イメージを形成するのは、テレビやスクリーンで演じる俳優の姿を通してである。当会がシンポジウムに俳優の方に登壇いただくのは、イメージ形成の重要な役割を果たしているからである。[20] 演じ手の「リアリティー」に違和感がなければ、「時代考証」の必要性は後景に退く。その点で、マンガやアニメの原作者の立場に共通する。ただし、これまで登壇した俳優で「時代考証」の必要はないという方はいないし、自身で文献資料を参照して、演じる歴史上の人物に一定の歴史的理解をもって演じている方が多い。

時代劇メディアを通じてイメージが社会に定着すると、そのイメージがさらなる時代劇メディア作品に反映され、市民社会において再生産される。「時代考証」がどのように創作に関わるのか、そのあり方に結論はでないが、市民はどこかで歴史的事実を求めていることも確かである。イメージと歴史的事実との懸隔を説明できるのも時代考証学会の魅力である。

以上のような考えから、本書のタイトルを『戦国時代劇メディアの見方・つくり方――戦国イメージと時代考証』とし、各論考を四編に編成した。第1編は当会第一一回シンポジウム「時代劇メディアと「ポップ・カルチャー」の境界を歩く」（二〇一九年一一月三〇日開催）の内容、第2編は当会第六回シンポジウム「戦国時代イメージを考える――時代劇メディア・学問・市民」（二〇一四年一一月二三日開催）の内容を配置した。第3編は、市民にとって戦国時代イメージを象徴する織田信長、豊臣秀吉、徳川家康の三英傑のイメージの現状についての論考をおさめた。また、総合学である時代考証学に求められる諸学問・現場からの論考を、主に歴史系学問を中心にまとめ、第4編におさめた。戦国史研究をめぐる状況は刻々と進んでおり、最新の「史実」の状況を伝えることを意図した。

これら四編の構成により、①戦国時代劇メディアの多様性、②さまざまな種類の時代劇メディアに対して「時代考証」はどのような立ち位置にあるのか、③時代劇メディアがもたらす戦国イメージの現在、④それに対して最新の研究状況はどのようなものか、⑤それを展示などにより市民に伝える工夫は、⑥時代劇メディアの内容に違和感をもった市民はどのような行動をとるのか、などを伝えようと意図した。

本書を通読することにより、さまざまな時代劇メディアの制作に「時代考証」が必要であるのか、「時代考証」はどんな役割を果たしているのか、そして時代考証学の可能性について、読者の皆様が感じ取っていただけるものと考えている。

注

（1）時代劇制作をめぐる現状と新しい時代劇制作の取り組みについては、大石学・時代考証学会編『時代劇文化の発信地・京都』（サンライズ出版、二〇一三年）を参照されたい。

（2）大石学「「時代考証学」の可能性」（大石学・時代考証学会編『時代考証学ことはじめ』（東京堂出版、二〇一〇年）。

（3）大石学「「時代考証学」の可能性」（注2参照）。

（4）当会の当初の活動に際しては、放送文化基金研究助成の平成二二年度「時代考証学の構築にむけて――NHK大河ドラマと市民の歴史意識の関係構造」、平成二三年度「時代考証学の構築にむけてII――地域文化におけるドラマの受容とその特質の解明」、平成二四年度「時代考証学の構築にむけてIII――時代考証学の成果を問う」、また、トヨタ財団二〇一一年度研究助成プログラム「時代考証学の確立とその方法論的研究」による多大な支援をうけた。二〇〇九年設立以来の成果については『時代考証学論集（仮）』として刊行を予定している。

（5）「「時代考証学」の可能性」（注2参照）。

（6）「趣旨説明」（大石学・時代考証学会編『時代劇メディアが語る歴史――表象とリアリズム』岩田書院、二〇一七年）。

（7）「はしがき」（『時代劇メディアが語る歴史――表象とリアリズム』（注6参照）。

（8）戸邊秀明は、NHK「連続テレビ小説」を題材に歴史意識を捉えようとする際、歴史研究者の立場からどのような貢献ができるか考える上で、テレビドラマの「作り手」の意味生産の重層性に留意すべきことを述べている（「NHK「連続テレビ小説」が創り出す歴史意識」（『歴史評論』第七五三号、二〇一三年）。本会がこれまで取り組んできたことと重なる考え方であり、共感できる。また、NHKの歴史番組「タイムスクープハンター」の時代考証を担当した清水克行は、歴史研究者と制作者の関係性から、それぞれの作品に対する責任の持ち方などについて言及している（「社会史研究の成果と歴史ドラマの現在――「タイムスクープハンター」時代考証の経験から」、『人民の歴史学』第一九五号、二〇一三年）。両者の関係性は一様ではなく、対話が必要である。

（9）リアリズムについて整理した大石学「歴史作品とリアリティー」（大石学・時代考証学会編『大河ドラマをつくるということ――時代考証学の提唱』名著出版、二〇一二年）も参照されたい。

（10）当会フォーラムが意識的に検証してきたことである。フォーラムは、おもにドラマの舞台となる地にて開催し、その地域への影響を市民と対話をしてきた。その成果は、いずれも大石学・時代考証学会編として、第一回（鹿児島）＝『大河ドラマと地域文化――「篤姫」「龍馬伝」と鹿児島』（高城書房、二〇一二年）、第二回（彦根）＝『地域と語る大河ドラマ・時代劇――歴史都市彦根からの発信』（サンライズ出版、二〇一二年）、第三回（京都）＝『時代劇文化の発信地・京都』（注1参照）、第四回（仙台）＝『伊達政宗と時代劇メディア――地域の歴史・文化を描き、伝えること』（今野印刷、二〇一六年）を参照されたい。なお、『時代劇メディアが語る歴史――表象とリアリズム』（注6参照）の特論四本もNHK大河ドラマ放映を契機とした地域の歴史表象や観光の変化について検討したものとなっている。また、及川祥平は、時代劇メディアがもたらした市民社会の反応を民俗学の立場から検討している（『偉人崇拝の民俗学』勉誠出版、二〇一七年）。ある歴史表象を地域固有にとらえることを歴史的に検討したものとして、村上紀夫『江戸時代の明智光秀』（創元社、二〇二〇年）があり、京都における明智光秀像の創出と変容を明らかにしている。

（11）「時代考証と人物デザインの共鳴」（『大河ドラマをつくるということ――時代考証学の提唱』注9参照）九九頁。台本や小道具、時代考証に関わるデータベースなど、時代劇メディアに関わるアーカイブズの問題についても、当会にて言及してきたところである。奥田瑛二（『時代考証学ことはじめ』注2参照）や竹内誠（大石学・時代考証学会編『大河ドラマと市民の歴史意識』岩田書院、二〇一三年）は、そうしたアーカイブズ施設の必要性を述べている。なお、この点については、放送文化基金平成二五年度研究助成「時代劇アーカイブズの収集・整理・保存と史料論的研究」に採択されて研究を進め、談話会「放送・演劇・時代劇資源のアーカイブズ化と共有化」を二〇一五年一月二四日に開催した。時代劇メディアのアーカイブズ化は大きな課題であり、引き続き取り組んでいきたい。

（12）「制作現場から見た、大河ドラマと時代考証」（『大河ドラマをつくるということ――時代考証学の提唱』注9参照）七三頁。

（13）「大河ドラマの中の新選組と幕末――時代考証を通じて」（『大河ドラマと市民の歴史意識』注11参照）四二頁。

（14）「大河ドラマと江戸時代像――時代考証の経験から」（『大河ドラマと市民の歴史意識』注11参照）一六九頁。

（15）「嘘から出る実（まこと）――時代考証と表現」（『時代考証学ことはじめ』注2参照）。

（16）たとえば築山桂「『時代考証』とは何か――原作者の立場から」（『時代考証学ことはじめ』注2参照）。

（17）小泉隆義「マンガと時代考証――学習マンガを題材に」（『時代劇メディアが語る歴史――表象とリアリズム』注6参照）。

（18）当会では、二〇一四年から、アニメ担当を設け、歴史を題材としたアニメ作品について検討してきた。戦国時代に関わっては、第六回サロン報告「時代劇アニメの中世史表象――身分・職能・聖性」（西山剛、二〇一五年七月二五日）、千葉真弓「政宗を描くって大変！――制約から始まる可能性」（『伊達政宗と時代劇メディア――地域の歴史・文化を描き、伝えること』注10参照）。なお、『チェーザレ～破壊の創造者～』の監修者である原基晶を報告者とした第八回サロン（二〇一七年四月二日）も海外作品であるが、多くを学んでいる。

（19）なお、筆者もこの点について、「時代考証と歴史学――NHK大河ドラマ『篤姫』を題材に」で述べた（『時代考証学ことはじめ』注2参照）。

（20）中島裕昭「ドラマとしての時代劇――パフォーマンス論的見地から」（『時代考証学ことはじめ』注2参照）。

特論　戦国時代劇と時代考証

◉大石　学

はじめに

戦国時代を舞台とする歴史作品＝戦国時代劇は、幕末維新期を舞台とする作品と並び、時代劇世界に大きな比重を占める。二つの時代は、それぞれ中世から近世へ、近世から近代へと、旧体制(アンシャンレジーム)を政治的・軍事的に解体し、新たな国家・社会を成立させるという共通の位相(フェイズ)にある。しかし、その本質は大いに異なる。それは、二つの時代に挟まれた江戸時代という二五〇年以上の「平和」と「文明化」の存在に由来する。すなわち、中世・近世の移行が一〇〇年に及ぶ戦国時代をへて、最終的に徳川家康により新時代が切り拓かれるのに対して、近世・近代の移行が一年余の戊辰戦争という短期かつ連続的局地戦により、比較的スムーズに達成されたことに象徴される。また、新時代の開拓者が、戦国を勝ち抜いた下剋上の武士と、近世を通じて官僚化された武士という点でも異なる（大石学『敗者の日本史一六・近世日本の勝者と敗者』吉川弘文館、二〇一五年）。

ここでは、戦国時代劇について述べることにしたい。

さて、中世から近世への移行過程の基礎には、古代以来の神仏からの、また自然からの、列島社会の自立という動きがあった。そして、この動きは、列島社会を「平和」と「文明化」へと向かわせるものであった（大石学『時代劇の見方・楽しみ方――時代考証とリアリズム』吉川弘文館、二〇一三年、同『新しい江戸時代が見えてくる――「平和」と「文明化」の265年』吉川弘文館、二〇一四年）。

戦国時代の移行の意義をめぐっては、一九五〇年代の「太閤検地論争」や「幕藩制構造論」に代表される社会経済史的研究（安良城盛昭『幕藩体制社会の成立と構造』御茶の水書房、一九五四年ほか）、一九七〇年代の「公儀論」や「国家論」を中心とする政治史的研究（高木昭作『日本近世国家史の研究』岩波書店、一九九〇年ほか）、さらには一九八〇年代の「平和論」や「戦争論」の視点からの社会史的研究（藤木久志『豊臣平和令と戦国社会』東京大学出版会、一九八五年ほか）など、多様かつ豊かな研究成果が蓄積されてきた。

以下、これらの成果をふまえ、戦国時代の、⑴政治的変化、⑵社会経済的変化、⑶文化的変化、に注目し、私が時代考証を担当した戦国時代劇を例に見ていくことにしたい。

一、戦国時代の政治的変化

第一の政治的変化は、地域的権力である戦国大名の成長あるいは没落の過程と、これらの動きを全国的規模で統合する織田信長・豊臣秀吉・徳川家康のいわゆる「戦国三傑」の天下統一過程をいう。この過程においては、支配の正統性を表す「公儀」と、秀吉が発した「惣無事令」（私戦の禁止）が、重要な役割を果たした。

この時代の主役である戦国大名は、①中世の守護大名から成長したもの（武田、今川、細川、島津など）と、②下剋上によりその地位を獲得したものに大別される。そして、②のタイプは、a守護代などを出自とするもの（上杉、織田、朝倉など）、b国人などを出自とするもの（伊達、徳川、毛利など）、c国人の家臣などを出自とするもの（後北条、美濃斎藤など）に分類される。これらさまざまな出自と経歴をもつ戦国大名が、その経済力・軍事力を基礎に個性・能力を発揮し、地域の「公儀」権力として「領国」を形成・拡大し、さらには中央権力の樹立をめざしたことが、この時代の政治的変化の基本であった。

こうした変化の過程を描く戦国時代劇のうち、たとえば、二〇〇五年『戦国自衛隊一五四九』（福井晴敏原作、手塚昌明監督、江口洋介主演、角川映画株式会社製作、東宝株式会社配給）は、信長の歴史的役割と個性を描く。物語は、かつて北富士演習場で、プラズマ実験をしていた自衛隊の的場一佐率いる第三特別実験中隊が戦国時代の一五四七年に飛ばされる話に始まる。二年後、かつて的場の部下であり、退役して居酒屋を営む元二等陸尉の鹿島が招集されたロメオ隊が、先の的場中隊救出（実は殲滅することを命じられている）のため戦国時代にワープする。これは、的場らの戦国時代での存在と活動が、歴史の変更に作用し、その結果、現代社会の存在を危うくするという認識にもとづくミッションである。劇中のセリフでは、森三佐「的場一佐たちの過去での存在で狂い始めた歴史が、我々の世界が存在する事を許さなくなっている。生まれる前の過去に行って親を殺したら、今の自分は存在しない理屈だ」、神崎二尉「ほんの小さな傷なら、取り込んで修復してしまう力が歴史にはあるんだと思います。そうでなければ、的場一佐たちが過去に足を踏み入れた時点で、我々の世界は一瞬で消滅していたはずです。それが今になって、この世をおびやかし始めた……」、森「的場一佐たちの歴史への極端な介入が原因としか考えられない。このまま放っておけば、日本は、いや、この世界そのものがホールに呑み込まれ、消滅する……」と「歴史の変更」と、「現代の危機」の関係を説明する。そして、鹿島らは、現代から送り込まれた一五四九年において、的場一佐に会う。しかし、的場はワープ後織田信長に襲われ、逆にこれを斬り殺して、成り替わっていた。

鹿島らのロメオ隊は激戦の末、的場中隊に勝利する。鹿島らは、この過程で、戦国時代から現代にワープしていた飯沼七兵衛が、的場に替わり新たに信長となり、鹿島らが戦国時代にワープした当初助けた少年藤介が秀吉になること（信長と秀吉の年齢差は実際より大きく設定されているが）を確認し、現代に帰還する。

この作品では、ストーリー設定の段階で、製作スタッフから、「自衛隊の部隊（的場中隊）が戦国時代にワープするさい、西暦何年のどの場所に飛ぶと、何歳の戦国大名やその家臣たちに会えるか」という質問を受けた。めまぐるしく地域権力が入れ替わる戦国時代ならではの質問であった。私の方からは、「富士山を映像化するさい、宝永四年（一七〇七）の噴火のさいにできた宝永山を映さないよう注意すること」と、「ロメオ隊は、戦国時代だからといって勝手な武力行使はせず、自衛隊の基本姿勢である専守防衛を原則とすること」などを伝えた。これは、劇中で、的場中隊が戦国時代に飛ぶさい、「宝永の大噴火前の富士山が見える。（隊員）森田『（怪訝な表情で）富士山だよな……!?』というセリフとして表現された。また、自衛隊の方針については、（以下のセリフはロメオ隊の森三佐）「現地人との無用な接触は禁ずる。（小銃弾を手にし）弾薬は衝撃弾を使用する。薬莢、弾頭は自然分解されるよう、セルロース製になっている。我々の痕跡を残すことを極力避けるためだ」、鹿島「実弾は?」、森「装備はする。だが、使用出来るのは、非常時のみだ」とのセリフとなり、また、別のシーンで、戦況が不利ななか、鹿島「森さん……実弾を使おう……」、森「現地の人間を殺傷するな、それが本部の命令だ」、鹿島「何人やられたと思ってるんだ！」、森「実弾使用が認められているのは、第三特別実験中隊の殲滅のみだ！」などのセリフとなった。

次に、二〇二一年『ブレイブ——群青戦記』（笠原真樹原作、本広克行監督、新田真剣佑主演『ブレイブ——群青戦記』製作委員会、東宝映画製作、東宝配給）は、磁場バランスの崩壊により、桶狭間近くに位置する星徳学院高等学校の生徒たちが、戦国時代に飛ばされる話である。冒頭、学校放課後のクラブ活動の平和なシーンが、突如刀を持った野武士たちの乱入によって破壊される。そこに、信長家臣の梁田政綱（これ以前に戦国時代にワープした高校生）が軍勢を率いて登場し、さらにこれと対立する今川義元に属する松平元康（のちの徳川家康）の軍勢が登場する。元康は、主人公の高校生西野蒼（あおい）に「わしには、戦が日常だ。人質として多くの死を見てきた。今日隣で笑っていた友が、明日朝には死んでおる」「皆は無茶だと笑うが、わしはな、戦のない泰平の世を作りたい」「どんな人間も……男も女も、老人も子供も笑って暮らせるような世を作りたい。今はしがない今川の人質の身だが……いつか必ず」と、平和を希求する心情を語る。こののち、丸根砦の合戦のさい、元康は蒼を庇い梁田の火縄銃の銃弾を受け戦死する。蒼は、元康の死による「歴史の変更」を回避するために、友人らが現代に戻るさい、一人戦国時代に残り家康となり天下を統一していく。

先の『戦国自衛隊』と同様、「歴史の変更」の回避を描くが、『戦国自衛隊』が戦国時代人に任せるのに対し、『ブレイブ』は、現代人が過去の人物となるところが異なる。『ブレイブ』の場合、歴史に、政治に、未来に、さらには自らの人生に無関心だった現代高校生が、歴史を経験するなかで、自覚的・主体的に生きる意味を学ぶことがテーマになっている。戦国時代は、政治的変化の過程で、社会秩序が混乱し、戦争の克服＝平和の達成と新秩序の確立という明確な目標を掲げやすい点において、現代人の共感を得やすいのかもしれない。

二、戦国時代の社会経済的変化

第二の社会経済的変化について、先述のように、かつて学界では、豊臣秀吉による全国規模での検地（生産力調査）の歴史的意義をめぐり「太閤検地論争」が展開された。この論争は、村共同体と小家族制度の成立をめぐる議論でもあった。すなわち、①太閤検地により秀吉が中世家父長的奴隷制（大家族）を解体し、近世小農経営（単婚小家族）を成立させたと、その革命性を主張する「封建革命説」（前掲安良城盛昭など）、②秀吉の意図とは別に、家父長的奴隷制の解体は不徹底であり、検地は有力農民と妥協的であったとする「相対的革新説」（宮川満『太閤検地論ⅠⅡ』御茶の水書房、一九五七、五九年など）、③検地は、むしろ中世の有力農民を「役家」として把握したもので革新性はないとする「役家体制説」（後藤信之助『近世農村社会史論』吉川弘文館、一九五六年など）として展開された。

　検地の実態は、時間差・地域差もあり、戦国時代の統一的な農村・家族イメージは、いまだ十分に確立していない。しかし、社会の大きな流れが、行政村・単婚小家族の形成に向かっていたことは間違いない。

　二〇一四年一月放送の新春ワイド時代劇『影武者徳川家康』（隆慶一郎原作、田村恵脚本、重光亨彦監督、西田敏行主演、テレビ東京）は、この時代の武士家族をテーマとする。ストーリーは、関ヶ原合戦において、実は徳川家康が殺されたことに始まる。急遽、家康に似た影武者の世良田次郎三郎が、家康役を務めさせられる。世良田は、生まれながら父母を知らず、ささら者のおばばに育てられ、願人坊主に拾われ、さらには野武士となり、一向一揆に加わり、元亀元年（一五七〇）石山本願寺合戦では信長を狙撃した経歴をもつ。すなわち、彼は戦国時代に形成されつつあった村や家のコミュニティ＝近世的秩序とは異なる、中世的「自由」を体現する「漂白の民」として半生を歩んだ人物であった（網野善彦『無縁・公界・楽』平凡社）。

　家康に成り替わった世良田は、家康が偽者であることを知る二代将軍秀忠と対立しつつも、豊臣・徳川両家の戦争を防ぐために、中間地の駿府に城を築く。世良田「わしはな、駿府の地を、豊臣にも徳川にも属さず、武士も町人も分け隔てなく住める所にしたいのだ」、お梶（側室）「誰もが仕合せに生きられる、自由の天地でございますね」、世良田「そうだ。そこに住む者は、年貢も租税も納める必要がなく、働けば働いただけ自分のものになる」。お梶「年貢も租税も取らずに、大御所様はどうやって暮しを立てるのです？」。世良田「太閤殿下のように、海の向うの国々と交易をして、金銀を溜めればよい」と、駿府を非戦地帯のユートピアとし、鎖国とは異なる貿易立国を構想する。大坂の陣を前に、本多忠勝「江戸の将軍家（秀忠）は、近頃、鉛や火薬を大量に買い込んでいるそうだ」、世良田「すると、いよいよ始めるつもりか」、忠勝「（頷いて）誰も望まぬ戦をな」、世良田「あのお方は、関ケ原で戦に遅れた失態を、取り戻したくて仕様がないのだ、まるで子供よ」。忠勝「しかし、そのために、大勢の者が死ぬことになる」、世良田「この戦は、何としても止めねばならぬ」。そして、家康の二男で豊臣家の養子となった経験のある結城秀康に対して、世良田「わしは豊臣、徳川、両家が並び立つことこそ、天下にとって望ましいことだと思っている。そこでな、その時は、戦を避けるために、そなたに尽力して貰いたいのだ」、秀康「尽力と申しますと？」、世良田「秀頼殿の後ろ盾となって、豊臣、徳川の仲を取り持って貰いたい」、秀康「……」、世良田「それが出来るのは、将軍家の兄であり、秀頼殿とも義兄弟の立場にある、そなたにおいてほかにない」と、非戦・避戦の思いを語る。

このように、世良田は、陰謀と武力で豊臣家を滅ぼし天下を取る、従来の冷徹なイメージとは異なる家康を演じる。彼は、お梶など四人の側室や、二男秀康、一〇男頼宣、一一男頼房などの実子らに暖かく接する。先の会話の続きで、秀康は、世良田が偽の家康であると知っていたことを告げる。秀康「本当の父上には感じたことのなかった親の温もりを、私は、何故か、お手前から……」、世良田「で、わしを偽物と知って、どうなさるおつもりか」、秀康「出来ますれば、今後も父上として、仰いで参りたいと」、世良田「血の繋りはなくとも心で繋っている親子というものも世にある」とのやりとりになる。そして、家康の孫千姫の秀頼への嫁入り、結城秀康の失脚、大坂の陣などの史実を、世良田と将軍秀忠との権力抗争を軸に描いていく。混乱の時代、「親子」「家族」の信頼と安定は、現代社会と共通するテーマである。

なお、この『影武者徳川家康』では、関ケ原合戦の前哨戦で、倒した相手の具足を取る乱取りのシーンがある。これは、戦国社会史研究の新たな成果を意識的に取り入れたものであった（藤木久志『新版雑兵たちの戦場――中世の傭兵と奴隷狩り』朝日選書、朝日新聞社、二〇〇五年）。また、偽者の家康が、花押を描く練習をするシーンがあった。しかし、花押の筆順は難しい。右筆に任せて本人は描かなくてもいいのでは、とスタッフに言ったが、やはり収録するという。一部分を映す形で済ませたが、実際の書き順は結局わからなかった。私たちは、花押について、文書の真偽や年代比定などの面から強い関心をもってきたが、筆順について余り意識してこなかったのではないか、とあらためて認識させられた。

三、戦国時代の文化的変化

第三は文化的変化である。室町後期文化（一五世紀後半）と安土桃山文化（一六世紀後半）は、中世を通じて成長してきた武士が、文化の担い手の一角に位置づいた。そして、畿内を中心に、金閣・銀閣・西本願寺飛雲閣・大徳寺唐門などの寺院建築、安土城・大坂城・伏見城、聚楽第などの城郭建築、書院造り・茶室・障屏画・彫刻などの建築工芸、能・水墨画・猿楽・狂言・連歌・茶の湯・生け花などの芸能が、多彩な展開を見せた。医学、印刷、絵画などの分野でキリシタン文化も広まった。これらの文化は、大名・武士や町衆・豪商を中心に、都市と農村に普及し、庶民へと広がった。

二〇一七年『花戦さ』（鬼塚忠原作、篠原哲雄監督、野村萬斎主演、東映配給）は、この時代の、政治・軍事の一元的価値観にもとづく「天下人」秀吉と、芸術・文化の多元的価値観にもとづく文化人池坊専永との対立を描いた。ストーリーは、岐阜城大座敷での専好の奔放な生け花を織田信長が評価し、家臣たちに対して、信長「武人であれば、茶と花を、人の心を大事にせぇよ。それこそが上に立つ者の道じゃ」と述べる。その後、専好は京の町中で一七、一八歳の娘（れん、絵師長谷川等伯娘との設定）と遇い、彼女の絵の才能を開花させる。

一方、専好の理解者である茶道の千利休は、信長の跡を継ぎ「天下人」となった秀吉との対立を深める。天正一五年（一五八七）一〇月一日、秀吉は北野天満宮を借り切り、一〇日間の予定で貴賤・貧富の差なく参加できる大茶会を催した。秀吉を始め、大名や富豪らが茶室を並べる一大イベントであった。初日、秀吉自慢の「黄金の茶室」には長い客の列ができた。しかし、やがて客が絶え、専好が利休の茶室に生け花を添えると、客は秀吉ではなく利休の茶室に並ぶようになる。怒った秀吉は、茶会を一日で中止してしまう。一〇日間の予定の茶会が一日で終ってしまった理由を、この時期台頭してきた町衆や庶民が支持する芸術の力に求めたのである。

しかし、その後天正一九年二月二八日、利休は秀吉により切腹させられる。その理由については、利休が大徳寺の門の上に自らの像を置いたためなど諸説あるが、その根底に政治と芸術の「天下人」同志の価値観の対立があったことは、容易に想像される。秀吉は、聚楽第の門前に、秀吉を猿と笑う落首にかかわる者たちを捕縛し、先の娘れんを追い、町衆の吉左衛門を斬殺した。専好は、ついに秀吉に対して、花道によって抗議し諫めることを決意する。専好は、弟子たちに対して、専好「花の中には仏がおる」、「宿る命の美しさを、生きとし生けるもの切なる営みを伝える力がある」、「それは抜いた剣を、さやに納めさせる力と違うやろか？」、「いやしくも池坊と名乗るならば、花をもって世を」、「世を正そうぞ」と述べ、対決に臨む。対決は、専好の理解者である戦国大名の前田利家邸で行われ、専好は巨大な松と色とりどりの花で秀吉を圧倒する。専好「どの花がお好きでいらっしゃいますか？」、秀吉「それぞれ趣が違い」、専好「……それぞれに」、秀吉「そうじゃ。それぞれに美しいと思うぞ」。専好「……左様でございますか。では」と、そのとき巻かれたまま掛けられていた数幅の掛け軸が勢いよく降りてくる。そこには（れんの父による）猿たちが描かれている。専好「では、猿は？」「猿はいかがですか？」、「その猿にはそれぞれの美しさはございませんでしょうか？」。秀吉が猿と呼ばれるのを嫌い、先に人々を罰していたことへの問いである。石田三成、剣を抜き専好の首に切っ先をつきつける。三成「おのれ出家の分際で！（秀吉に）殿下！お指図を！」、前田利家「（かぶせて）殿下！お答えを！」、秀吉「！……」、利家「この者は刃をあてられようと寸分たりとも動いてはおりませぬ！覚悟の上でございましょう！」、秀吉「……」、利家「冥途の土産に、せめてお答えを！」、秀吉「……軽やかじゃ」、「生意気にも……世を謳歌しておる」、「猿の分際で」、専好「軽やかで賢きは猿の美しさでございましょう」、「また同じように、赤には赤の、金には金の、黒には黒の美しさがございます」、「利休様は己の死をもって、そのことをお分かりいただきたかったんやないでしょうか」、「お茶頭として、一人の長の友として、天下人たる上様に」、秀吉「！……」、三成、場を見て、刀をさやに納める。芸術・文化の力が、秀吉の心を動かし、武力を上回った瞬間である。

なお、この作品では、京都町衆の会堂で池坊拠点の頂法寺六角堂、信長の居城岐阜城、黄金の茶室、聚楽第の茶室、大徳寺門の利休像、前田利家邸など、当時の文化財や建造物がふんだんに映像化されている。武力にもとづく一元的価値観とは異なる、多様な価値観が、江戸時代に先駆けて、社会に広まりつつある現実が描かれるのである。

四、新たな論点――武装する戦国女性

最後に、戦国時代劇に向けて、新たな論点を提示したい。私は、名古屋市の徳川美術館の二〇二一年度展示「尾張姫君ものがたり」に関係して、慶長二〇年（元和元年、一六一五）四月一二日、徳川家康の九男で尾張徳川家の初代徳川義直（一六歳）と、浅野幸長二女春姫（一四歳）の婚儀について考察した。浅野幸長は、豊臣政権五奉行の一人浅野長政の長男であり、同政権内の文吏派石田三成と対立した武断派七将の一人である。すなわち、義直と春姫の婚儀は、徳川家と豊臣有力大名家との婚儀であった。その後、慶長一八年に父幸長が没し、春長弟の長晟が跡を継いだ。長晟自身翌元和二年に家康三女振姫（ふりひめ）との婚礼を控えており、徳川家と浅野家の関係は、さらに親密化した。

注目すべきは、義直の婚儀が徳川家と豊臣家の最終決戦である慶長一九年一〇月～一二月の大坂冬の陣と、翌二〇年四月～五月の夏の陣の間の短期の「戦間期」に行われたことである。この時期、二〇年三月駿府に赴き、家康と冬の陣の戦後交渉を行い、義直の婚儀の祝意を伝えた豊臣秀頼使者の青木民部少輔一重と、淀殿使者の常高院尼（京極若狭守母）、二位局（渡辺筑後守母）、大蔵卿（大野修理亮治長母）、正永尼（渡辺内蔵助乳母）らの女性が名古屋に入った（『名古屋叢書第四巻・記録編一・編年大略』一九九頁）。四月九日、家康は一〇男頼宣（のち御三家紀州徳川家祖）とともに、駿府から軍勢を率いて到着し、一〇日浅野光晟の参謁をうけ、一一日には青木らと再度交渉した。一二日には、「名古屋にては宰相義直卿の北方熱田旅宿より入輿せらる」（『徳川実紀』二篇、一四頁）と、春姫が熱田から名古屋に入っている。のち、大坂から「今度就御祝言赤座内膳正中候仍刀一腰則重、脇指左文字並呉服五重進之候聊表佳慶迄候恐々謹言　卯月十二日秀頼（花押）尾張宰相殿」（徳川美術館所蔵）と、一二日付の義直

宛豊臣秀頼祝儀書状と、刀、脇差、呉服を携えた赤座直規が到着した。この時期、名古屋は全国が注視するホットスポットとなった。一四日家康、一六日新婚間もない義直が、それぞれ大坂に向かい名古屋を出立している。

さて、春姫の婚礼行列は、徳川幕府の記録『徳川実紀』によれば、「供奉の輿五十挺、騎馬の女房四十三人、長持三百棹従へり」とあり、また、尾張徳川家の記録『編年大略』には、「御供女中乗物五十丁、馬上女四十三人」（名古屋市教育委員会編集・発行『名古屋叢書四・記録編一』一九六二年、二〇〇頁）とある。さらに、阿部直輔著『尾藩世記』に、「行装次女等九十余人、駕スルモノ五十人、騎四十三人と云」（『名古屋叢書三編第二巻・尾藩世紀上』二九頁）とあるように、軍装・騎馬女性の一隊を含むものであった。

軍装・騎馬女性については、当時、たとえば、天正一三年（一五八五）関東の北条氏政が、氏政三男の武蔵岩付城主太田氏房と太田氏資娘との婚礼の行列を定めたさい、行列一番から一八番のうち、「九番御輿」の後ろに、「十五番女騎之奉行　天野主水・岸野山城・女騎」「十六番又女房衆下司已下奉行　若海左京亮、又女房衆下司以下女騎・立石」（『大日本史料』第一一編一七冊）と、軍装・騎馬女性の供奉が記されている。

また、大坂冬の陣直前の慶長一九年一〇月二八日、「大坂自城中出たる者、二条被召寄被相尋、彼者言上、秀頼の御袋着武具、番所相改、随之女性三四人着武具云々」（「当代記」『史籍雑纂当代記・駿府記』続群書類従完成会発行、平成七年、二〇七頁）と、大坂城を脱出した者が二条城で尋問を受け、大坂城内の淀殿が軍装し、同様に軍装した女性三、四人を従え、番所などを見廻っていることを述べている。

江戸初期の鷹狩のさいにも騎馬女性が見られた。すなわち、徳川家康が「御鷹野のさき〴〵へは、いつも女房共召連られ、そが内ににて上臈だちしは輿に乗り、その餘はいづれも乗懸馬に茜染の蒲團しきてのり、市女笠の下にふくめんして供奉する事なり」（『徳川実紀』第一篇三六一頁）と、供の女性が覆面して馬に乗ったことが記されている。

戦国時代から江戸初期にかけて、女性が軍装したり、騎馬に乗ることは珍しいことではなかったのである。

おわりに

以上、戦国時代の、⑴政治的変化、⑵社会経済的変化、⑶文化的変化、に注目し、私が時代考証を務めた戦国時代劇について述べてきた。この結果、『戦国自衛隊一五四九』と『ブレイブ』は、「歴史の変更」を回避するためにに、現代人が織田信長や徳川家康に成り替わった。これは、「歴史＝過去」が「現在」の重要な前提であるとともに、「現在」もまた「未来」の重要な前提となることを、再認識させるものであった。「過去人」に「現代人」がなり替わる設定も、二つの時代がダイレクトに結び付けられ、現代人の「歴史」と「未来」に対する主体と責任が明確に示される点において重要であった。また、『影武者徳川家康』は、現代人ではなく同時代人の成り替わりによる「歴史の変更」の回避であった。さらに、『花戦さ』は、武士の「軍事力」「武力」による一元的な価値とは異なる、芸術家・文化人による多元的価値の可能性を描いた。軍装・騎馬女性の指摘は、今後の戦国時代劇に向けた論点の提示である。

これら戦国時代劇は、中世から近世へという日本史上の一大転換期のどの部分をフォーカスし、意義づけるか、現代の私たちを問う機会になっている。それは、歴史上の現代を生きる私たち自身が、グローバル化のなかで、自然、資源、格差、戦争、パンデミックなどの諸課題にいかに立ち向かい、いかなる変化・転換をめざし、未来を構想するか、を問う作業にもつながるのである。

第1編　時代劇メディアとポップ・カルチャー

1　時代考証数珠繋ぎ

◉尼子騒兵衛

はじめに

どうも、今ご紹介にあずかりました尼子騒兵衛でございます。プロフィールの写真、映画に出たときの写真を使ってもいいよと言われたので使わせてもらいました。なんで年齢を書いていないんだとお思いになられる方もいらっしゃるかと思いますけれど、講演会のときはいつも、私の年を想像していただける数字をしゃべることから始めておりますので、まずここから私の年を類推していただきたいと思います。

まず、高校を出てからOLを一八年間やりました。そして、働きながら通信制大学で歴史を学び、卒業までに八年かかりました。連載は三三年、絵本を出してから二八年になります。それからテレビアニメのオンエアからは二七年になります。さて、私は幾つでしょうということになるのですが、これを全部足しちゃった人がいるんですね。足したら、今年、私は一三二歳ということになりますので、足さないように、大体これぐらいかなというふうに想像していただけたらと思います。

それで、もうご存じの方もいらっしゃるかと思いますが、今年（二〇一九年）の一月一二日に脳梗塞を発症いたしまして、ちょっと右手右足が不自由でございます。左脳をやったんですね。右手右足ということは。だったら、言語障害もよく出るらしいんですけど、なぜかペラペラしゃべれるということで、言語のリハビリは三回やった時点で「もうええわ、あんた」って言われて、それから手足のリハビリをまだ励んでいる途中でございます。

他の報告者の方は、資料を用意して話をなさっているんですけれど、私は何も用意してないんです。ごめんなさい。「しゃべり」だけでいかしていただきたいと思います。花岡先生のほうから、「レジュメ」を送ってくださいと言われまして、れじゅめ？　何それおいしいの？みたいな。そういうもの作ってしゃべったことがないので、お手元にあるようなこんな簡単なものしかできなかったということでございまして、どうも申し訳ございません。

一、時代考証と校正――似て非なるがジレンマの根は同じ

時代考証を経験された先生で、「あちゃー」ということがない先生はないと思うんです。「言ったのに」というのが後から出てくる。例えば、大阪城天守閣館長の北川央先生なんかは、戦国時代の「背負い太鼓」が画面に出てくるという演出を、たまたま先生がいないときにスタッフが撮影しちゃったと。それで、オンエア見たら、「背負い太鼓」なのに、なぜか前掛けに太鼓を付けて〝ちんどん屋さん〟のように叩いていたと。背負い太鼓だったら背負うものだと分かるだろうに。合戦場なんかで二人一組で合図を送る、一人が背負って一人がたたくっていうのが背負い太鼓なんですけど、それがなぜかおなかに抱えて一人でたたいていたと。大阪人だったら食い倒れ太郎っていうのが道頓堀にあったんですけれども、そんな状態になっていたと。それこそ、あんたが付いていながら何てことをって言われるわけですよね。

もう一つ、戦国史ご専門の小和田哲男先生の有名な逸話がありまして、ある城の落城を描く際に城を炎上させたいと言ってきたのに対して、小和田先生は「あの城は炎上してませんけど」って言ったら「でも、ちょっとこ燃えないと落城した感じにならないんで、火を付けてもいいですか」「ちょっとぐらいだったら、火矢も飛んできたでしょうから、ちょっとぐらいなら」で、オンエア当日、見たら、城、大炎上しているんですね。そしたらまた、小和田先生も、あんたが付いていながら何てことって言われるわけです。

そういうときに、ちょうど先ほど花岡先生からもありましたように『三省堂国語辞典』の編集者の飯間浩明先生が『忍たま乱太郎』は時代考証なんかぶっ飛ばして、ギャグで飛ばしているってことをツイートされたわけなんですけれども、それを見て私は、何てこと。時代考証をぶっ飛ばしているわけやないよということで、飯間先生、本当に正々堂々とした方で、メールアドレスを書いておられたんで、メールを打ったんです。「時代考証、無視しているわけじゃないです。ちゃんとやっているんですけれど」というふうに、私は国語辞典の編集者にかみ付いてしまったわけです。かみ付いたらとんでもなく偉い人だった事が分かって、でも以降、先生とメールのやりとりをしてい

画像はすべて尼子事務所提供

るんです。それで、たまたま先生が先日ツイートされていまして、最近、高校生の女の子は、自分のことを「わい」と言うらしいんですが、これについて、東北弁か、あるいはなんかのマンガからの発生ではないんですか、みたいなことよそから聞かれて、飯間先生はそうではないですよと懇切丁寧に説明なさったんですけれど、結局、最初に言ってきたみたいな、東北の高校生からの発生ということになっちゃっていたと。「言葉」の話題で穏当な説明すると、テレビ番組の担当者はそれでは数字が取れないと即座に判断すると思う。テレビ番組は〝バズる〟ことが最優先課題で、ところが穏当な説明では、誰もがそれは当然だと思うのでバズらないと。かくして言葉の話題では、トンデモ説と隣り合わせになります。だから、トンデモ説を扱うと知っていて協力したい専門家はいない。筋が悪そうと思ったら、コメント依頼は断るのが賢明な態度だけども、結局、誰かが引き受けるならば、自分が出ていって穏当な見解を述べたいって、私は引き受けるんですけども、思いもよらぬ編集をされることがあるのも確かです。だから、歴史の先生もそうですし、こういう言語の先生も、考証を求められるんだけど、初めにマスコミって、初めからこうだと決めつけてきて説明を求めるんです。こうでしょう？　だから、それに沿った説明をしてよみたいなことを言う。そうじゃないですよっていうのに、結局オンエアされたら、最初からそういう内容になってしまっている。例えば、鉄砲問題でも、秀吉の朝鮮出兵に従軍した雑賀党が現地に居残って向こうの「沙也可」になって鉄砲集団として戦ったんだといわれるんだけれども、歴史学的にはそんな事実はないということになっている。でも、オンエアされたら、秀吉の朝鮮出兵のときの雑賀の鉄砲隊の残党が、向こうに残って沙也可になったっていうふうに発表されちゃったわけです。それ知らないと「そうなんだ。雑賀党の生き残りが朝鮮半島に残ったんだ」というふうに私らは思ってしまうわけなんですけども。朝鮮出兵のとき、日本軍は火縄銃で最初、押しまくったんです。朝鮮半島のほうでは、どうも大砲は発達していたんだけれども、火縄銃は全然、発達していなかった。それで、日本軍に当初は押されまくったんです。

その（鉄砲に対する造詣が浅いという）伝統は今でも残っているんだなと思うことがちょっとありまして、韓国の時代劇、本当に時代考証がでたらめなんです。ある王様を暗殺するのにスナイパーを雇って、そのスナイパーたちがずらっと並んでいるわけですよ。当時ですから火縄銃を持って。そして、スナイパーたちが火縄銃を構えて王様の命を狙うわけなんですけれども、そこの火ぶたっていいますか、火縄がポンといって口薬、火薬に爆発して弾が出るわけですけど、その火皿に、なぜか導火線が差してあるんですよ。それだと、構えて導火線に火をつけた後、導火線が燃え尽きるまで弾が出ないわけです。じゃあ何のために引き鉄が付いているのかなと、本当に目を疑い、二度見してしまいましたけども、だから、いまだに韓国は火縄銃というものが分かってない国なのかな。私、だから、秀吉から四〇〇年間の間、朝鮮半島では火縄銃は本当に理解されないまま、現代にまできているのかなと思うわけなんです。

そういうことで、時代考証というものに私はすごくこだわるんです。初め、ギャグマンガを描くときに、忍者ものがいいと編集者に言われたので、じゃあいろんな術を作っていったら子どもたち楽しむかな、小学生新聞だったので、短編やろうかなって思ったんです。けれど、色々な術をずっと考えていくっていうのはこれはしんどいことだと、無理だと思って、じゃあ逆にリアルに切り込んでいこう、本当の忍術をあほな子たちがやったらどうなるかということでやっていこうということでやったわけなんです。花岡先生の話にありましたように歴史的に、つまり、ドラマなんかの時代考証などとは逆で、調べていって面白いと思った事実を元にマンガを描くわけですから、あんまり後から時代考証で、「あちゃー」ということはめったにないわけです。初めに、あることをギャグで描いてくというコンセプトなので、本当に逆なんです。だけど、時々、「あちゃー」っていうこともあります。室町時代末期が舞台なのにサツマイモ出しちゃった、今でも、「あちゃー」と思ってます。横山光輝先生じゃないけれど、後から描き直したいなと思うぐらいなんです。増刷したら描き直せるんですけどね。増刷していただけたら、そのときは描き直したいと思うんですけど、「直させてちょうだい」みたいな。

二、左前問題はもはや国語の問題か？

そのときにこだわっているんですが、「忍たま乱太郎」のミュージカルに出演している役者さんたちが、最近は皆さんTwitterなどのSNSで自撮り写真を上げられるんです。少し前の頃だと、どうやら自撮りすると画像が反転されてしまうらしいんですよね。だから、そのまま上げちゃうと、着物が左前の写真になって上がっちゃうと。あるいは、最近でも、鏡に映った姿を撮って上げている。この場合でも、鏡像ですので出来上がった写真が左前で上がっちゃうと。そしたら、Twitterっていったら世界中に発信されてしまうものなんで、これをこのまま（図像が反転して左前になった画のまま）上げたらあかんやないかと。間違った日本文化が世界に発信されることになるよと。だから、左前での写真は反転させて、ちゃんと右前になるように上げてくださいっていうことで、以後はもう、忍たまミュージカルの楽屋には左前厳禁というのが貼ってあるらしいんです。ところが、そういった注意事項が出回りだす以前に、忍たまに出ていた役者さんたちが、浴衣で取材を受けたと。雑誌に載るんだということで、全員がそれぞれの、取材したよというのをTwitterで上げたんですけども、全員が全員、見事に左前なんですよ。反転したまま上げちゃったと。ところが、ファンの子たちも分かってか分かってないか、褒めることしかしないんです、ファンっていうのは。だから、かっこいいですとか、浴衣姿もすてきです、しか書いてないんです。誰も、左前ですよって書いていない。一人だけ、左前でいいんですかって書いたら、その子が集中攻撃、受けたんです。スターに直接そんなツイートするなんて生意気よ、みたいな。私はそれ見て、「ファンも悪いな」って思ったんです。だから、時代劇に自分たちが出ているという意識を持ってほしいと思うんです。俳優さんはもちろん、ファンの皆様も。

ところで、左前って何なのかと思って『広辞苑』で引いてみると、これがまた分かんないんですよ。『広辞苑』で、相手から見て左のおくみを上にして衣服を着ること。普通の着方と反対で、死者の装束に用いる。ただし、女子の洋服類は左前に仕立てる。相手から見て左のおくみを上にして、左のおくみを上っていったら、ちゃんとした右前じゃないですか。でも、なぜ相手から見て左のおくみを上にしてって書くんだろう。だったら、右のおくみを上にして和服を着ることが左前だよって書けばいいじゃないか。なんで相手から見てって書くんだろう。これだったら本当に迷いますよね。大体、左前の意味がもう若い人たちには分かってないんですよ。左前っていうのは、左が前じゃなくて、左を先にすることが左前なんで、左前は駄目だという。でもそれが、『広辞苑』では相手から見て左のおくみを上だ、だったら右前になるじゃないかって思うんですけど。

そういうことで、もはや左前が左を「さき」とは読めない世代がほとんどだと思うんです。呪いなんか、まじないも同じ字で書きますけども、呪い、まじない、同じ字ですけども、そういうのが分からない世代が増えてきちゃうと、ますます左前って、左前って言っていいのかな、右手が入るように着ないと駄目よと言ったほうがいいのかなとか思うんですけども、そういうふうにして、もはや国語の問題になっているのではないかと。ただ、朝日新聞でさえ左も右も分かっていない、朝日新聞のデジタル・ニュースレターに三人の浮世絵の女性が出てきたことがあるんです。それで一人の女性が残りの二人に向かって振り返っている構図になっているんですが、これ、その振り返っている女性だけ図像を反転させて振り返っているように見せていたんです。そっちを向いている絵が欲しいから、単純に画像を反転させたんです。だから、その女性だけ左前になっている。朝日の文化部でさえこういうことをやってしまう。チェックする人がいない、分からないんです。大新聞でさえこういうことをやるんです。それから、子ども向けの新聞で侍の絵が描いてあったんですけども、一応、侍として絵が描いてあるんですけど、なんか短い膝丈の上着を着て、頭、見たら町人まげで、おまけに左前の着物、着てる、これが侍だっていうんです。新聞社でさえそういうことをするというのは、一体どういうことかなと。結局、チェックする人がいない、チェックできる編集者がいないっていうことです。そのとき思ったんです。本当に、編集者にもそういうテストっていうんですか、免許っていうんですか、そういうのが時代考証っていうか、の、絵をチェックできる免許三級とか、あったらいいと思うんですけど。だから、それは何にも本当に手放しで間違った絵がずるずると出てしまう。おまけに、貴族の女性が髪の毛を耳にかけている絵をそのまま平気で出してしまう。文官なのに、おいかけを掛けてる男の絵を描いて出してしまう。知っている者が見たら間違いだらけなんですけど、誰もチェックする者がいないという状況があります。

三、なぜ考察もせず絵画資料を使ってしまうのか――トンデモ場面が堂々と

考察もせずに絵画資料を使ってしまって、びっくりするような絵がそのまま使われていることがあるのが二千円札なんですよ。二千円札は、まず、紫式部が出ていますよね。女性を出しましたって大威張りで二千円札に紫式部を出したんですけども、その紫式部の絵は『紫式部日記絵詞』に紫式部ちゃんの顔があるんで、それを二

千円札に載せたんです。この紫式部の顔のアップなんですが、『紫式部日記絵詞』のその絵をズームアウトしてみますと、なんと男が二人出てくるんですね。藤原実重さんと、藤原成房さんっていう男なんですけど、部屋の中にいる式部ちゃんに「女、ここにいるんだろ。出て来いよ、ゲヘヘ」と言って「戸を開けろ、こら、開けろよ」って言っているセクハラの場面なんでございます。だから、いったら「なんでそんな下品なことするんですか」って式部ちゃんが抗議してる場面が、二千円札にバンって載っているんです。

もう一つは有名な、もう日本が誇る芸術だっていうことで『源氏物語』の絵が二千円札には載っているんですけれども、『源氏物語』の中の「鈴虫」の段の絵で、源氏が、冷泉院と向かい合っている場面なんです。ところが、冷泉院といったら、源氏がみかどの女房に間男して生まれた子どもなわけですね。例えばだから、外国の人に、このシーンはどういうふうに説明するかといったら、光源氏という女たらしが、間男して、父親の愛人に産ませた不義密通の子と、臆面もなく向かい合っている場面ですと言えばいいのかなと。これほどノンポリなお札もないと思うんです。おまけに、そこに唐突に守礼門も載っているんです。二千円札発行の時は、ちょうど沖縄サミットが開かれてクリントン大統領が来るというので、それに間に合うよう慌てて出すような感じになったので守礼門を出したんでしょうけれども、アメリカ軍がきれいに焼いてくれた門がこのように出来上がりましたよっていうことを言いたかったのかなと思うんです。ノンポリ二千円と呼んでいるこのお札は、私は一回、見たことはあるんですけど、使ったことはないんです。とんでもない場面が載っている二千円札。お持ちの方は、まじまじと一回、見られてみてはいかがでしょう。私は長いこと見てないんですけども。

「チェックできる人の不在」というのは、アニメやマンガに限らず、映画でも起こっているわけなんです。例えば『ラストサムライ』。人気ハリウッドスターが日本へ来てロケしたっていうので日本でも大いに盛り上がったんですけれども、あのときの重要なコンテンツである侍の「ちょんまげ」なんですが、侍のまげ、どう見ても侍じゃない。町人まげというか、中国人の苦力(クーリー)に見えたんです、私には。それで、あるとき東映の人だったかな、映画関係者に「あのちょんまげ、おかしいですよね。どうして日本側は何も言わなかったの？」と聞いたら、ハリウッド形式だから向こうのスタッフ使わなきゃいけないんだと。結髪は中国人がやったんだと。それで中国人の苦力に見えたんだなっていうふうに納得したんです。でも、あれは侍のちょんまげ、侍の象徴としてのまげだっていうにしては、あまりにお粗末な結髪であったと思うんです。

もう一つ、先ほど韓国ドラマでの鉄砲に関する演出のひどさについて申し上げましたけれども、『のぼうの城』という映画、非常に面白い映画やったんですけれど『のぼうの城』も、最後のクライマックスシーンですごい違和感があったんですよ。あれ？なんかおかしい。テレビで放映されたときに録画をして、ゆっくりコマ送りして見たら、鉄砲足軽が右手で鉄砲を支えていたんです。あり得ないんです。鉄砲足軽だから、御貸具足と同じように、支給される鉄砲を撃つはずで、だとしたら左利き用の鉄砲なんかないわけで、構図的にありえない。多分、本当は右手で撃っていたシーンだったけれど、逆の方向を撃っているシーンにしたかったから反転させて焼いて、映画にしちゃったんじゃないかなって思うんですけど、一瞬だけどもああいうあり得ないことが起こる。あるいは、石田三成ののぼり旗が裏表逆になっているシーンもあったんですけれど、そういうのも気になって仕方がない。旗っていうのは、左右対称な形をしている紋所であれば、旗の裏表はそれほど気にならないんですけども、三成さんは大一大万大吉という字が書いてあるので、全く、あれは旗ののぼりが裏表っていうのが分かっちゃう。だから映画を見ていてもそれが気になって、映画になかなかのめり込めないんです。そういうことをいちいち目くじら立てると、本当に世の中だんだん息苦しいんですけれども。

四、電子媒体はモチのロン、紙媒体だって裏を取る必要があるのだ、という事。

「ウィキペディア（以下「ウィキ」）」を皆さん使われますでしょう？　何かを調べるとき便利なんです。あるいは、なんか検索したら、一番上に大抵ウィキが出てくるんですけども、あれは、うそばっかりなんで信用しないようにいつも申し上げているんです。ある先生が、歴史的間違いがあっても、史実が分かって書き直すんだけど、何回、書き直しても、また元のうそっぱちな記事に書き直されているからもう諦めたっておっしゃっているんです。私も、忍者関係の本が出版されたというので読んでみると、そこの中に、ウィキによるとって書いてあるんですね。もうそのままその本はゴミ箱行きなんですよ、信用できないから。何の資料にもならないんです。

それで、あるとき仕事してますと、アシスタントの女の子が「これ、すごいですよね」と言い出しました。「何が」と聞き返すと、「大学生がツイートしてるんだけど、チャーっていう言葉、ポルトガル語で鉄砲およびその弾丸を指すんですって。だから、花はたちばな茶の香り、あれは九州では茶の煙っていうんだけど、茶の香りっていう言葉を火薬の香りってことなんだよって書いてあるんです。面白いですよね」って言うから、それは私も知ってると。なんと、一九七六年の『歴史読本』で八切止夫先生っておっしゃる方が書いておられる〈本朝女武者列伝〉っていう記事の中に、いうたら四三年前の記事なんです。その中に、「立花げん」という女武者がいて、鉄砲隊を率いてたと。はなはタチバナ、はなっていうのは一番、先頭っていうことなんで、はなはタチバナ、そして、鉄砲の火薬の香りという、花はたちばな茶の香りというのはそういう歌なんだよっていうことを書かれてるわけなんです。非常に面白いんで、私も随分、昔にその『歴史読本』を、まだ学生時代でしたけど読んだとき面白いなと思って、乱太郎にもこういう、チャーっていうのが火薬なんだっていうのを使いたいなと思って、その先生が書いておられるようにポルトガル語のTich、チャーは鉄砲および弾丸を指すと書いてあるんで、ポルトガル語辞典を調べてみたんですけど、どこにも載ってない。Tichが載ってない。私が使っているのは、ちっちゃなんちゃってポルトガル語辞典だったからかもしれません、調べ方が悪かったかもしれませんけども、鉄砲がチャーだとも、火薬がチャーとも、弾丸がチャーとも、どこにも載っていない。どこにも載っていないので、裏が取れない。取れないから使えなかったんだよってアシスタントに言いましたら、その子も調べてみて「裏が取れません」「でしょう？　だから、使えないんだよ」って言ったんです。だから、紙媒体でも裏を取らなければ使えない。実際まだ先生がたの中で、そういうのを分かったら書いていただきたいなと思うんですけれども、分かんないから使えない、裏が取れないんです。非常に面白い記事なんですけども、使えない。

五、手放しで喝采できないぞ、物語の中のヒーロー、ヒロイン。

あるいは、裏を取ったがために使えないということも出てくることなんです。例えばディズニー映画の『ムーラン』ってご存じですよね。あれは、中国六朝時代の長編叙事詩で、女の子が、徴兵されたお父さんの代わりに男装して、すごい手柄を立てていくという、そういう長編叙事詩なんですけども、私は映画は見ていないんですけども、ごめんなさい。ところがこの『ムーラン』は、日中戦争のときに、重慶政府が国民の士気を鼓舞するために芝居に仕立てたり、あるいは小説に仕立てたりして、各地で興行を打って大人気を博したものでもある。つまり、日中戦争のときの抗日運動のシンボルが『ムーラン』だったわけなんです。だから、中国の人からすると、その『ムーラン』っていう映画を喜んで日本人が見ていたら、なんかちょっと滑稽なことだったのではないかと思うんですけども。『ムーラン』って聞いたときに、ああって思ったんです。もう一つ、同じディズニー映画ばかりで申し訳ないんですけれども『ポカホンタス』っていう映画ありましたよね。『ポカホンタス』といえば、ネイティブアメリカンの女の子が、植民地にやって来た、開拓者の男と結婚をしてっていう。それで、その男がポカホンタスに西洋風の服を着せてイギリスへ、また一回、連れて行ったら、イギリスで、アメリカの王女様だっていうことで大人気を博す。でも、大人気、博したんですけど、本当言うと、白人が現地の野蛮な娘を文明化に持っていったんだよという、自慢みたいな形で持っていかれた。そして、現地のネイティブアメリカンと植民者の友好関係の象徴みたいにいわれているんですけども、実際はその反対で、ここから先ますます、土地を奪われたネイティブの人たちと白人との関係は、最悪になっていくわけです。結局、襲撃され、ポカホンタスは外国へ行ったもんですから、そこで病気を得て二二歳の若さで死んでしまうというものなんです。『ポカホンタス』という映画、見たことないんですけども『ポカホンタス』って聞いたときに、私は、これはもうとても、そんなラブロマンスではないなというふうに思ったわけです。手放しで喝采できないなと思うんです。

イメージの再生産とさっき花岡先生がおっしゃっていたんですけども、なんかニュースで聞いたところによりますと、瀬戸内海の大島の村上水軍博物館が、この度、村上海賊博物館に改名をするというそうなんです。もともと、水軍とは戦国時代は、言っていなかったんだと、海賊と言っていたので、村上海賊博物館に改名するということになったそうです。私は水軍のほうがかっこいいかなと思うんですけども、海賊以外にどういう呼び方があるんだという問答がありまして、江戸幕府の船手組も海賊と呼んでいたらしいんですね。じゃあ海賊以外、何て呼ぶんだっていったら、やっぱ海賊かなっていうふうな問答があるんですけどもね。それの、イメージの再生産が、ここでも行われているのかなと思うんですけれども。

六、御免なさい、歴史の先生だってオールマイティじゃない、という事。でも漫画はオールマイティでなければ描けない、という事。

先ほど、歴史の先生が、「あちゃー」となることあるんじゃないかなと思ったのは、歴史の先生だってオールマイティじゃないっていうことなんです。というのは、私、本当はプロフィールにも書いてありますように中世が好きなんですけども、今、中世好きの中では人気の先生がいらっしゃって、その先生の新しい本があって読んだんですけども、目からうろこのことがいっぱい書いてあって。すげえ、そうだったんだ。あれは、ああいう解釈なんだっていうすごい本だったんですが、読んでいて「ん？」と、また思っちゃったんです。どうも、この先生、鎧のことを全然ご存じない。おかしい。「この鎧はおかしい」と先生は書いているんだけど、それは鎧の世界では当たり前なんだけどって思うようなことがあるんです。「こんな鎧」「こんな着方」はないとか書いてあるんですけど、それはこういう着方であるんだけど、どうもこの先生、その前に出版の文化賞を受けてる先生なんですけど、どうも鎧のことには詳しくないようなんです。だから、歴史の先生だからといって、鎧から風俗から全般に詳しいわけじゃないんだなって思ったんです。だけど、自慢じゃないですけど、マンガだと風俗を知らないと描けないんですよ。だから、例えば鎧を描く、先ほど出てきましたけど、武器はどんなものがあったの？時代別に武器がある。鎧も時代別に形の違いがある。知らなきゃ描けない。そして、建物、「どんな建物があったの？」「どんな着物を着ていたの？」「何を食べていたの？」「軍陣用具にはどんなものがあったの？」知らなきゃ絵にできないんですよ。ちゃんとしようと思えばですね。だから、「なんちゃって」では描けないんで調べる。調べると、また他のことに疑問が出てくる、調べる。これが、今回のテーマの時代考証数珠つなぎになってる。

くるんですけども、知った時点で、いろいろとまた他のことにも手を出していくんです。

例えば、忍者の世界では水軍がよく出てくるんですけど、忍者の道具と水軍の道具は、ほぼ一緒なんです。水軍は海を通じてもう世界につながっているわけなんで、いち早く文化を取り入れる、新しい武器も取り入れる、だから多分、火薬をいち早く取り入れたのは忍者と水軍ではないかといわれているわけなんです。そうすると、水軍の武器を調べる。今度は、じゃあ水軍はどうやって戦ったの？　今度は水軍のことを調べなきゃいけない。そうすると、調べていくうちに、水軍っていうのは船戦の練習をするために、鯨捕りをやっていたと。じゃあ、鯨捕り、古式捕鯨を今度は調べに行こう、和歌山の太地へ行ったわけなんですね。何回も通いまして、ただ

マンガにするときはページ数がなくて、四十数ページなんですけど、そのために何回太地のくじらの博物館に行ったことやらという感じなんですけれども、そこで古式捕鯨を勉強する。古式捕鯨っていうのは船団でフォーメーションを組んで鯨を追うわけなんです。だから、そこには捕りにいく船、あるいは攻撃を掛ける船、あるいは持って帰る船、道具を補給する船、全部、役割分担があって、鯨が来たぞっていうのは、狼煙であったり、あるいは、のろしの本数、色、あるいは、旗で

信号を送ったりとすることで、どこに鯨がいてどういう方向に行けみたいな、全部、連絡するらしいんですよね。だから、それが船戦に非常に役に立つということで、各地の各大名の水軍も、鯨捕りを船戦の練習のためにやったと。そうなると、今度は鯨のことを調べ始めるわけです。あれがセミクジラ、あれがザトウクジラとか調べ始めて、今度は鯨問題にまで首を突っ込み始めまして、今みたいに、最近、日本は沿岸捕鯨を再開しましたけども、あれやってないと、日本の近海の魚が全部、消える計算になるそうなんです。だから、日本の沿岸漁業の保護のためにも、鯨は捕らなきゃまずいところまで来ていたそうなんです。小型鯨が増え過ぎて、ミンククジラというのはもう間引かなきゃいけないぐらいまで増えているらしいんです。ところが、そういう鯨っていうのは泳ぎが早いんで、今、一番、数を減らしているセミクジラは、泳ぎが遅いんです。だから、そのセミクジラの餌をミンククジラが奪ってしまうという状況が起こっていて、全然、一番、増えてほしいセミクジラが増えないという状況が起こっているわけなんで、だから今回の日本の沿岸捕鯨再開というのは、実は日本の漁業にとっても、喜ばしいことなのではないかなと思うわけなんですね。ちょっとこれ、言い方が間違っているかもしれませんけれども、なわけです。

先ほども言いましたように、次々と数珠つなぎで起こるわけなんですけど、例えば、建物のことも、マンガは調べなきゃいけない。普通に江戸時代劇を見ていると、波瓦っていうんですか。桟瓦（さんがわら）が出てくるんですけど、あれは本当に江戸時代に入ってからなので、乱太郎たちの時代っていうのは丸瓦と平瓦の組み合わせ、しかもそれも大名や大寺院とかの屋根のものであって、ほとんどは板ぶき屋根であったということを調べる。そうしたら今度はその建物を調べられるところに行く。一乗谷朝倉氏遺跡っていうのが、そういう復元されているので、そこへ行って調べる。便所はどうだったの、その便所のくみ取ったもの、どうなったのまで調べなきゃいけなくなってくる。これが、いうなれば、数珠つなぎになってくるというわけなんです。

あと、最初に戻りますけど、時代考証と校正でジレンマの部分の、私も一応アニメのアフレコ台本とか、あるいは本の校正とかするわけなんですけども、てにをは、まで、こっちに直させるなよって思うんですよ。てにをは、とか、ルビの間違いとかまで全部チェック入れないと、間違っているときがあると。この間、「これちょっと勘弁してくださいよ」と言った事として、法然上人に関することがある。私は佛教大学出身なんで、法然上人が建学の祖なんですけれども、法然和尚って書いてあるわけですよね。法然和尚じゃなくて、法然上人ですって書いて出したら、今度、もう一回、上がってきたゲラ見たら、法然和尚上人になっているんです。勘弁してくださいよって。法然上人ですからって。だから、そこまでこっちに、この法然和尚を法然上人に直すのはいいんだけど、てにをは、までこちらにチェックさせるのは勘弁してくださいよって思うんです。ライターさんが本当はそこを見てくださったらいいんですけども。ライターに関して言うと、八年前に「乱太郎」のキャラクターブックを出した時の事なんですけれども、そのキャラクターブックの最初の原稿を持ってきたときに、見たら、ウィキ丸写しなんです。見たら分かりますよね、ウィキ丸写しっていうの。「あんた、ライターでしょう？　単行本を全部読んで書いたら、書けるじゃないか。なんでウィキ丸写しするの？　あんた、それでもプロのライターか。恥を知れ、恥を」と。結局、その時はもうライター使わずに、編集担当者が必死こいて原稿を書いて、キャラクターブックは仕上がったんですけども、ウィキって、私はずっと近鉄ファンのままだったんですけども、実はタイガースファンなんですね。物語の中で、野牛金鉄という剣豪を出したので、野牛金鉄イコール近鉄バファローズファンということになっちゃったらしくって、何回、阪神ファンですって書き直しても、相変わらず尼子騒兵衛はバファローズファンってなっている。それほどウィキは信用してはいけないって思うんです。

今度は逆に、先ほども言いましたように、紙媒体も裏、取らなきゃいけない、ましてや電子媒体はますます裏を取らなきゃいけないっていう状態に陥ってきます。若い人で、先ほどおっしゃったように、歴史やりたくないっていうのは、そういう調べる手間暇、時間が、若い人にはあまりないっていうこともあると思うんです。私がマンガを描き始めたのは、会社勤めしておりまして自分の収入は確保できていたんで、いただいた原稿料をそのまま取材とか、資料につぎ込むことができたわけです。だから、本も買いましたし、取材にも行きました。だけど今、若い人は、例えばマンガやイラストレーターの学校を出ると、すぐにプロになろうとするわけです。だから、就職っていうか自分を養う口がないままにプロになるから、お金はすぐ稼がなきゃいけない。そのためには勉強する時間とか、資料、買い集めるお金もないということで、あんまりそういう歴史もやりたくないのじゃないのかなとは思うんです。また、出版社のほうも、実はちゃんとした絵を描けるベテランの先生方は高いわけです、原稿料が。だから、学生さんを使おうとするわけです。だから〝安い〟どころか、「載せてやるから描きなよ」みたいなことがあって、タダで描いてらっしゃる。だから、いったら、稚拙な絵がそのまま載っちゃうけど、安いからいいかみたいになっちゃうのかなっていうのもあります。ある本があって、何人もの若い人が絵を描いたんでしょうね。絵のタッチが全然違うんですけれども、どっちにしてもなんだかなっていう絵が描いてあるんですね。だったら私が描くとまでは、言いませんけれども、時間があったら私が描くわって言いたいような絵が描いてあります。その本ちょうど忍者の本なんで、うちの道具の写真はお貸ししてあるんですけども、だけど絵が、なんだかな。あれは多分、学生さんに安くで描かしたかな、あるいは、載せてやるからタダで描いたらっていうふうに描かしたかなっていうような絵が載っているという状況なんです。それを誰も、一応は全部、右前左前だけ全部チェックして、一応は左前にはなってなかったのでいいかと思ったんですけど、でも、なんだかなと思うんですよ。その、チェックする人もいない、描くほうも勉強する時間もお金もないという状況が、ますますそういう悪循環を生んでいるんではないかなと思うんです。

番外、個人的な文句ですけどなぜ広辞苑は例文に古典を引用するのか⁉

すいません。時間もないので、次、番外の、なぜ『広辞苑』は例文に古典を引用するのか。古語辞典じゃないんだからって思うんですよ。今すぐには、いい例えが浮かばないんですけどれも、例えば、「山に登る」とか「登られる」とか書いてあってもよさそうな個所に、「山に登りはべる」のようなことを例文で書いているんです。『源氏物語』とかそういったところから引っ張ってきていました。なんで古典を引っ張ってくるんだろう。今、書きたくて辞書を引いているのに、例文が古文では使えないと思うんですよ。なぜ『広辞苑』は、ああいうことをするのか、いまだに疑問なんですけど。一回、そういう編集者に会うたら聞いてみたいんですけども。ただ、朝日新聞は、その『広辞苑』を振りかざしてくるわけなんです。私は『新明解国語辞典』で対抗するわけなんです。さらに、その間に『三省堂国語辞典』が入ってくる。もう本当に、「朝日」対『広辞苑』対『新明解国語辞典』の戦いになっていたり。「てにをは」で戦ったりもしますよ。今ちょっと朝日小学生新聞の編集者が来られているので、増刷をお願いします。私が書くときには、言葉の使い方について、絶対こうだと押し通す尼子ルールというのがあるんですけれども、例えば、「おこなう」と書くときには、「行『な』う」と送り仮名に「な」を絶対入れてくださいとかね。いろいろと尼子ルールが朝日小学生新聞のほうには通っているらしいんですけれども、そういう押し通すっていうことがあったんです。そういう時代考証とか、字の校正のジレンマっていうのは同じ根があるんではないかなと思います。先生方もありませんか。なんかやってしまって、「あちゃー」ということが。言ったのに違うじゃないかって、同じでいらっしゃいますね。皆さん経験があるみたいで。そしたらもう時代考証なんかやらないほうが、ましだって思うんだけど、間違ったこと載るぐらいやったら、一回、口、出しておかないと思って、やるんですけれど、やっぱり結局は「あちゃー」ということになるというふうな連鎖らしいんです。

ところが、先生自体もオールマイティではないということをご理解いただいて、多少のことは目をつぶるんですけど、ただ、ミュージカルで、そのときに役者さんたちが左前の写真を上げ続けて、個人の写真にも大勢映っている写真にも左前の人が載っていて、雑誌ではチェックされているのか確認したら、そこは大丈夫だったんです。だけど、左前について再三注意した後も平気で左前の写真を載せ続けているようなので、もうそれは仕方ないねということで、あまり関わりたくないなぁと思っております。その辺りの自覚がないままということで、問題なのは、例えば、欧米の方、洋服は左前なんです。『広辞苑』にも書いていますけれど、洋服は左前であると。そうすると、外国の人が着物っていうコンセプトで服を作るんですけども、それも着物は婦人用だと左前になっちゃうんです。それは直さないとおかしいなと思うわけです。

この間Googleのヘッダーで、日本の大正デモクラシーの先駆者の女性をテーマにしていたんですけれど、その絵がなんとも、日本人の女性の絵じゃないんです。チマ・チョゴリみたいなんを着ている。でもチョゴリにしたって左前には着ないんですけれど、左前になっている。だから、チョゴリでもないし、ましてや着物でもない。おかしいんじゃないかっていう声があちこちから上がったんでしょう。しばらくすると、道行コートみたいなのを着た絵に変わっていましたけれど、バックには、中国の唐の時代みたいな風景が描いてある。だから、外人の、日本の着物とか風景という意識はその程度だということですね。だから、そこへ間違ってTwitterで左前の写真を上げるっていうのは、余計に、火に油っていいますか、間違ったことの上塗りになるんで、気を付けたいなと思うんですけれども。京都に行くと、本当に左前で着物を着ている人、わんさと見られますね。外国人の方がようさん着物、着て歩いておられるんですけども、日本人かな、一人、イケメンのお兄さんが、俺って男前っていう感じでポーズ取っているんですけど、見たら、左前なんですよ。着物が。兄ちゃん、左前やでって思って見ていると、俺は男前やからジロジロ見られるんだなっていうふうに思われているんでしょうかね？　余計、なんかポーズを取っているんですけれど、兄ちゃん、私、別にあんたに気はないんやけど、左前やでって思うんですよ。言っても仕方ないんで黙っていましたけれど、ああいうところで男性が恥をかいているのか、それとも恥とも分からないまま終わってしまうのでしょう。私はすごく左前に、今すごい敏感になっております。舞台でも、それは絶対にやめていただきたいということでございます。

一つ、忍者のお話をしたいと思います。先ほど、私の年齢のことを言いましたけれども、女性に絶対、言ってはいけない質問があります。「お幾つですか」これ、絶対、言っちゃいけないらしいんです。絶対、言ってはいけない質問らしい。男性が女性に「お幾つですか」って聞いたら、絶対に、こう返されます。「幾つに見える？」返されちゃうんですよ。実はもう、これが既に忍術なんですね。「幾つに見える？」って聞き返されたら、幾つですかって聞いている人が「幾つに見える？」と、質問する側が、される側に立っちゃったわけです。ここに、立場の転換が起こっているわけですね。そのときにその女性は、この男性は私のことを幾つと言おうかと、今、迷っていると。年を余分に言ったら絶対、怒るだろうし、若く言いすぎたら、べんちゃらと思われるだろう。そうやって男性が迷っている間に、女性は、その男性を観察できると。これを忍法でいうと、「忍びに色を変える」。

「忍びの色を変える術」と申します。立場の転換が起こっている。これが、決して正直に答えてはいけない女性への質問ランキング第一位でございます。ちなみに第二位は何かといいますと、「最近、太ったかな？」これに絶対、正直に答えてはいけません。そのときに女性は「そんなことないよ」っていう答えを一番期待しておりますので、これを間違えて正直に言うと、けんかになりますからね。これも忍法です。人の気持ちを怒らせてはいけない、これを忍法では、「人を破らざるの習い」と申します。人の心を破ってはコミュニケーションうまくいかないよっていう教えでございます。

日常の忍術とかあるんですけども、いつも女性の参加者が多いので、女性が多いときに話すのが、ご家庭で簡単にできる毒薬の作り方。今日も女性が多いですから、せっかくなので申し上げておこうと思います。まず、玉露、上等なお茶ですね。これを濃ゆく煎じてください。これを竹筒に入れてください。粘土かなんかで密閉します。昨今、「縁の下」のある家庭も少ないですけれども、縁の下に四〇日間ほど埋めて腐らせてください。ドロドロの液になったものを、おみそ汁とかお茶とかに少し、二、三滴ずつ、毎日、入れて出してあげてください。普通の人だと三〇日で病の床に着く、七〇日で死ぬということになっていますが、もともとが食べ物なので医者が見ても毒殺と判明しないそうなんです。東京でも、さっきここに来る途中の車から見かけたんですけれども、キョウチクトウが植えられてるビルがあったんです。きれいな花が咲きますけども、いったら、南方系の木なんですけれども、キョウチクトウの枝なんかで箸を作ってはいけません。これは、強心配糖体オレアンドリンというのが入ってて、心臓をやられちゃうということで、餌の中に、この葉っぱが入ってて、二〇頭の牛がそれ間違って食べちゃって、嘔吐、それから、よだれ、下痢などの症状を現して、九頭が二日以内に死亡したという猛毒でございますので、この枝でバーベキューなんかした人が死んだりとかしてますんで、フランスでは、この枝でバーベキューして一一人中七人が死んだというのもありますので、間違っても、やってはいけないという身近にある毒なんですね。ただ、これが本当のことなのかどうかよく分からないので、実験された方は結果を教えていただけたら非常にうれしいなと思っております。

あと、落語の中にもたくさんの忍術が使われておりまして、桂米朝さんの落語で『一文笛』という演目があるんですけれども、その中で、主役の旦那に、スリが「旦那」って声を掛けてくるんです。「私は実は、スリです。旦那の煙草入れをすろうと、スリ仲間で競争してました。だけど、旦那には隙がないので煙草入れをすり取ることができません。だから、その煙草入れを私に売ってください」と。旦那としては、俺にはそんなに隙がないのかと、いい気持ちになるわけです。そしてその煙草入れをスリに売ってあげるんです。スリは「私も、これで仲間に自慢ができます。ありがとう」と去っていく。後で煙草入れを売った旦那は、あんなぼろい煙草入れをこんなお金で売れるなんてと思って、そのお金を財布に入れようと思ったら、財布がなかったというお話なんです。それを忍法で「下着（げちゃく）の術」と申します。他のものに気持ちを貼り付けて、目的を果たす。この場合は、煙草入れと言って、実は財布をすり取るという、こういうのが下着の術なんです。こういうふうに、落語の中にも忍法が出てきますし『鬼平犯科帳』にも、ようたくさん盗賊が出てくるんですけれども、そこで使われている術とかっていうのは、全部『万川集海』から取られてるなという事が分かるんです。「盗法秘伝」というエピソードがあるんですけれども、あれの、忍び込むときにいいときっていうのは祝言あけの夜とか、遊興で騒いだ夜とか、騒動があった夜とか、火事があった時がいいよっていうのは、そのまま忍術の秘伝書に出てくるんです。だから、作者は多分『万川集海』という忍者の秘伝書を読んでいたんだなっていうのを思うんですけども、池波正太郎先生ほどの人だから、中に書いてある言葉は本当かと思っていたんです。例えば、盗賊が盗むことを、おつとめをする、あるいは、盗賊同士を引き合わせる口合い人とか、ああいう本当にそういう言葉があるのだと思っていたら、なんと作者の創作だったと。そしたら、これはもうマンガには使えないわけです。そういうのを知っちゃうと。創作であることが分かってしまうともう使えない。だから、本当はどうだったのかと、また、文献に当たる必要が出てくるわけなんですけれども、文献からだけだと、絵がない場合があります。『万川集海』には、「浮輪」が出てくるんですけれども、文章だけで絵がないんです。仕方がないんで、その文章から大体こんな形だろうっていうのを考えて、絵を描いて『忍者の世界』っていう本にその絵を載せたんですけども、あるとき、他の方が描いた忍者の本にそれが丸々載っていて、これはパクられたなと。その作者に「パクった？」って聞いたら「パクった」って。彼はその原本に当たったのではなくて、ありがたいことに私の描いた絵を信用してくれたわけです。信用してくれたのか、パクったのか……だから、絵に描いてある、本に載っているものがそのまま信用できるかというと、信用できないという話でございました。本当に、書いてあることって実証しないことには分からないことがたくさんあって、水蜘蛛も、実は、沼の上で使ったっていう人があるんですけど、あんなもん沼の上で使ったら進むも退くもできないんじゃないかなと思ったりもするんですが、いまだに、どういうふうに使ったか分からないっていうこともあります。だから、紙に書いてあるからってそのまま信用できないのが非常に難しいところで、自分で調べて、今度は文献があったら、逆にその古い文献が信用できるかという、これも信用できないこともあるわけで、どこまでいってもエンドレスなんですけれども、文献に記載がある以上は書いてもいいかなって思うんです。

だけど、人が書いているものをそのまま信用しちゃいけない、あるいは、その人の創作かもしれないので、私は実を言いますと、『鬼滅の刃』とか『るろうに剣心』とか、一切、読んだことがないんです。ていうか、人のマンガを一切、読まない主義にしております。人が描いたら、もし、それを見たら、自分ではもう描けない、パクりになっちゃうので描けないので、人のマンガは読まないことにしてます。もし、同じものを描いていたら、それはお互いが調べて描いたことなんで、それは仕方ないことだと思うんですけども、あるいは、ギャグにしても、人が描いたものは描けないんで、一切、人のマンガは読まないことにしております。先ほど出てきていました『ベルサイユのばら』なんですが、実は私のアシスタントが別のマンガ描いたことがありまして、そこにベルサイユ宮殿が出てくるんで、じゃあ『ベルサイユのばら』を参考にしたら背景、描けるわって思って見てみたら、ほとんどベルサイユ宮殿の絵がなかったって言うんです。だから、なんかそれっぽい雰囲気で、描いておられたんだなっていう、すごいことだなって思うんですけれども、そうだったんだって思うんですけど。

私が、右手右足が不自由になったんで、連載マンガは今もう諦めて、描けないんですけれども、これからはイラストはなんとか描けるんで、文章とイラストで書いていこうと思うんですが、そうすると今度、文章で書くのは凄い楽しみなんですよ。例えば、手裏剣を投げたっていうと、マンガからだと、手裏剣は「打つ」っていうんですけど、手裏剣を構える、打つ、そして、飛んでく手裏剣、刺さる手裏剣を描かなきゃいけない。だけど文章だと、手裏剣を打った、的に刺さった。これで済むわけです。楽ちんかもしれないと。そういうふうな、新たな展開といいますか、新たな楽ちんができるかもしれないと思って、やや、文章を書くことも楽しみにしているんです。あるいは、連載する時間が浮いた分、また新たな資料の探訪とか、資料の整理、勉強ができるなって思うんです。だから、非常に楽しみ、不自由ではありますけど楽しみであります。

先ほど言いました、“TICH”、チャーはポルトガル語で火薬だ、鉄砲だっていうことを誰か分かりましたら、また教えていただけたらありがたいと思いますけど、どうやっても出てこないんです。多分その大学生の方も、この八切先生の四三年も前の記事をご覧になって、すごいなって思ったんだろうと思うんです。四三年たってもすごいなと思われる面白い説なんで、もったいないんですけど、裏が取れない。残念ながら、先生に聞いてみんと分からないんですけど、あるいは、古いポルトガル語なのかもしれないです。だけど、そこまでやってる時間がなかったので、とうとう、茶の香りイコール煙、火薬の香りっていうのは使えないまま、乱太郎は連載が終わりになることになりました。非常に残念なんですけども、その辺が時代考証の難しさでもあると思うんです。

私の場合は、最初に面白いことがあってお題にするので、「あちゃー」ということが少ないのは非常に楽ちんなところなんですが、「これはおかしいのではないか」とかっていうことを時々つっこまれることもあるんです。一番びっくりしたのが、背景に「光悦垣」っていうのを描いたんです。格子状に竹を組む竹垣なんですけども、小学生が「光悦垣ですから、時代が違うんではありませんか」って言ってきたんです。光悦さんだから、江戸初期の話になるんですけども、時代が違うんではないですか。ただ、それに似たようなものはあったのかなと思うんです。あるいは、食満（けま）留三郎というキャラクターが鉄双節棍というヌンチャクのような形の武器、使うんですけども、その時代にヌンチャクはあったのかといわれると、ないという証拠がないんだからいいじゃないって思いますね。あったっていう証明することよりも、なかったことを証明するほうが難しいわけですから、なかったという証拠がない以上は描いてもいいかなと思うんですね。だから、先の花岡先生の報告で出て来た、関羽の青龍偃月刀も、その時代になかった、あるいは、もしかしたらその時代に使っている人がいたかもしれないとも思えるわけなんですね。多少の時代の齟齬っていうのは、きっちり分かるものではないので、その辺りのずれは、ある程度、許容範囲で目くじら立てなくてもいいんじゃないかなと思うところもあります。そこが時代考証の怖いところであり、面白いところでもあり、皆さんがつっこんでやろうと思って研究される余地も十分にありうるところでもあると思うんです。また新たなことが分かりましたら、あるいは面白いことがありましたら、また、今度から文章で書いていって発表したいと思いますので、そのときにはマンガ連載ではないんで、イラストになるので多少、簡単かなと、絵を研究して描いてくっていう楽しみが、またこれから増えるかなと思います。

ご存じの方も多いと思いますけれども忍者道具をだいぶ尼崎市のほうに寄託いたしましたので、これから順次、尼崎のほうで展示されてくと思います。また、よろしかったら、そのとき尼崎にどうぞお越しくださいと、宣伝でございます。ありがとうございました。

2 時代劇メディアの中の「ポップ・カルチャー」
――時代考証の所在を手掛かりに

◉花岡敬太郎

はじめに

本編の目的と射程ですが、マンガ・アニメ・特撮・ゲームなどにおける時代劇メディアの展開を整理し、時代劇メディアとポップ・カルチャーの境界を便宜的に定義していきます。今回のシンポジウムテーマについては、取り上げたい作品や内容、論点は多岐にわたるのですが、とくにこの点について議論を深めていきたいと考えているポイントをお話していきたいと思っています。

一、マンガ・アニメ等における時代劇メディアの展開

(1) 一九五〇~七〇年代

五〇~七〇年代のマンガ、アニメ作品から確認していきます。一九五〇年代から七〇年代ぐらいに連載・放映されていたマンガやアニメの制作背景には剣劇映画、舞台、講談といった同時代を代表する娯楽文化の影響がと

ても強かったということが言えます。どのような作品があったかというと、例えば手塚治虫が『火の鳥』（五四年）や『どろろ』（五七年）を描き、横山光輝が、『伊賀の影丸』を六一年、『三国志』、を七一年から書き始めています。あるいは石森章太郎が『佐武と市捕物帳控』を描いたのが六六年。白土三平の『カムイ伝』が六四年。それから、池田理代子の『ベルサイユのばら』が七二年。これだけ見ても多くの作家が多様なアプローチで描いていたといえるでしょう。こういった作品群は、『ベルサイユのばら』は少し例外的かもしれませんが、基本的には剣劇映画や講談といった類の先行メディアの影響が大きかったことは間違いないだろうと思います。講談ものの定番がそのままマンガ化されていたと言ったほうがいいかもしれません。

今回の報告で注目したいのが横山の『三国志』と池田の『ベルサイユのばら』です。いずれも日本の歴史を描いた作品ではないのですが、この二つ、どちらも作家が時代考証に相当程度注力している作品であるのです。この点が、まさに今回のシンポジウムのテーマに関わる部分であり、この報告の勘所だと思っています。一声に、「時代考証」と言ってしまいましたが、例えば、報告者も幾度か映画やドラマの時代考証を担当し、直近ですと、『昭和元禄落語心中』（NHK、二〇一八年）という、まさにマンガ原作のドラマの考証も担当しました。そういった経験をしてきた立場の人間からすると、やはり「時代考証」とは研究者や有識者のする作業と考えてしまいがちになります。つまり、ドラマを制作する側が、大学をはじめとする研究機関に所属している研究者を呼び出してきて、「これ正しいの？」とか「あれ間違ってるの？」といった演出の確認、あるいは「間違っている」のだとしたら、「どう直せばいいの？」というふうに聞いていくというのが、テレビや映画を制作していく一環としての「時代考証」の最も一般的なスタイルだろうと思います。もちろん、例外はあります。

では、マンガはどうなっていたかというと、漫画家が実際に研究者に時代考証お願いするのは本当に最近になってから。それも極めて少ない例で、この時代はアシスタントなどのスタッフを含めた漫画家自身で調べていました。加えて言うと、先ほども述べましたように、そもそも講談や歴史小説などを可視化している場合が多い。横山光輝などは特にそうで、山岡荘八であるとか吉川英治であるとか、そういった当時人気のあった歴史小説家の作品を実際にマンガ化している。もう少し踏み込んで言及すると、この時期、今に比べると相当歴史マンガの掲載数が多いのです。それは何故かというと、勿論、様々な理由が挙げられると思いますが、一つには、一人の漫画家が同時並行で連載する作品の数が非常に多かったということが言えるだろうと思います。Aという雑誌でαという作品、B雑誌ではβという連載をという感じで一人の漫画家が複数誌で同時に連載を持っているのが当たり前の時代でした。当然、そういった漫画家たちは自分のレパートリーの中に歴史モノを一つや二つ持っていることになる。そのため、必然的に歴史モノの作品数が増える。これが、八〇年代頃になると、大体一人の作家が一つの雑誌（一つの出版社）に専属で雇われていくようになるので、そうすると鳥山明は集英社の雑誌で『ドラゴンボール』関連作を描き続けるし、青山剛昌は講談社で『名探偵コナン』描き続ける構造が出来あがります。そういった漫画家を巡る環境の変化が、現在、歴史モノのマンガが減ってきた背景にあるのではないかと推察しています。

それから六〇年代は、実はいわゆる子ども向けの特撮ドラマ、「ウルトラマン」や「仮面ライダー」といった作品ですが、こういうものでも、かなり時代劇作品があります。『隠密剣士』などが有名でしょうか。これは、子ども向けに仕立てられた作品ですが、演出自体は完全な時代劇です。あるいは、「仮面ライダー」の世界観をそのまま時代劇に持ち込んだような『変身忍者・嵐』。横山光輝の忍者モノの傑作『伊賀の影丸』の映像化を目指す中で、「影丸」よりもう少し色彩を派手にしようと仕立て直したのが『仮面の忍者・赤影』であると言われています。こういった特撮時代劇が六〇～七〇年代には相当数あったわけです。こういった特撮時代劇は近年ではあまり見られません。「劇場版 仮面ライダー０００／オーズ　将軍と21のコアメダル」のように、松平健が演じる「暴れん坊将軍」と仮面ライダーが一緒に戦うというものもありますが、これは例外で、特撮ドラマの内容が完全な時代劇になっている作品は近年では採用されていません。ただ、「仮面ライダー」と「暴れん坊将軍」が共演するというのは、ある種の必然でして、ここまで挙げた特撮時代劇は、『隠密剣士』を除くと全て東映が制作しています。「暴れん坊将軍」も東映の看板時代劇の一つです。東映は、元来チャンバラ時代劇を得意としており、五〇～六〇年代の映画全盛の時代に東映チャンバラ映画制作の中心にいた人物に、平山亨という人がいました。この平山が、六〇年代半ばにテレビ畑に遷ってきて、自分のノウハウを駆使して作った作品が「仮面ライダー」であり、「仮面ライダー」を作り上げるプロセスの中で生まれたのが「赤影」であり「嵐」であるわけです（平山が東映時代劇のノウハウをもとに作品を手がけていく背景については平山亨『東映ヒーロー名人列伝』（風塵社、一九九九年）を参照）。つまり、「赤影」や「嵐」を作っていくノリは東映のチャンバラ時代劇そのものなので、言ってしまえば時代考証などあまり気にされずにで作られている。日頃、『水戸黄門』や『旗本退屈男』とか作る要領で制作しているので、厳密に当時の風俗・習俗を考証しようという営為はなかなか入ってこないのです。こういった制作スキームの構造からも、いわゆる学知に基づく時代考証はマンガや特撮ドラマにほとんど入っていないことがわかります。七〇年代に入ると、昔話や童話をもとにしたアニメ作品が多く登場してきます。例えば、『日本昔ばなし』や『一休さん』、あと『アルプスの少女ハイジ』に代表される「世界名作劇場シリーズ」などが代表的でしょうか。こういった作品は、制作側も「時代劇」を作っているという意識はそこまで高くないのではないかと思います。元となる小説や寓話が、概ね中世から近代初期のお話だから、必然的に、時代劇とまでは言わないけれど過去を描いた作品になっていくわけです。では、こういうものを作るときに、厳密に当時の資料などを探して風俗などを厳密に考証していくかというと、そういうことに特段に労を割いていた形跡は見つからなかったのです。もちろん、資料としてそういった考証をしてきた形跡をみつけらなかったからといって、「絶対に考証をしていない」と断言できるわけではありませんが、やはりそこまで力点を置いていなかった事は間違いないでしょう。

ここまで取り上げてきた、特にアニメや特撮ドラマ作品の展開に関して少し掘り下げて検討していきますと、これらの作品は、漫画誌での連載を前提とした多媒体展開をしているものが多いことが特徴としてあげられます。つまり、アニメや特撮ドラマに時代劇テイストの作品が多くあるということは、連携して同時展開しているマンガ作品の数も必然的に増えていくと言えるでしょう。当時は、アニメ、テレビとマンガ、マンガとドラマといった媒体間の連携は、今よりずっとタイトだった時代なんです。マンガがヒットしたからアニメ化するじゃなくて、もうアニメ化する、特撮化する前提でマンガを作っている。そういう時代だったので、必然的にマンガのジャンルの中に時代劇が多ければ、そこから実写化されたり映像化されるものにも時代劇系のものが増えてくると。そういうことが言えるのかなと思います。

ここまで確認してきたことからもわかるように、五〇〜七〇年代の歴史モノのマンガやアニメ作品は、民話に典をとったものや、山岡荘八や吉川英治らの時代小説を可視化したものなど、作品のルーツは様々あるわけです。ただし、時代小説を可視化したものなどを除くと、ほとんどの作品は、確かに「過去を描いた作品」ではあるのですが、先述の世界名作劇場シリーズなどで顕著なように、過去を描くということ自体にほとんど重きが置かれていないことが多いのです。だから、伝承や怪談がベースにあるものも多く、一概に時代劇とは言い切れない。

言い切れないのですが、便宜上、古い時代をテーマにしているのでこれを「時代モノ」と位置付け、以後、お話を進めていきます。

（2）一九八〇〜九〇年代

八〇〜九〇年代になりますと、背景が少し変わってきます。どういうことかというと、漫画誌の連載形態に大きな変化があり、作家の複数誌にまたがる同時連載が極端に減っていきます。背景の一つには、『週刊少年ジャンプ（以下、『ジャンプ』）』の急速な台頭があります（『ジャンプ』台頭の経緯は斎藤次郎『「少年ジャンプ」の時代』（岩波書店、一九九六年）を参照）。『ジャンプ』は発行部数をドンドン伸ばしていくのですが、そうやって拡大していくなかで掘り起こした若手の作家を出版社で抱え込んでいきました。先ほど述べた集英社が鳥山明を抱き込んで、講談社が青山剛昌を抱え込むというあの構造がこの時期に確立していくわけです。はっきり言って『マガジン』や『サンデー』で鳥山明のマンガを見ることまずないわけですよね。この連載構造になると、一人の作家が自分の最も得意なジャンルの作品を書いていく事になるので、必然的に「時代モノ」の連載数が減ってくるわけです。ここまで何人かの漫画家を挙げてきましたが、その中で「時代モノ」を最も得意いとしていた漫画家というと横山光輝ぐらいしかいない。つまり自分の描くマンガのジャンルのファーストチョイスが「時代モノ」であるっていう漫画家が思いのほか少ない。そして、連載のあり方は、一つの漫画雑誌に一つの連載というやりかたに収斂していく。必然的にマンガから「時代モノ」が減っていくことになるわけです。

そういったマンガを巡る連載環境の変化の中で、それまでとは毛色の異なる作品が出てくるようになります。それが何かというと、一つは、尼子騒兵衛先生の『落第忍者乱太郎』（八六年）とそのアニメ版である『忍たま乱太郎』。あるいは、同じ八〇年代の出来事として、藤子不二雄原作の『キテレツ大百科』や『忍者ハットリくん』

といった作品がアニメ化されます。「キテレツ」も「ハットリくん」もマンガの初出は七〇年代なのですが、これが児童層からの人気を背景にアニメ化されていくことになります。さらにもう少し時期がくだって九〇年代後半頃になると、『おじゃる丸』のような作品も出て来ます。こういった作品の傾向を誤解を恐れずに、かつ大雑把にまとめると、低年齢層への親しみやすさが優先された作風の中に、「忍者」とが「侍」とか、『おじゃる丸』だとしたら「貴族、公家」といった具合に比較的、認識しやすいキャラクターが配置されていく。この構図の中に、無神経に「乱太郎」を落とし込んでいくと、少々ややこしくなってしまうのですが、時期的な話に限って言えば、「乱太郎」ヒットの背景に、そういったキャラクターを児童層が親しみを持って受け入れていく土壌があったのだろうと考えることは出来るだろうと思います。

なぜ、「乱太郎」をこういった時期的な潮流に無神経に落とし込むとややこしくなると申し上げたかと言うと、何を描こうとしているかの方向性がほぼ真逆だからなのです。つまり、「キテレツ」や「ハットリくん」、あるいは『おじゃる丸』も、過去を描くということは全く念頭においていなくて、基本的に今・現在を描いている作品です。ハットリくんにせよコロ助にせよ。現代的な価値観、世界観に時代がかった演出がキャラクター性として融合していくことで物語を成立させています。例えば、「ござるござる」のハットリカンゾウ。それからコロ助のしゃべり方。コロ助は一体いつの時代の人（？）なんだと。一人称が〝我が輩〟で語尾は〝なり〟。時代が全くかみ合っていないわけです。『おじゃる丸』もそうです。何となく「貴族っぽい」けれど、「なんちゃって」も甚だしい。但し、だからといってこういった作品に対して、「時代考証を経ていないからあり得ない」とか、「けしからん」と、藤子不二雄や犬丸りんに文句を言う人はおそらくいない。私はそのことがとても大事だと思っています。

これとは反対に、過去を描く事が中心ですが、その演出の中に現代的な価値観や現代とのギャップを混ぜ込めてゆく演出が『乱太郎』に出てきます。主要キャラクターの〝きり丸〟は、故郷を戦で焼かれて孤児になってしまったという設定で、そういった厳しい境遇であるためか、ものすごい「ドケチ」として描かれ、日頃から学費を含めた生活費を稼ぐためあくせく働いています。それで、この「働いている」という描写についてなんですが、カリスマアルバイターのように描かれるのですね。当然のことながら、室町時代後期の日本にアルバイトなんて概念はないわけですが、とにかく日銭を稼ぐ。生きていくためになんだということが、当時の小さな一〇歳ぐらいの子どもにだって要求されていた。そういう世知辛い時代だということを現代(の児童層)にも分かるように描いていったら、おそらく、こういった描き方になるのでしょう。『乱太郎』は時代考証そのものが作品の肝で、実は尼子先生がなさっている時代考証は、研究者をわざわざ招き寄せて行う時代考証と同じかそれ以上のことをなさっているわけです。本当に研究者がするようなことなさっている。

この時期に、東映はせっせと先述の『隠密剣士』のようなチャンバラ的世界観の再生産にいそしんでいます。例えば『世界忍者戦ジライヤ』、『忍者戦隊カクレンジャー』。私は完全にカクレンジャー世代なのですが、これらの作品は、あくまでテーマとして「忍者」を描くことに特化していて、これは『赤影』や『隠密剣士』以来出来上がってきた「忍者っぽい」ものの再生産にすぎません。六〇〜七〇年代の娯楽・活劇マンガで醸成された隠密、忍者のイメージを現代風にアレンジしている。当たり前ですけど、『ジライヤ』や『カクレンジャー』で厳密な考証などしていないですし、考証されてないと怒る人もいないわけです。

九〇年代に入ると少し大きなコンテンツが出てきます。それが『サムライスピリッツ』というゲームです。これに関しては、媒体機が何であるか述べるのが困ってしまうくらい、様々な媒体機で展開されたゲームですが、最初はアーケードゲームから始まり、そこから家庭用の据え置き型のゲームに広がり、今ではスマホアプリでもできるし、Nintendo SwitchとかNintendo 3DSといった携帯型のゲーム機でもプレイできます。こういった媒体の拡張に関わっている人物が証言していて（Twitter〝七月鏡一@JULY_MIRROR〟（二〇一七年一〇月二〇日）、二〇一八年一月一六日閲覧）、このゲームの世界観は、基本的に山田風太郎の『魔界転生』のオマージュなんです。そして、山田の『魔界転生』自体が、先ほどまで何度か言及してきた吉川英治をはじめとする講談系の時代小説のモンタージュ、あるいは、オマージュ、イロニーである側面が強く、その意味で『サムライスピリッツ』というコンテンツも実は、さかのぼっていくと、東映系の特撮やマンガと同様に講談の世界観に連なっていく面があります。

（３）二〇〇〇年代以降

ここまで見てきたように、戦後のポップ・カルチャーにおける「時代モノ」展開には、講談からの派生という側面がどうしても強くなってしまう所があります。この潮流に変化をもたらした作品が『るろうに剣心』（九四年、アニメは九六年）なんですね。『るろうに剣心』に関しては、この後の柳生十兵衛との関わりで玉井先生にお話ししていただくのですが、従来型の時代劇や講談のイメージにとらわれない〝人斬り〟を描いていきます。この辺りの作品から、従来の演出と距離をとっていく「リアル」な作風や演出が増えてくるんです。「リアル」と銘打って履いても、考証経験者の立場からすると全然リアルでもなんでもなかったりするのですが。

例えば、王欣太の『蒼天航路』という作品があります。これは「三国志」の曹操を主人公にした作品なのですが、横山『三国志』と比べると、リアルさというか、描写の過激さのベクトルが違うんです。『蒼天航路』は、「ネオ三国志」と銘打って、従来の『三国志演義』に基づいた劉備玄徳、諸葛亮孔明中心の物語から一線を画し、「正史」の記述を取り入れ、曹操を時代の革命児と言わんばかりに野心的に描いた作品です。どういった所で、従来の『演義』派生の作品と一線を画すかというと、『蒼天航路』にも劉備・関羽・張飛の三兄弟は登場するのですが、劉備や関羽は、張飛の事を「益徳」と呼ぶんですね。一般に『演義』派生の三国志作品に慣れている人は、張飛の字は「翼徳」と認識していると思うんですが、正史、いわゆる漢書や陳寿の書いた『三国志』に出てくる張飛の字は「益徳」なんです。従って、「益徳」と呼ばせるのは、正史にのっとった表現ということになるわけです。『蒼天航路』での劉備玄徳は、どうしようもない駄目男として描かれるのですが、これについても比較的正史に近い描写で従来の劉備玄徳像とは一線を画してはいます。一方で、例えば関羽は巨大な薙刀を持っていて、張飛は虎ひげで、刃先のうねった武器を『蒼天航路』でも用いていています。これは、いわゆる青龍偃月刀と蛇矛で、関羽や張飛の得物として有名な武器なのですが、これらの武具は三国時代にはまだなかったとされる武器なんです。では、偃月刀や蛇矛を関羽や張飛に持たせたのは誰かというと、これは『三国志演義』やその元となった中国の講話に由来する武器なのです。ここから、『三国志演義』で規定された従来型の描写から一線を画すと言っておきながら、しっかり『三国志演義』の描写を踏襲しているという、アンビバレントな面があることがわかります。それから意外なところでは、張飛が虎鬚だというのも正史には記述がなく、張飛が虎鬚の粗暴なキャラクターとなったのも実は『三国志演義』からなんです。そこから作られたイメージが、日本では講談、あるいは吉川小説などを経て定着していて、そこから離陸しているかに見えた『蒼天航路』も実は要所で従来のイメージを引き継いでいるわけです。

他にも井上雄彦の『バガボンド』（一九九八～）も、描写はリアルなのですが、原作は吉川英治ですので、古い作品にしっかり規定されている。あるいは、『ＮＡＲＵＴＯ―ナルト―』（岸本斉史、一九九九～二〇一四年）や『銀魂』（空知英秋、二〇〇四～）といった、時代劇というより、「なんちゃって時代劇」とでもいうべき作品も出てきます。これの作品は「リアル」というのとは少し違いますが、少なくともここまで紹介してきた文脈とは少し違う作風、画風、あるいは背景設定、物語構造を持つコンテンツが出てきたのが九〇年代の特徴ではないかと考えられると思います。

さらに少し異なる作風のマンガ・アニメとして、「タイムスリップ」系とでも銘打つのが良いと思うのですが、現代を生きる主人公が何らかの理由で過去にタイムスリップしてしまうというプロットの作品が出てくるのもこの時期です。『クレヨンしんちゃん　嵐を呼ぶ　アッパレ！戦国大合戦』（二〇〇二年）が一番わかりやすいのですが、この作品は、とても丁寧な時代考証がなされた作品だとされています。当時、あまり一般的でなかった戦国時代の合戦イメージをかなり正確にビジュアル化したということで、研究者などの間でも話題になった作品なんです。少し大雑把な括りになってしまいますが、これらの作品の登場傾向から言えるのは、『乱太郎』以前の作品制作では、旧来の時代劇メディアで繰り返されたイメージの再生産に概ね終始していたのが、『乱太郎』以降、そこから距離をとっているように思えます。場合によっては、そもそも、従来の時代劇で生産されてきたイメージが演出の検討の範疇にすら入っていない。『るろうに剣心』などがそうなんですね。こういった二〇〇〇年前後の作品のイメージは、強いて言うなら、この後、所謂二・五次元のほうに向かっていくように感じます。低年齢層向けの『クレヨンしんちゃん』などを除けば、大体、主人公は痩身美形。痩せぎすで顔が美しく描かれることが多い。それから、漫画家自身が多くの資料や文献から設定や同時代の政治的背景、衣装等を考証している事がこの辺りの時期から明確になってきており、『チェーザレ　破壊の創造者』（惣領冬実、二〇〇五年）のように、本当に研究者がマンガの執筆段階から監修に携わっていくのも二〇〇〇年代以降の特徴だろうと思います。

ではこの時期、東映特撮は何をやっているかというと、相変わらず「イメージの再生産」をやっているわけです。カンフー（『獣拳戦隊ゲキレンジャー』二〇〇七年）をやったりおとぎ話（『仮面ライダー電王』二〇〇七年）をやったり、現代を生きる殿様（『侍戦隊シンケンジャー』二〇〇九年）を描いていたりするわけですよ。前述の、仮面ライダーと暴れん坊将軍が共演した映画も概ねこの時期の作品です。そして、原則として東映特撮のスタンスは九〇年代以前とあまり変わっていません。自分たちが長年培ってきた技術を繰り返し使っている面があるのです。しかし、ここまで時代が下ってくると、東映が五〇〜六〇年代に撮っていた「水戸黄門」や「旗本退屈男」などは、かなり古い映画として、もはや古典の域に入ってきてしまい、考えようによっては単に自分たちが持っている技術の再生産というより、自分たちの元来持っていたクラシックなものを掘り起こしている側面もあるのだろうと思います。古いチャンバラ剣劇との距離感が七〇年代頃とは少し違うのではないかと思いますが、それでも基本的にはイメージの再生産をしているだろうと言っていいと思います。

この後の展開も検討していくと面白いのですが、とても時間内にお話ししきれないので、大まかな作品の展開についてはここまでとします。これ以降、アニメもゲームも一気にボーダーレスになっていきます。映像技術がどんどん進化して、二次元だか、三次元だか分からない、二・五次元という捉え方が拡大していきます。そこに関して言及しはじめると、とてもとらえきれなくなってしまうので、ここまでで時代の流れに関しては終わりにします。

二、「ポップ・カルチャー」における時代考証の方法論

（1）漫画家・横山光輝と時代劇メディア

漫画家・横山光輝と時代劇メディアということで、ここからは、漫画家と時代考証の話について話をします。当時、時代考証という作業をするとすれば、それをするのは漫画家やアシスタント、あるいは編集者の仕事だったんだろうと思います。具体的にどのような漫画家が時代考証のようなことをしていたかというと、先述の横山光輝、『ベルサイユのばら』を描いた池田理代子らが近いことをしていたかなと位置づけられると思います。例えば池田理代子はこんな事を述べているんですね。

「ベルサイユのばら」を描くまでは貧乏漫画家で、飛行機に乗ったこともありませんでした。当然フランスに行ったこともなくて、「ベルサイユのばら」は本の資料だけで描いたものです。ですから、連載が終わったあと、ぜひヨーロッパを見てみたいということで出かけました。そのときつくづく感じたのは、やはり実物を見ないと物事のスケール感がわからないということです。…〔中略〕…その旅行では、パリからウィーンを回ってドイツに入ったのですが、日が暮れてきたからという理由でたまたま降りた駅がレーゲンスブルクでした。どんな街かわからないけれど、朝起きて気に入ったらちょっと滞在しようかということで宿泊し、次の日になってみるとても歴史のある素晴らしい街だった。すっかり気に入って、何日か滞在することになりました。そのとき、街中で偶然音楽学校の前を通りかかり、音楽学校で勉強する若者たちの群像を描いてみたいと思った。それが「オルフェウスの窓」を描くことになったきっかけです。

（出典：池田理代子「自分が今ここにいる意味をみつけよう」『続・僕たちが何者でもなかった頃の話をしよう』文春新書、二〇一八年、三三頁）

『ベルサイユのばら』で大成する以前は、現地の資料に触れることが出来ず、文献資料にしか当たれなかったのが、同作の成功によって余裕ができ、実際にフランスに行ってみたら、自分のイメージと全然、違って困惑したことが読み取れます。もう一つ、重要だと思うのは、フランスの街をいろいろ散策していく中で、自分のイメージとは大きく異なる風景が出てきて、そこが面白かった。だからその面白いと思ったものをテーマにして次の作品、『オルフェウスの窓』を作ったと言っている所です。これはまさに、尼子先生のおっしゃる「数珠つなぎ」につながる事柄だろうと思います。「描く」、「描くために調べる」、「調べたらまた面白いことを次のテーマにしていく」という、この数珠つなぎを池田理代子も断片的に経験していたと言えるだろうと思っています。

横山光輝の代表作である『三国志』に関しても、池田と似たような事例があります。

連載開始が日中国交回復の前だったので、乏しい資料をもとに、想像力をはたらかせて描くしかありませんでした。しかし、その後、中国も何回か訪問し、いろいろな資料も入ってきたので、それを見て分かったこともいくつかあったからです。たとえば冕冠は、身分によって違うのですが、天子しかかぶれない十二旒の玉を垂らした冕冠を、徐州の太守の劉備にもかぶらせていたことに気づきました。時代による衣装の違いもだんだん分かってきました。

また、昭和四十九年には、兵馬俑坑が発見され、私もその後、現地で兵馬俑の実物を見て、当時の鎧がど

図1　横山光輝『初期作品集第5集　丹下左膳』（講談社、2009年）　表紙

のようだったものだったのかも分かりました。蜀の桟道は、テレビ局の取材で行った時に桟道の跡を見て、資料が間違っていたことがわかりました。実際に中国に行って、ああ、これは想像だけでもちゃんと描けていたと感じるところもありましたが、違っていたところは直したくなります。

（出典：横山光輝「あとがき　『一新』した三国志」『潮漫画文庫版 三国志 第三〇巻』潮出版社、二〇〇〇年、四二八～四二九頁）

やはり資料がなかった所から、想像を働かせて描いたと述べています。連載当初は間違っていて、後で改訂版を出す際にその間違っていた部分を修正していたわけですね。

横山光輝がどのような漫画家かということを簡単にまとめておきます。横山は、『魔剣烈剣』（一九五四年）という作品を描き、これが手塚治虫に認められ、貸本作家から漫画家への転身を勧められます。五五年に『音無しの剣』で漫画家デビューしたのですが、『魔剣烈剣』も『音無しの剣』も、いわゆる講談系の剣客ものなので、「時代モノ」から彼のキャリアが始まっていったんですね。横山は五六年に『丹下左膳』も描いているのですが（図1）、大河内傳次郎や大友柳太朗のものが映画としては有名だろうとおもうのですが、『丹下左膳』をみると一目瞭然なのですね。基本的には剣劇映画の作風をそのまま踏襲していることがわかります。つまり彼のビジュアルイメージの源泉は綿密な考証に基づいた史実というよりは、講談や説話を基に同時代までに生産されてきた剣劇映画や演劇に拠るところが大きいのだろうと思います。

（2）横山漫画における時代考証の意味

ここまで申し上げてきましたように、『音無しの剣』以来、『三国志』などもふくめて、横山光輝の歴史モノの作品背景は講談やそこから展開した時代小説や映画があることは間違いないと思います。『三国志』についても、キャラクターの性格設定や場面選択などから見て間違いなく吉川英治の小説に典をとっていることが見て取れます。では、そのような横山マンガにとって時代考証とは何かというと、そもそも、五〇～七〇年代のマンガに時代考証という営為を経た形跡って自体が希薄だと言えます。乱暴な言い方をしてしまうと「イメージ優先」で描いていたと言えなくもありません。こうったイメージが、どういった経緯で出来あがっていったかについては、少し複雑でわかりにくいのですが、例えば歌舞伎や新国劇、講談などなど、実に色々な所から出てきているのだと考えられるのですが、実際にココから来ていると断言できるものを直接には確認できなかったので、少なくとも資料としては非常に判別しにくいので、そこはちょっと留保させてください。

本丸の『乱太郎』につなげていく意味も持って、横山の「忍者」に関する描写についてお話します。『伊賀の影丸』という横山の代表作の一つと言っていいかと思うのですが、ご存じの方もいらっしゃるかもしれませんが、『伊賀の影丸』の文庫版には尼子先生も解題を書いていらっしゃっています。そういった関係もあり、接点があると思い引っ張ってきました。黒装束をまとい刀を背負って、インナーに鎖帷子を着ているという〝ニンジャ〟のイメージは『伊賀の影丸』から広まったと言われています。「言われている」と言う割に、それを証明するものがなくて困るのですが、少なくとも、現代を生きる我々が想像する〝ニンジャ〟の姿を描いたごく初期の作品であるとは言えるのだと思っています。『伊賀の影丸』は、実は完全に横山のオリジナルとは言いにくくて、山田風太郎の『甲賀忍法帖』の影響が明らかに大きいと言えます。具体的には、『影丸』の第一話『甲賀七人衆』が公儀隠密の影丸と阿魔野邪鬼率いる不思議な特異体質を持った甲賀七人衆との戦いを描いているのですが、出てくる甲賀忍者の特異体質の中身が『甲賀忍法帖』と大体同じなんです。つまり、『影丸』も講談から派生した作品の影響が大きいということが言えます。

『伊賀の影丸』に登場する忍者がどのように描かれているかというと、影丸は、公儀隠密として服部半蔵に仕えているという設定です。服部半蔵は作中で自分が公儀隠密を差配する服部家の五代目だと延々と語るのですが、

初代服部半蔵正成
二代め半蔵保正
三代め半蔵保久
四代め半蔵保信
そしてこのわしと…

（出典：横山光輝『文庫版 伊賀の影丸 第一巻』秋田文庫、一九九五年、三七頁）

この下りが全て横山の創作なんです。服部半蔵は確かに幕府の御庭番で諜報活動を担っていたのですが、二代目の時に御庭番の任を解かれ改易されていて、以降の公儀隠密の領袖は服部半蔵ではないんです。つまり、『影丸』に出てくる服部半蔵の設定は、完全に架空の設定ということになるわけです。では、横山光輝がそういった服部家の位置づけを全く理解していなかったかというと、横山の他の忍者マンガでは、この二代目で没落した

服部が出てくるので、分かっていなくて描いたわけでは、どうもないようです。それからもう一つ。横山が描く忍者の姿についてですが、前に言いましたように、黒装束の下に鎖帷子、背刀という忍者の定番のいでたちが、『影丸』だと必ずしも必須ではないのです。影丸以外の忍者の多くは刀を腰に帯びているか、そもそも持っていない。『伊賀の影丸』に登場する忍者で背刀している者は全体の半分くらいのように思います。で、覆面については、場面ごとに小道具としてつけていたりそうでなかったりするのですが、いずれにせよ、われわれが忍者の定番と思っているものが、少なくとも『影丸』の作風では完全な定番として貫徹はされていないのです。影丸本人は忍者のプロトコルに沿っているのですが、影丸の仲間たちは必ずしもそこに忠実ではないんですね。先述の最大のライバル・阿魔野邪気も優れた忍者でありながら、黒装束ではなくやや派手目な侍の姿で帯刀しています。

同時代の忍者映画などを見るとわかるのですが、背刀の忍者というのは映画などでも余り多くないのです。黒装束や覆面などの服装面についてはどれも似たり寄ったりなのですが、刀については、むしろ背負っているキャラクターの方が珍しいかもしれません。『伊賀の影丸』連載当時の時代、やはり忍者のイメージはそこまで一般化しておらず、色々な絵面があったと分かるんですね。『影丸』に登場する忍者の多くは帯刀、もしくは無刀であり、必ずしも現在に踏襲するような背刀姿で一貫しているわけではないのです。横山マンガに限らないのですが、どうやら、若年であったり、小柄・小兵である。あるいは俊敏であるというようなキャラクター性を強調するときに「刀を背負う」という描写が与えられるように感じられます。影丸は敵味方の忍者から俊敏さを称賛される手練れであるという設定ですので、実はこれは横山の忍者観というよりは、恐らく当時の演出上の記号として「背刀」があったのではないかと推測しています。

最後にもう一度『三国志』に関する話をします。資料がなく、所々推測を交えながら書かざるを得なかったところから、日中国交回復により資料が手に入りやすくなり、ある意味では考証ができるようになったということを先ほど述べました。新たに資料が手に入ったことで実際にどのような変化があったかというと、例えば劉備玄徳の衣装などに変化が見られます。先ほど挙げた横山の回想文にもありましたが、地方都市の太守だった頃の劉備の衣装について、当初の作画では被っていた冠は、皇帝がかぶるものを描いてしまった。その間違いが新資料でわかり、文庫版を再編集する際に修正したんです。現在、コミックス版とか文庫版を新刊で買ってしまうと、この修正後のものに変わっているのですが、横山本人にとっても印象深い修正だったのか、折に触れ言及され、ファン向けの関連本などでも図示して（横山光輝『三国志』研究会編『横山光輝「三国志」大研究』潮出版社、二〇一〇年、二四頁など）くれています。いずれにせよ、横山が自分で実際に当時の習俗を調べて、図像化していることがここからわかります。

　関羽についての描き方に関しても少しとりあげてみます。横山『三国志』においても、関羽は定番の青龍偃月刀を持っており、赤兎馬という愛馬を駆っています。この関羽の得物に関してですが、実は横山が中国から様々な資料を手に入れられるようになった七八年以降の連載分から青龍偃月刀を持つようになります。赤兎馬については、もう少し前の場面から乗っています。ただし、関羽は作中で赤兎馬を手に入れてから、『三国志』の時代として二〇年後ぐらいに討ち死にするのですが、その間、ずっと赤兎馬に乗っているんです。死ぬまで。ちなみに、『三国志』では、赤兎馬は関羽の愛馬になる前は、呂布という武将の愛馬で、呂布滅亡後に関羽のものになったという設定があります。ということは、どういうことかというと、少なくとも二〇年以上、関羽は同じ馬に乗り続けており、呂布が駆っていた頃から数えると赤兎馬は二五年以上の期間、現役の軍馬だったことになります。馬の寿命は三〇年ぐらいなのであり得なくはないのでしょうが、生物学的にかなり御無体なことやっていることになります。しかし、横山は、彼なりにきちんと取材をして赤兎馬を描いているはずなんです。つまり横山にとっての時代考証とは、『三国志』の時代、つまり魏晋南北朝時代（三〜四世紀）の風俗に忠実であろうとしたというより、恐らく『三国志演義』、あるいは講談や京劇で語られる『三国志』の世界観を再現しようとしているのだと思います。その結果としての青龍偃月刀であり赤兎馬なのだと思います。

時間がなくなってきたので最後もう一つ。「木牛流馬」という、『三国志』の後半に出てくる、機械仕掛けの一輪車（図2）についてです。この「木牛流馬」に食料を乗せ、輜重隊が編隊を組んで移動します。悪路をものともしない一輪車を用いる事で、蜀の桟道を走破し食糧問題解決するという諸葛孔明の大作戦の重要な小道具が

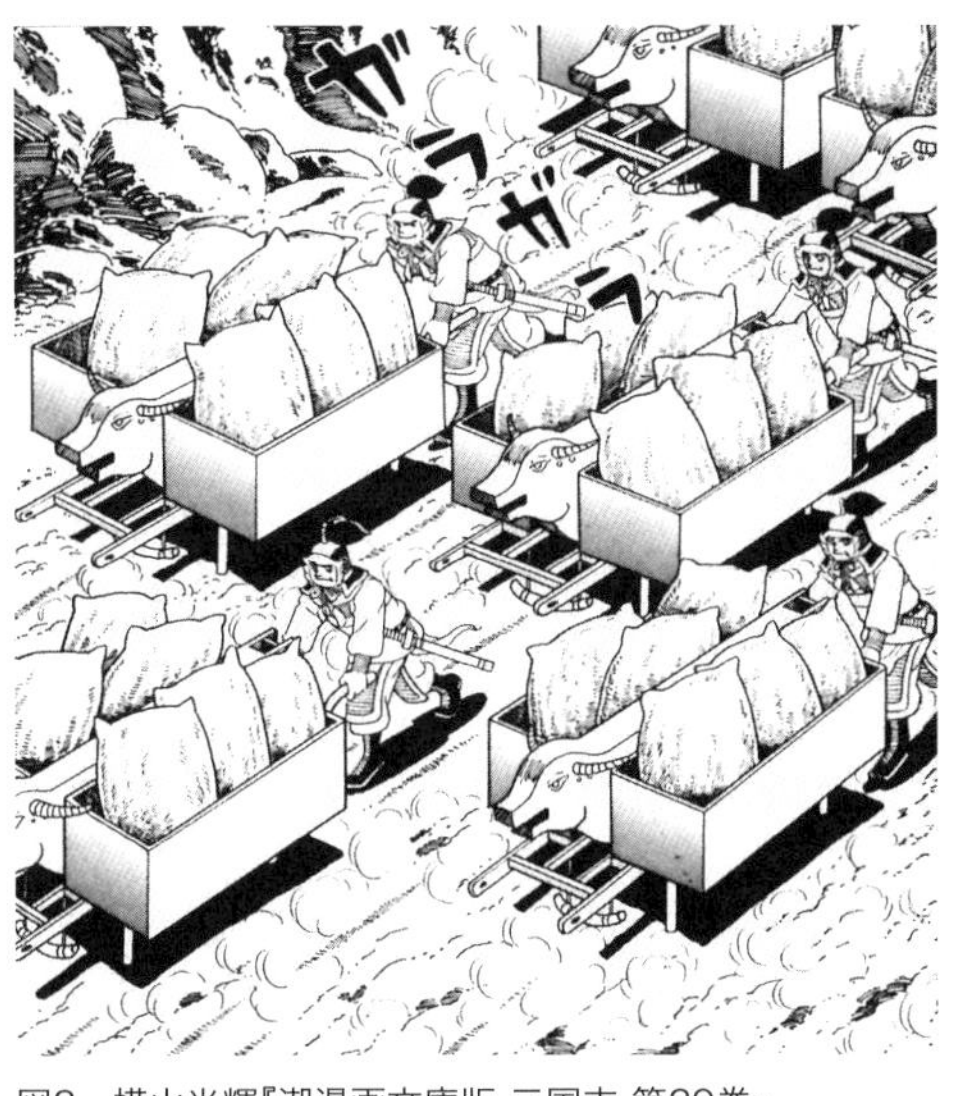

図2　横山光輝『潮漫画文庫版 三国志 第29巻』（潮出版社、2000年）203頁

「木牛流馬」というわけです。一輪の輜重運搬車が孔明の発明であると『三国志演義』や横山『三国志』の中で大々的に語られるのですけど、実際の所、一輪車による食糧運搬は春秋戦国時代には一般化していたんです。つまり孔明の発明でも何でもないわけです。加えて、どうも「木牛流馬」を考案したのは諸葛孔明であることは確からしいのですが、現在、分かっている限りでは一輪ではなく四輪車だと言われています。四輪車を人力で牽引していたというのがどうやら通説らしく（譚良嘯「三国志雑談」『潮漫画文庫版三国志第二六巻』潮漫画文庫、一九九九年）、このことからも横山は、史実

に忠実であろうとしたのではなく、物語としての「三国志」の世界観に忠実であろうとしたということが分かると思います。

おわりに

ここまで述べてきた横山光輝と時代考証の関係から、一つ面白い傾向を読み取ることが出来ます。それは、資料をもとに調査をした（時代考証をした）結果、彼の作画は、史実から遠ざかっていったということです。もちろん、そのことで横山の時代考証が間違っているとか、価値がないとか言いたいわけではありません。『三国志』を執筆する際に横山は当初こそ小説等も含めた文献資料を元に不明な点は想像力を働かせて作品を描いていました。それが、日中平和友好条約締結以降、中国に行ってタイトな資料収集が可能になった所から、主に登場人物の衣装や武具などを中心に考証が加わっていきます。しかしながら、関羽の所持品や「木牛流馬」の描き方などからも分かるように、どちらかというと時代考証した結果、史実から遠ざかっていったという事例もあるわけです。これは横山にとっての時代考証が、われわれがイメージするような、あるいは研究者がドラマや映画のスタッフに求められるような、作業内容とは異なっていたことを意味していると思われます。しかし、巷間に定着していたイメージの再生産に終始するのがもっぱらだったそれ以前の作り方では、そもそも「分からないものを調べる」という考え自体が生まれてこないんです。しかし、横山にとっての中国や、池田理代子にとってのフランスであるなど、イメージの追い付かない、そもそもイメージすら共有されていない世界を描こうとしたとき、「分からない」、「分からないから調べる」という営為が初めて浮かび上がってきます。調べた結果、史実からは離れてしまうけれど、様々な人が愛好する、『三国志』の近づいていったのは事実なのだろうと思います。

つまり、「今までやらなかったことをやるようになった」、それまで調べたりしなかったことについて資料を探し、あるいは現地に飛んで調べ、調べた結果を絵に反映していくという作業をするようになった。つまり、この横山の取り組みなかったら、この後マンガにせよアニメにせよ、時代劇にせよ、「分からないものを調べる」、「知っている人に聞く」。「古い資料に当たっていく」という作業は、恐らくそこまで早く一般化はしなかったのではないでしょうか。その意味で横山光輝の時代考証は今われわれが思い起こす物とは少し違うけれど、今回のテーマに即してまとめるならば、「境界」の存在を最初に印象づける行為だったのではないかなというところを提案として残して、私の報告を終わりにしたいと思います。

3　剣豪イメージと時代コンテンツの変遷
――柳生十兵衛を事例として

◉玉井建也

はじめに

日頃は東北芸術工科大学の芸術学部文芸学科で教えております。芸大ですので創作の指導を基本的にはやっております。ライトノベルやマンガなどを描きたいという学生や、あとは一応、研究者ですので評論を書きたい、エンターテインメントの評論を書きたいというような学生も指導しております。卒業生たちも何名かはプロになっていまして、大久保開さんの『ラストサバイバル』は集英社みらい文庫から九巻（二〇二〇年現在）出版されていますし、あとは猿渡かざみさんが、ガガガ文庫から『塩対応の佐藤さんが俺にだけ甘い』を出版されています。あと、編集も少し教えていまして、『文芸ラジオ』という雑誌を学生と一緒に年に一回、発行しています。『文芸ラジオ』は五号が一応、最新号で、今年の夏に出ました（二〇二一年六月現在、第七号まで発刊済）。その前年に出た四号の途中から私が編集長になりまして、それ以降、表紙が全部マンガになっております。

研究者なので、論文も書いておりますが、芸術系の大学で働いていると研究論文を書いてもあまり認められないので、その辺りは苦労しております。今回報告者として及びいただいたのには、歴史とコンテンツ、エンターテインメントとの関わりについて、最近は論文を書いているからなのかなと思っております。

本日の報告の問題意識について、『「歴史」がどう描かれているのか』ということは、いろいろと考えなければいけないと思いながら日々やっておりますし、少し難しい問いになるのですが、『「歴史」をどう受け止めているのか』という点についても考えていきたいと思っています。その際、少し留意しておきたい点があるのですが、学生の創作を指導している立場から見ますと、学生たちは歴史モノを書きたがらないんです。それぞれ、色々な理由があると思うんですけれども、今の一八歳から二一、二二歳の学生が、「いや、歴史は……」、というようなリアクションをしてくる。それがなぜなのかというところまで今回は踏み込めないかもしれないですが、問題意識の奥深いところには、日頃、職場での色々なやりとりの中で感じていることだとは思ってはいます。

歴史を考えていると、どうしても毎回ツッコミとして入ってくるのが、史実との整合性というような話は出てくるのですが、そこと細かくやっていくこともちろん重要だと分かっていますし、時代考証学会という名前のとおり時代考証は考えていかなければいけないのですが、それだけではない文化的な現象として捉え直していく必要もあるのではないかと思っています。

堀内淳一さんの「「歴史コンテンツ」と東アジア」（歴史学研究会編『歴史を社会に活かす』東京大学出版会、二〇一七年）では、「歴史コンテンツを楽しむ人々と、専門的な歴史研究との間の断絶」が指摘されています。これは相当根深い問題だと思っていまして、どうなっていくのかなと感じています。先ほどの花岡さんの報告（本書第1編2章）でもありましたように、作家さんとか漫画家さんたちは、それぞれに調べたり、様々な資料を見たりということはされているかと思いますが、花岡さんの指摘に寄せて言うなら、そこを第一に考えて、物語を作るというのは考えにくくて、そこにだけこだわってしまうものではないということになっていく。そこを楽しんでいる人たちと研究者の間はどうなっていくのかというと、どんどん間が広がっていくという面は確かにあるのかなとは思っています。もちろん、私一人にそれが埋められるとも思ってないのですが、その辺りは色々と考えていかなきゃいけないところだと思っています。

ここで「コンテンツ」という言葉の意味について確認しておきます。単純に、和訳すると、それは「内容」とか「目次」というような意味になりますが、学術的には「さまざまなメディア上で流通する［映画、音楽、ゲーム、図書］など、動画・静止画・音声・文字・プログラムなどの表現要素によって構成される『情報の内容』（一般財団法人デジタルコンテンツ協会『デジタルコンテンツ白書２００９』（一般財団法人デジタルコンテンツ協会、二〇〇九年、四ページ）というのが、基本的な定義にはなっています。ただ、これを前後にいろんな研究者がそれぞれ独自に「コンテンツ」を語ってしまうので、要は、コンテンツ≒エンターテインメント情報であるというところで、おおむねどの研究者も話をしているので、そういったことかなと思っています。「コンテンツ」という言葉自体は、この『デジタルコンテンツ白書』で大々的に取り上げられて以降、定義が固まってきますが、それ以前から研究者が結構あちこちで語っていて、二〇〇〇年代に定着をしてから『デジタルコンテンツ白書』として出されていったというのが現状かなと思っています。

今回の問題意識に関してもう一つ、実際、歴史を考えるときにいろんなアプローチがあるのですが、「記憶」の問題についてです。色々な研究があるんですけれど、人々が覚えているとか覚えていないとか、その記憶を残していくとか残さないというのは、歴史学でも強く関心が持たれている事柄だと思っています。それが、なかなかこういったコンテンツ研究ではアプローチとして使われにくいものでもありますし、花岡さんの趣旨説明でも言われていたように、コンテンツ研究に対して、これまで研究者があまり相手にしてこなかったとか、そういった様々な要素があるのだろうとは思います。こういう記憶の研究というのは歴史学の専売特許というわけでもなくて、歴史社会学の分野などを中心に、いろんなものが取り上げられているので、その辺りへ目配せしながら考えていくことができるのではないかと日頃から考えています。

記憶の問題をコンテンツ研究や歴史学としてどのように扱うべきなのかなというのは、今お話ししたように日頃から考えていることなのですけれど、歴史学者によってもそれぞれの立場によって異なるので難しいですね。イヴァン・ジャブロンカの『歴史は現代文学である』（名古屋大学出版会、二〇一八年）という本などを読んでみると記憶の対象となる存在だけではなく、想起と忘却の過程も含めて幅広いため、コンテンツ研究との接続の難しさがあります。

一、描かれる柳生十兵衛

（1）柳生十兵衛の背景

今回、柳生十兵衛を取り上げてほしいとの依頼で、分かりましたとうなずいたんですけれど、素材があり過ぎますので、すごく大変なテーマを貰ってしまったなと思っています。

柳生十兵衛、柳生三厳について、いくつか先行研究を読んでみますと、歴史的に評価されるような業績というのは実はほぼない人物です。柳生家の当主として一時期いましたというぐらいで、徳川家光の小姓ではありましたが、勘気を受けて蟄居をしていたとなります。そして、一年で蟄居が解けた後、一一年間柳生の里で過ごしていたということが歴史的な流れとしてはあります。

おそらくこの一一年間ふらふらしていたということが、江戸から明治にかけての講談文化の中で色々と語られていく一つの契機になっているのだとは思います。蟄居が解けて以降、父・柳生但馬守の指示で世直しの旅をしていくというのが基本的なフォーマットで、彼自身が柳生新陰流の隻眼の剣士として戦い、世直し旅をしていく姿が描かれていくことになります。

こういった講談とか実録ものが、明治期以降、色々な使われ方をしていったということもあるので、そこをどう考えるべきかとは思うのですが、単純に「面白いから」使われていったという面と、近代以降に近代ナショナリズムを支える一端の勧善懲悪の物語が近代国家を生きる人びとの心を捉えていったという面も研究者側からは結構言われています（佐藤宏之「歴史・実録・講談」『歴史評論』六九四号、二〇〇八年）。このような潮流の中で柳生十兵衛がかなり利用されていただろうとは思います。

（2）講談文化から小説へ

戦後、実録や講談の文化を受けて、色々な小説が書かれていきます。代表的なものとして、例えば五味康祐さんの『柳生武芸帳』シリーズが一九五六から五九年にかけて『週刊新潮』で連載されています。そして、同時代に多くの作家たちが週刊誌というメディアを媒体に連載をしていきます。週刊誌文化の中で連載をしていくというのが、いわゆる当時のサラリーマン文化の中でかなり大ヒットしていくわけです。

司馬遼太郎の流行なども、この後に来るわけですが、それ以前の講談や実録文化との連続性の中で、近代ナショナリズムの話ともあいまって、それがサラリーマン文化の中でヒットしていくというのが面白い流れだと思って見ています。

もう一つは山田風太郎ですね。一連の柳生ものが各新聞社で連載をされていたのが、ちょうど一九六〇年代からの時期になり、それ以前の講談文化の影響を大きく受けています。もちろんこれは、単に小説だけにとどまるわけではなく、この作品たちが映画化されていくという現象があります。

二、時代劇をめぐる状況の変化

ここまで挙げてきたような作品群が映画化をされていくということで、その映画の影響を受けていろんなものが作られていくということが言えます。

一つ目が青山剛昌の『ＹＡＩＢＡ』（小学館、一九八八～一九九三年）です。最近の大学生は『ＹＡＩＢＡ』を知らないんですよ。今の学生たちが物心ついたときには青山剛昌は『名探偵コナン』を連載しているからか、『コナン』以外に描いてないと思っています。確かにそうですよね。今の学生は、大体一九九八、九九年くらいに生まれていますので、物心ついたときから『コナン』の世代なのだと、あらためてハッとさせられます。そんな『ＹＡＩＢＡ』の中にも柳生は出てきまして、眼帯をした男性という、これまでの講談文化の中で形作られていった柳生のイメージそのままで描かれています。もう一つ、ＳＮＫの『サムライスピリッツ』シリーズですが、こちらにも柳生十兵衛はもちろん登場していて、描かれている造形はほぼ同じですね。隻眼の男性剣士という形で描かれています。

青山剛昌の『ＹＡＩＢＡ』も『サムライスピリッツ』も、それぞれ、前段階として山田風太郎の『魔界転生』の影響を受けたという話は、それぞれインタビューで関係者が述べていますので、それについては明確なんです。

次の段階として、和月伸宏の『るろうに剣心――明治剣客浪漫譚』（集英社、一九九四～一九九九年）は、またちょっと違っていて、今度は『魔界転生』から直ではなく、『サムライスピリッツ』の影響を受けて描かれていったということになります。その後、逆輸入されていくというか、和月氏がキャラクターデザインをした『サムライスピリッツ零』が出てくるという、グルグル同じところを回っているような気がしてならないわけですけれども、そういった展開があります。

まとめますと、山田風太郎の影響を受けながら描かれた『YAIBA』や『サムライスピリッツ』があり、そこから更に、中身をどんどん抜いていって『るろうに剣心』というものが出来あがっていく。この辺りの全てを「オタク文化」とまとめてしまって良いかは考えどころですが、和月氏まで来ると、もう完全にオタク文化と位置づけてよいと思っています。その「オタク文化」における再解釈がちょうどこの時期くらいで出来上がっていくのかなというふうに思っております。多分、実証的であるということとは別の流れとして、オタク文化の中で地位を確立していったのではないかというふうに思っています（玉井建也「歴史コンテンツとメディアとしての小説」『東北芸術工科大学紀要』二六号、二〇一九年）。

とくに『ジャンプ』のキャラクターをざっと見渡しますと、どこを見ても実はちゃんと剣士や忍者といったものが出てきますね。岸本斉史の『NARUTO─ナルト─』（集英社、一九九九〜二〇一四年）や、尾田栄一郎さんの『ONE PIECE』（集英社、一九九七年〜）だったら、例えばゾロなんかもそうです。たぶんもともと尾田栄一郎がここらあたりの時代劇映画とかが好きで、コラボレーションなどもやっていますし、そういったテイストを少しずつ入れて描いているのではないでしょうか。それから、空知英秋の『銀魂』ですよね。もちろん、今、大ヒットしている『鬼滅の刃』（吾峠呼世晴、集英社、二〇一六〜二〇二〇年）も『ジャンプ』での時代劇枠として連載は続いています。今、本当に学生の皆さん、全員『鬼滅』の話しかしていない。ここ半年間、「え、そんなに?」っていうぐらい。あれ？　君たち昨年まで『刀剣乱舞』（DMM GAMES（現EXNOA）、二〇一六年〜）の話していたのに、みんな『鬼滅』。やっぱりすごいですね、はやるというのは。

こうやって見ていくと、「毛色が変わってきた」ところはいくつかあると思いますが、背景としてテレビでの時代劇放送が大分なくなってきてしまったというところが大きいと思います。先ほど、うちの文芸学科に入ってくる学生が歴史モノは書きたくないと言いましたけれど、そもそも時代劇を見ていないんですよね。「おばあちゃんが見ています」とか、そういう感じになっています。だから、触れてきていないものを描きなさいっていうのは無理な話なので、この点は非常に大きいと思います。

それは「ノスタルジー消費」から脱却していくといいますか、昔、見ていたものを書いていくというようなことがなくなるわけです。何らかの「懐かしさ」を時代劇に対して感じていない人たちが、時代劇の減少でどうしても増えてしまう。思い起こさせる「想起」と忘れ去る「忘却」がちょうどここで起こってしまっているのではないかと思います。だから、今の若い人が、時代劇をもう思い起こすこともなくなっているということが、一つあるのかもしれないなというふうには思います。

とはいえ、ここまで挙げてきたように『NARUTO―ナルト―』とか『ONE PIECE』とか、それぞれで何となくの要素が描かれているわけですね。つまり、時代劇における色々な見せ方が連綿といろんなところに受け継がれているのだと思います。そういったところが少年マンガの見せ方に使われているだろうと思います。ですから、完全に消え去ったわけではないのですが、なかなか直視をしてそれを描いていくということがなくなっているのだろうとは思います。

図1　漫画：石川賢／原作：山田風太郎『魔界転生』（角川書店、1996年）

三、柳生十兵衛イメージの変遷

（1）山田風太郎の影響

ここからは柳生十兵衛のイメージ変遷について話をしていきます。特に、マンガから連なるいわゆるエンターテインメントコンテンツでは、山田風太郎の影響が非常に大きくなっています。山田風太郎の『魔界転生』を描いたのは石川賢のものがあります（図1）。この作品は、原作・山田風太郎と書いてありますけど、まったく違う話になっています。これが先駆だと思います。その後二〇〇〇年代に、やはり山田作品を漫画化していったのが、せがわまさきです。『甲賀忍法帖』を原作にした『バジリスク』（講談社、二〇〇三～二〇〇四年）や『十～忍法魔界転生～』（講談社、二〇一二～二〇一八年）もずっと書いてこられました。このあたりから、山田風太郎のリバイバルヒットといいますか、多くの山田小説が漫画化されていくことになります。浅田寅ヲの『甲賀忍法帖・改』（二〇〇三年～未完）とか、今まさに勝田文氏の『風太郎不戦日記』の連載が始まっていて、ここまでくると、まさしく山田風太郎自身を描いていくということが行われていますというのが山田風太郎をめぐる現状なのかと思います。

（2）オタク文化における変化

よりオタク文化に突っ込んで話を進めていくと、色々な柳生十兵衛の描き方が起こっていっています。まず『十兵衛ちゃん』ですね（図2）。『十兵衛ちゃん』というタイトルからしてまったく違うということが分かると思

いますけれども、菜ノ花自由という中学生の女の子が、ある日突然「あなたは二代目十兵衛」と言われ十兵衛に変身しちゃう。これだけですと何を言っているか分からないと思います。けれどもそういう話なんですね。ですので、二代目柳生十兵衛は、中学生の女の子なんです。眼帯も「ラブリー眼帯」という眼帯で、何がなんやらと思うかもしれませんが、かわいい女の子が戦っていくという話が描かれました。

上山徹郎の『隻眼獣ミツヨシ』（集英社、二〇〇二～二〇〇六年）は、熱心なファンが支えており、連載は途中で打ち切りとなったものの、もう一回、別の話で復活するというぐらいでした。見てのとおり（図3）、実は女性という物語です。

そして先ほどちょっと挙げた、『銀魂』ですね。空知さんの銀魂ももちろん柳生が出てきて、柳生十兵衛じゃなくて、九兵衛ですけれども。これも実は男ではなくて女性として描かれています。

ここまで見てきたように、実はオタク文化の中での「柳生十兵衛」はかなりぐちゃぐちゃになっていると言い

図2　「十兵衛ちゃん」（バンダイビジュアル制作、テレビ東京、1999年）

図3　上山徹郎『隻眼獣ミツヨシ』1巻（集英社、2003年）

ますか、骨抜きされて取り上げられるということが多くて、これをどう考えるべきなのかというと、やはり受容側の忘却と想起という文脈で考えなおしていく、受け手側、つまりこういう少年誌とかアニメを見る世代の中の人たちにとって、「時代劇」とか「柳生十兵衛」というものが共有されてない。本来であれば、「十兵衛はこうでなきゃ」という共有像はある程度あるとは思います。剣の達人であって隻眼であるっていうところだけは受け継がれているんですけど、多分それ以外の要素というのはあまり意味をなさないということが言えると思います。

それから、創作側にとっての柳生十兵衛の「描きにくさ」というのがあります。結局、十兵衛を登場させると、必然的に江戸時代であり、江戸幕府があって、将軍家光らがいて、彼は剣豪で、勧善懲悪で……と、諸々の条件が必要になってきてしまう。しかし、それは、けっこうオタク文化の中で描くときに大変なんですね。幕府を出さなきゃいけないし、いろんな人も出さなきゃいけないしとなってくると。そうやって周辺が固まってしまうと、物語もある程度、固定化されてしまっていく。だったら、要素だけ抜き去って描いていくということがあるんではないかなと思っています。

こうしたどうしても時代背景その他の束縛を受けやすい柳生十兵衛の本来の要素に対して、山田風太郎作品の自由さがあるのだろうと思います。なぜ『魔界転生』がここまで、先ほどいろんな話をしましたように、要素としてでも使われていくのかというと、「剣豪バトルロワイヤル」的な要素というのはやはり大きいと思います。そこの自由さというものがあります。そして、それを踏まえた上でオタク文化と融合していく。また、指摘してきたように、エンターテインメントコンテンツにおける柳生十兵衛は、大体にしてキャラクターが女性化されています。潜水艦とか艦隊ですら、われわれは女性化しちゃうから、もう柳生十兵衛を女性化したところで、特別感はないのですが、こういった状況になっているということです。

こういった流れの到達点として『Ｆａｔｅ／Ｇｒａｎｄ Ｏｒｄｅｒ』（アニプレックス、二〇一五年〜、通称ＦＧＯ）というスマホアプリのゲームがあります。ここのクリエイターの人たちがインタビューで、もう完全に山田風太郎の『魔界転生』を参考にしているということを言っていて、先に述べたように、剣豪がたくさん出てくるバトルロワイヤル状態になっています。みんな戦っているというのが人気の一つになります。ＦＧＯをプレーされたことのある方は分かると思いますけれど、時代背景とか色々な要素を無視して、過去の英霊たちが召喚されて戦っているんですね。そして、多くは女性化されています。山田風太郎から派生したものがオタク文化の中で溶け込んでこうなっていくというところが、分かりやすく出ているというところかなと思います。

四、拡散してほしい時代コンテンツ

「拡散してほしい」と書きましたけれども、現状いろいろと混沌としているので、何とかならないかと思ってはいます。

実際のところ柳生十兵衛はオタク文化以外でもかなりのヒットコンテンツでして、今年でも何冊か柳生十兵衛の歴史小説、時代小説が出版されていますし、ＮＨＫがまた「柳生一族の陰謀」（二〇二〇年）を始めます。オタク文化とはまた別のところで、柳生というものもそれなりにヒットコンテンツとして残っています。

そういった状況でありながら、一方で、私自身が今、大学生に教えていると、柳生十兵衛を知らないんですよ、みんな。柳生九兵衛の元ネタとか言うと分かるんですけど。ここのかい離が結構あって、大変だなっていう。そういうのはちょっと抱えています。これは、私が実際に現場で教鞭をとっているということもありますけれど、多分、時代小説の作家さんたちも様々な危機感を抱えていると思っています。「操觚の会」というような時代小説の作家で構成されるグループが、各地を巡ってサイン会をやったり、イベントやったり、かなり精力的に活動されているので、ちょっとずついろいろ変わっていくかなと思っています。

一方で、史実とは関係の薄い時代マンガとでもいうべきものが、若者たちの間では大ヒットしていくわけですよね。ところが、ライトノベルに目を向けると、編集担当者や実際にライトノベルを書いている作家たちが言うには、ヒットしない三大要素として、ロボット、吸血鬼、時代モノが挙げられます。ただ、もちろんヒットの前例はないわけじゃなくて、ピンポイントで『織田信奈の野望』（ソフトバンククリエイティブ、二〇〇九年から）などの時代モノもちろんあります。しかしジャンルとしてのフォロワー的な作品がありません。そして今はネット小説ですよね。「なろう小説」とかで、歴史モノが小説としていろいろ発表され、書籍化もされていくという状況が少しずつ生まれています。また少しずつ時代モノをめぐる状況も変わっていくのではないかと思います。

おわりに

「おわりに」として、今の大学生ぐらいの若者が読んでいるものとそうではないものとのかい離が激しいというのは、実は、パッケージの問題なのかなと思っています。先ほど言ったように、柳生十兵衛のものなんかは全然知らないけれど、『鬼滅の刃』はバンバン読んでいるとか、『文豪とアルケミスト』（DMM GAMES（現EXNOA、二〇一六年〜）をやっています、『刀剣乱舞』をやっていますっていう学生はけっこう多いんですね。そうなったときに、外側の問題といいますか、時代劇であったり時代小説であったりという段階で手に取らなくなってしまう人もそれなりにいるのだろうと思います。でも逆に言うと、ゲームであったりとか『ジャンプ』であったりとか、宮藤官九郎の作品などもそうかもしれませんが、コンテンツの中身がどうのこうのというよりも、先にパッケージの問題が出てきているのかなと思っています。

もう一つとして、「間コンテンツ性」ということを井手口典彰氏が言っています（井手口彰典「コンテンツ論の新たな展開」岡本健・遠藤英樹編『メディア・コンテンツ論』ナカニシヤ出版、二〇一六年）。単にコンテンツ一つ一つを別個に取り上げて研究するよりは、そこをめぐる文化的な状況を考えるべきではないかという意見です。つまり二次創作であったり、ネットで関連イラストがたくさん描かれていたりするということが、一つの文化的な広がりとしてあります。そこまで含めてコンテンツ研究とならなきゃいけないというのはそのとおりだと思います。今ヒットしている時代モノ、たとえば『鬼滅』にせよ『刀剣乱舞』もそうですが、そういった作品はネットでイラストが描かれたり、二次創作が作られていたりという盛り上がりがありますので、そういったところに組み込まれていく、ヒットしていくというのが一つあるのではないでしょうか。

もう一つ、従来からよく言われているメディアミックスですよね。アニメ化されたりコミカライズ化されたりしていくというのは、今でも強い影響があるので、それは『鬼滅の刃』でも改めてよく分かりました。アニメ化前の売り上げとアニメ化後の売り上げって、多分数倍近く違うと思うんですね。もう全然、売り上げの桁が違ってくるっていう状況になっていきますので、若者たちの目に留まることの大きさっていうのは絶対的に影響があると思います。そういった複数の要素が絡み合ったときに、歴史的な要素、つまり時代モノを描いているかどうかという次元とは別に、大衆消費につながっていくのかなというふうには思っています。

最後に今日の話の課題として、もう少し中身を具体的に読み込んでいく必要があったなというのは反省点としてあります。今日なんかは、山田風太郎の話しかしてないじゃないかっていうところがありますし、少年マンガに偏重気味になってしまいました。先ほども言ったように「間コンテンツ」の問題として色々な方面のメディアについても考えるとしたら、もっと踏まえなければならない要素があったと思っています。

Symposium

シンポジウム「時代劇メディアと「ポップ・カルチャー」の境界を歩く」

趣旨説明

◉花岡敬太郎

今回のシンポジウムでは、「時代劇メディアと『ポップ・カルチャー』の境界を歩く」と題し、マンガやアニメ、ゲーム、特撮ドラマなどを対象に、時代劇メディアの広がりの可能性を考えていきたいと思います。マンガやアニメ、ゲームといったジャンルは、往々にして古典芸能や文学、あるいは映画などに対し一等程度の低いものと位置付けられ、多くの文化研究・文化史研究の文脈において体系だった考察がなされてきませんでした。しかしながら、二〇〇〇年代に入った頃から風向きが変わり、多くの大学でマンガやアニメなどの展開や社会性を体系だって学習することが出来る学部や学科が設立され、徐々にその重要性に対する認識が高まりつつあります。こういった「ポップ・カルチャー」を巡る社会的な環境の変化は、そのこと自体が、これまでマンガやアニメ、ゲームなどが長い期間にわたり幅広く展開してきた文化であったことの証であるとも言えるでしょう。一方で、当会が時代劇メディアと位置付ける多くの作品たちもまた、長い年月をかけて様々に広がり続けてきたコンテンツです。必然的に、双方のジャンルは内容やテーマの重複、演出や制作方法などの方法論的側面での交流や交錯を繰り返してきました。今回はこの二つのジャンルを巡る重複や交錯を「境界」と位置づけます。「境界」という言葉は当会のこれまでの議論ではほとんど用いてくることはありませんでしたが、考え方を簡単に図示すると、図のようになると思います。

今回は、ただ「境界」を設定することが目的ではなく「境界を歩く」ことをテーマとしました。つまり、単純に両ジャンルの要素が重複・交錯する作品を例示することでその境界を認識するだけではなく、そこに位置づけられる作品そのもの展開や制作過程や受け取られ方の内実に迫ることで両ジャンルの展開の厚みや彩り（本会の場合、時代劇メディアの側の展開の議論が中心とはなりますが）をこれまでとは少し異なる視座から展望していきたいと思っています。

時代劇メディアの展開や時代考証という営みの意義といった、当会がこれまで議論を重ねてきた側面から今回の議論を再整理します。一般に、「時代劇」というジャンルを想定した時、その射程にアニメやマンガが入ってくる機会は多くありません。しかし、時代考証学会では従来のテレビや映画としての時代劇だけではなく、小説やマンガ、ゲームといった様々な媒体で展開される歴史作品を幅広く「時代劇メディア」と位置付けることで時代劇の広がりと可能性を探って参りました。第四回フォーラムにおいて伊達政宗をマンガ作品で描くことの意味について議論したのをはじめ、第六回シンポジウムでの俳優・森田順平氏へのアニメ「NARUTO—ナルト—」に関するインタビュー（本書第2編6章）や、第八回サロンでのマンガ「チェーザレ」を巡る原基晶氏の報告など少しずつですが考察の範囲を広げてきたように思います。第一〇回シンポにおいて「ゴールデンカムイ」を取り上げたのも記憶に新しいところでしょう。一方で、「歴史作品、学問、市民社会に寄与する総合学」としての時代考証学という当会の基本的視座に基づいて、時代劇メディアと「ポップ・カルチャー」との関係性や展開の広がりについては本格的に議論を交わし合う機会はあまりありませんでした。しかし、アニメやマンガの制作風景と、時代考証という営みの関係性の距離は想像以上に近いと感じさせる一面があります。

「時代考証」という営みが物語の間口を狭めるような一種の〝間違い正し〟や〝格調付け〟と認識される機会は少なくありません。しかし例えば「落第忍者乱太郎」というマンガ作品を丁寧に読み解いていくと、実は同作は徹底した時代考証の下で物語が紡がれ、むしろ丁寧な時代考証に支えられた世界観が醸し出す現代社会の生活観とのギャップこそが、物語の重要な起点としてギャグマンガの笑いの〝種〟になっていることに気付きます。「時代考証」は物語の間口を狭くする枷ではなく、むしろ物語の可能性だったことを象徴する一コマと言えるのではないでしょうか。このことは当会が設立以来一貫して訴えて続けてきた議論そのものと言えます。「乱太郎（あるいは、マンガ『落第忍者乱太郎』）」という作品の制作背景を時代劇メディアと「ポップ・カルチャー」の境界と位置づけたとき、「乱太郎」の制作プロセスに実際入り込んで議論することこそが本シンポジウムの目指す「境界を歩く」という営みに該当します。境界を歩くことで、当会が今まで重ねてきた議論の意味を再検討しつつ、境界側から時代劇メディアの広がりを眺望することで、時代劇メディアの〝今〟を考えていきたいと思います。

現在、地上波テレビ放送で展開されるような時代劇の中には、マンガやアニメを原作とする作品が多くあります。また時代小説の語り口や時代劇ドラマの演出などにライトノベルやマンガの技法が持ち込まれていると感じさせる場面も少なくありません。近年の例では、二〇一六年の大河ドラマ「真田丸」で、人気ゲーム「信長の野望」のＣＧ演出を直接取り入れたことも話題となりました。急速な映像技術の向上は、二次元（マンガ・アニメ）と三次元（実写）の境界を徐々に曖昧にさせ、「るろうに剣心」や「刀剣乱舞」など、もとはマンガやアニメ、ゲームなどを前提として展開していた作品が新感覚の時代劇として実写化されていく機会も急増しています。時代考証だけでなく、様々な演出方法や物語のあり方において、時代劇メディアにおける「ポップ・カルチャー」との境界は日増しに拡大していると言えるでしょう。

以上のような問題関心を踏まえ、本シンポジウムでは三つの報告とコメントを準備しました。

まず第一報告では、花岡が一九五〇年代以降の時代劇メディアにおけるアニメやマンガ、ゲームの展開を〝時代考証〟の所在を手掛かりに整理して報告します（本書第1編2章）。続く、玉井建也さんの報告では、柳生十兵衛を巡る表象の展開をもとに、市民の歴史意識・歴史イメージの変遷とそこに影響を与えるポップ・カルチャーの関係についてご報告いただきます（本書第1編3章）。尼子騒兵衛さんには、『落第忍者乱太郎』執筆の御経験から、マンガ・アニメ作品における時代考証の意味と可能性、時代考証から紡ぎ出される物語の面白さについてお話していただきます（本書第1編1章）。最後に、これらの報告を踏まえ、大橋崇行さんより、講談と歴史小説・時代小説との関係や、映像としての時代劇の成立、時代劇における時代考証というあり方の成立などを踏まえながら、現代のポップ・カルチャーにおける時代考証のあり方についてコメントしていただきます（本書第1編コメント）。これらの報告・コメントを通じ「時代劇メディアと『ポップ・カルチャー』の境界を歩く」ことで、時代考証学会がこれまで積み重ねてきた議論と、時代劇メディアが現状、新たに直面している様々な展開や局面をつなげていくような視座を発見し掘り下げていくのが本シンポジウムの目標です。

Symposium

シンポジウム「時代劇メディアと「ポップ・カルチャー」の境界を歩く」コメント

◉大橋崇行

はじめに

本日のお三方のお話を受けまして、私のほうである程度まとめるような形で議論の方向性を固めてほしいというご依頼を頂きました。

さて、尼子先生の後に話すというのは何者だと思われる方もおられると思いますので、簡単に自己紹介から始めて参ります。私は、研究者兼物書きという非常に珍しい人間です。専門はもともと明治文学で、山田美妙という非常にマニアックな作家をやっていたり、あるいはライトノベル関係の本を書いたりしています。一方で、小説のほうでは勉誠出版から出ている『司書のお仕事』という本ですとか、あと今年は『浅草文豪あやかし草紙』という小説を出版しました。樋口一葉と泉鏡花が現代に転生をして、雑貨屋をやりながら、「あやかし」にまつわる事件を解決するという小説です。こうしたエンタメ小説を書くときでも、さまざまな考証を行います。たとえば、樋口一葉が実際に歩いた道について調べて、そこを実際に歩いてみて、どれくらいの時間がかかるのかを計ってみたり、あるいは、泉鏡花と樋口一葉との関係について調べてみたりといった作業です。また、意外に知られていないのですが、鏡花は短いあいだですが博文館という出版社で編集者をやっていて、そのときに樋口一葉が作った実用書の編集担当者をしていたと言われています。

この小説は、一〇代の読者を対象としていたいわゆる「ライトノベル」を、もう少し上の年代にいる特に女性読者を対象にして作っている、「ライト文芸」と呼ばれるジャンルに当たります。手軽に読み物として楽しめる小説ということで出版しているわけですが、こうした小説を書くときにでも、時代ものの時代考証とは少し内容が異なるものの、作り手のほうはいろいろなことを調べながら書くことになるわけです。

このように小説を出しながら文学の研究もしているということで、本日はお声かけを頂いたのだと思います。そこで、ここからは「時代考証における位相差」という内容について、お話していきたいと思います。これは、時代考証を含めて、小説を書くときにはいろいろな考証のやり方があるので、その多様な側面について考えていくことで、本日のお三方のご講演、ご発表の問題点を明らかにしていきたいというものです。

それから、その中で特に本日のシンポジウムのテーマになっているポップカルチャーにおいて、時代考証というのがどのような形で行われてきたのか、あるいは、行われているのかという現在進行形のものを含めましてお話ししたいと思います。

一、絵画資料と時代考証

先ほど尼子先生から、図の資料、絵画資料の扱いが非常に難しいというお話がありました。そこでまずは、具体的な例を見ながら考えていきたいと思います。

まず参照したいのが、国立民族学博物館が提供している『身装画像データベース』です。これは、「近代日本の身装文化」という副題がついているとおり、明治期以降の図像や写真を元に、いろいろな衣装、小物類などを画像で見ることができるデータベースになっています。明治期のことを考える上で、とても参考になるものです。例えば、女学生の制服について検索してみると、着物に女袴を穿いた画像が出てきます。もちろん左前の問題はクリアできているのですが、写真なので、どうしても反転してしまっているとお考えください。これは、明治三九年の長崎産婆学校の卒業写真です（図1）。

図1　「長崎産婆学校卒業生」（『女学世界』第6巻第13号、明治39年（1906）10月）。画像は、国立民族学博物館「身装画像データベース〈近代日本の身装文化〉」（http://shinsou.minpaku.ac.jp/contents/?original_id=F01-211、2020年7月25日閲覧）

同じ時期の女学生を描いたものとして、小杉天外の『魔風恋風』という小説があり、『読売新聞』に掲載されたときの、第一回挿絵をお見せします（図2）。これは、当時、非常に流行し

図2　小杉天外「魔風恋風」挿画（『読売新聞』第9228号、明治36（1903）年2月25日）。

た小説です。ご存じの方も多いかと思いますが、小説の冒頭でヒロインの萩原初野が自転車に乗って「遅刻、遅刻」とやっていたら、男の人とぶつかって……というのを、おそらく日本で最初にやった小説だと思います。ただ、今のマンガやアニメと違っているのは、その男との恋愛が結ばれるという内容ではなく、ここで出会ってしまったために、ヒロインが不幸の坂を転げ落ちていくという、昭和期の昼メロのような展開になっているところでしょうか。このような傾向の小説は「家庭小説」と呼ばれていますが、明治三〇年代はこうしてヒロインが不幸になっていくメロドラマが、新聞小説を中心に非常に流行していました。その中の、代表的な一篇となります。

本文のほうを、少し見てみましょう。

鈴(ベル)の音高く、見(あら)はれたのはすらりとした肩の滑り、デードン色の自転車に海老茶の袴、髪は結流しにして、白リボン清く、着物は矢絣の風通、袖長ければ風に靡いて、色美しく鼻高き十八九の令嬢である。

この小説の冒頭では、ヒロインである萩原初野が着ている服の様子がとても具体的に描写をされています。当時、明治三〇年代は、裁縫を自分でしますので、たとえば女性雑誌などに服の作り方が具体的に掲載されていて、実際にどういう服を着ていたのかということを、簡単に再現することができます。近代になると資料が文字や図版の形で多く残っていますから、このように追えるようになっています。

さて、ここでお示ししたような服装をみて、おかしいと思われる方もいるのではないでしょうか。よく、大正浪漫という言い方をします。図で示したＬＩＮＥアプリから出ている「大正浪漫着せかえアプリ」や（図3）、二〇一九年に新作が出た『サクラ大戦』シリーズの最初のヒロイン・真宮寺さくらが、これと似たような衣装を身につけています（図4）。大正時代を舞台にした作品と銘打たれているわけですが、実際にこれらのキャラクターは、明治時代の女学生のあいだで流行していた服を着ていることがわかります。マンガやアニメで「大正浪漫」といわれている様式は、実は、そこで描かれている髪型や服のイメージが基本的には明治時代の習俗であって、たとえば大正時代の三越のカタログを見てみると、大正後半にはもう制服が洋服になっていることがわかります。つまり、ポップカルチャーで共有されているイメージや様式と、実際の歴史上の事実とのあいだには、少なからずズレが生じていることがおわかり頂けるのではないかと思います。

こうした問題は、尼子先生のご講演ですとか、花岡さんのご発表、玉井さんのご発表の中にもありましたが、ポップカルチャーにおける再解釈や、コンテンツ性に関わるものと言っていいでしょう。こうしたある種の錯誤

図3　LINEアプリ「大正浪漫着せ替え」、（https://store.line.me/themeshop/product/3cb4f1ef-0e7b-478a-8792-b667f7577c26/ja、2020年7月25日閲覧）

図4　セガ・サターン『サクラ大戦』ジャケット（セガ・エンタープライゼス、1996年9月27日）

が一つの文化として定着してしまうと、メディアが修正を図るということは、なかなか難しい状況になっていきます。

つまり、「大正浪漫」と呼ばれる作品群では、今までの作品が蓄積され、文化として様式化されていく中で、女袴を着ている女性が大正時代のものだというのが私たちの中にもう刷り込まれてしまっているために、こういう衣装を見た瞬間、私たちは大正時代を舞台にした作品と思い込んでしまうという現象が起こるわけです。例えば大和和紀『はいからさんが通る』を読んでいれば、こうした習俗が日清、日露戦争の時期のものだとわかるはずです。しかし、そういった記憶というのはなかなか機能しません。あくまで現代の視点から見た「イメージとしての大正」ということで創作され、受容されていくことになります。

一方で、今度は『歴世女装考』という弘化二年、一八四六年の本を見てみましょう。

> 髪に結ぶりの名ありしよりおよそ百年のち伽羅の油といふ物いできてのちは髪のゆひぶりにさま〱の形も名もありしかど今世に行れるは・かたはづし・まるまげ・しまだの三様なりされどかたはづしは下輩に用なし島田は歯を染て用なし（他国の田舎には老女の島田なるもありとぞ）上下老若に亘りていと重宝なるは丸髷なり此まるまげをかつ山のくづしとするはひが事なり

「髪に結ぶりの名ありしよりおよそ百年のち伽羅の油といふ物いできて」とあるように、当時の髪型についての考察がなされています。ただ、こうした資料はいわば、二次資料による考察ということができると思います。つまり、当時の習俗をそのまま書いたものではなくて、あくまで弘化二年の段階で分かっている範囲で行われた、ある種の考証だと言えます。江戸時代はおよそ二六〇年も長く続いていることに加え、流行の変化が非常に早いので、記憶で書かれた文章だと錯誤が多くなります。

現代の私たちは、江戸時代に書かれたもので、江戸のことを書いていると、どうしてもこれは事実として正しいことを書いているのだろう思ってしまいます。しかし、これが本当かどうかというのは、かなり疑ってかかったほうが良いと思います。

私の専門で申しますと、たとえば、現代のマンガやアニメ、ライトノベルについて定説と呼ばれているものでも、ほんの数十年前ことについて読者・視聴者や作家、編集者などが語っていることに、非常に多くの錯誤が含まれています。また、明治期の事例では、坪内逍遙が山田美妙に貸したフランスの自然主義作家エミール・ゾラの英訳本があって、昭和期のインタビューで逍遙自身が『ナナ』『居酒屋』だったと答えてしまったためにそれが定説となっていたのですが、逍遙の日記を調べてみると実際に貸し出されていたのが『制作』であって、しかもそれは山田美妙から黒岩涙香に又貸しされていたことまでわかります。

個人が自分の手の届く、既存の知識の範囲で集めた情報や、当事者の記憶に頼った情報は、ほんの数年ですぐに事実とは異なるものがいくらでも出てくるという状況が起こりえます。特に制作の当事者による発言を見ると、どうしてもそれが事実だと思い込んでしまいがちです。しかし、もっとも危うい、事実と異なる可能性が高い情報こそが当事者や関係者による回想だとも言えるでしょう。そして、そのような錯誤が定着していくと、誤った、事実とは異なる情報が言語化され、ある種の定説として定着していくということが起きてしまうわけです。

ここからは、まさに尼子先生が仰しゃっていた数珠つなぎということになると思うのですが、時代考証における資料の取り扱いは本当に難しく、どれが確かなものなのかということをいろいろな資料を当たりながら調査をしていき、その中でより事実に近いものを検証していく必要があるというのが見えてくると思います。

これまでの内容をまとめますと、恐らく一次資料と二次資料の問題とも関わってくるのだろうと思いますが、図像資料の場合は特に、たとえ一次資料だと見えたとしても、必ずしもそれが正確に写し取ったものとは限らないわけです。そのため、時代考証を行い、それを図像として表現していく上では、いずれにしても様々な、複数の資料に当たっていかなくてはいけないことになります。一方で写真資料の場合は、どうしても私たちはそれが事実として正しいものと信じてしまいます。けれども、先ほど挙げた長崎産婆学校の写真は卒業式のものです。非常にオフィシャルな場で撮られた写真なので、日常生活でその服を着ていたかどうかというのは、また別に検証が必要ということになってきます。

それから、文字資料にはまた別の難しさがあります。これが本当に一次資料といっていいのかどうか、もしかしたら二次資料の中に含めたほうがいいのではないかというグレーゾーンみたいな資料が数多くあります。その中で、どれが事実として正しいのか、より事実に近いのかということを、考証していく必要があるだろうと思います。

また、二次資料の問題というのは、先ほど申しましたように、古い資料イコール正しい資料というわけではありません。いちおうは参考になるのですが、別の資料を当たっていくための手掛かりというような位置付けにするということも含めて、資料の扱いを検討していくことになるでしょう。

このように、一口に時代考証といってもいろいろな資料を、手探りで見ていくことになります。それはたとえポップカルチャーであっても変わりません。特に二次資料から考証を行う場合、自分の言っている歴史は「正しい」のだというような態度で書かれている言説があった場合には、むしろそうしたものこそ疑ってかかることが必要です。

二、時代考証の対象

さて、ここから少し視点を変えて、今度は、「何を考証するのか」という問題を見ていきたいと思います。まず、まさに『落第忍者乱太郎』の問題になると思いますが、あるキャラクターがいて、そのキャラクターが、ある特定の時代にいるという状況を考えてみましょう。この場合、その時代に合った建物や、食べ物、衣装周囲の調度品、身の回りのものなどを考証していくというのが、恐らくいちばん基本的な考え方だろうと思います。まさに、着物の合わせ方ですとか、花岡さんが話されていた帯刀の仕方などが、考証の対象になります。

一方で、現代において歴史的な物語を作るときには、必ずしも考証したことをすべて反映できるわけではありません。よく知られている話として、江戸時代の人は右足と右手とを、一緒に前に出して歩いていたと言われています。右手と左足を出すというのは明治以降の人たちの西洋式の歩き方なので、江戸時代に実際に生きていた人々の歩き方とは異なっています。この場合、今の時代劇は、ほとんど全部事実と異なっているということになりますね。けれども、もし時代劇で右足と右手とを同時に前に出すような歩き方をしていたら、今の視聴者にとっては奇怪なものに見えるかもしれません。こうした場合には、ある程度事実とは異なっていることを承知の上で、物語の中の虚構の一部として設定を作っていくことになるでしょう。

一方で、先ほど尼子先生が触れられていた、まげの結い方ですとか、服の合わせ方といった細かい部分のほうは、むしろ現代の読者、視聴者には気になる人が多いかも知れません。そういったところを考証していくことで、たとえ虚構の作中人物が主人公であったとしても、その中にリアリティを作り出していくことが可能になるのだろうと思います。つまり、創作において時代考証が行われるときには、現代の読者が物語の舞台として設定されている時代に対して持っている認識に会わせて、考証の必要があるところを選別していくことになります。

それから、玉井さんや花岡さんのご発表と関わる問題ですが、歴史上に実在した人物とその出来事を物語に描こうとして考証する、こうした場合には非常に難しい問題がいろいろ生じてきます。その作中人物が本当に実在したのかということももちろんですが、たとえばその人物が史料においてヒーローとして扱われていることを元に、その登場人物をヒーローとして描こうとしても、考証をしてみると本当に事実としてヒーローだったのかということが考証を進めるにつれて浮かび上がってくることがあります。

柳生十兵衛が実在しない、特に人物としては何もしなかった人だったという話が先ほどありました。こうした場合、物語として様式化、キャラクター化された柳生十兵衛と、歴史上の人物としての柳生宗厳とを、別ものとして扱っていくという視点が必要になるでしょう。

例えば、大岡越前はいわゆる「大岡裁き」などはしていません。けれども、江戸時代の講釈師が語っていたものを文章化した実録体小説で、すでに大岡裁きの形ができあがっていたと考えられます。この場合、人々は大岡越前という様式化されたキャラクターを受容して楽しんでいたのであり、それがすでに事実としての大岡越前守忠相とはまったく異なるものだったとしても、問題化されないところまで定着していたと言えるでしょう。この場合、歴史上の事実としての大岡越前守忠相を小説や映画、ポップカルチャーなどの形で物語化したとして、それを私たちが娯楽として受容できるかどうかは、非常に難しくなっていきます。こういうとき、時代考証はあくまで江戸時代の習俗や服装、調度品、生活といった細部に留め、大岡越前守忠相という人物そのものについての事蹟には踏み込まないで「考証」をするということが行われていくことになります。

また、水戸光圀、いわゆる水戸黄門に関しては、別の問題が見て取れます。たとえば、江戸期からの絵本や講釈などで語られていたものが、明治期に活字として刊行されたと考えられる明治一六年（一八八三）刊の『水戸黄門仁徳録』を見てみましょう。

其所より漸二日路も過て向ふを見渡せば海の低き事大凡三四丈許りと見え水の音凜冽く中々に乗下すべき事もならねば御船の頭に立出給ひ遥に向ふを見給ふに其先は泥海にて更に行べき方もなし是に因て皆々も目を定めて能々見れば幽に真黒なる人の形容したる物何やら鍬の様なる物にて地を堀居る様子なれ共中々遠目鏡も届きかぬれば偵の西山公も此海の低きに詮方なく思し召れ定めて此先にも世界在べし那が彼常磐の国とも云べきにやと宣ひて夫より彼方此方と船を乗廻し給へども何分船を乗下すべき場所もなければ御船又々南へ漕戻し彼砂山の所にて其夜は船を止め給へば大さ二三尺位にて鯉の様なる真黒き魚幾千もとなく御船へ跳上りぬ

これは、いわば最終回に当たる内容です。水戸黄門が水戸から出航して、船で世界の果てを見に行くという内容になっています。よく知られているように、歴史上の人物としての水戸光圀は、事実関係を追っていくとほとんど旅をしていないわけですが、それにしてもかなり荒唐無稽な内容になっています。「其所より漸二日路も過て向ふを見渡せば海の低き事大凡三四丈許り」とあるように、海の果てには境界線があって、そこで滝のように三、四丈、低くまで落ちているという描写になっています。これが世界の果てです。これはおそらく、昔のヨーロッパの世界観で、世界が平面でその果てが瀧になっているというものを、受容したのだろうと思います。

近年の研究で、いわゆる「鎖国」というのは決してヨーロッパの文化を受け入れていなかったわけではなく、非常に緩やかな形で、特にオランダを介してさまざまな文物が、実は入ってきていたということが明らかになってきています。そうした文脈でこの記述を見直してみると、おそらくかなり早い段階でヨーロッパからの情報が物語に入り込んで、虚構の歴史が作られていたというが分かります。つまり水戸黄門の物語では、歴史上の人物にはどのような事実があったという位相の時代考証ではなく、水戸黄門が諸国を漫遊したという物語や、水戸黄門というキャラクターがどのような言説を元に創り出され、様式化されていったのかというレベルで、考証をすることができるわけです。

このように歴史上の人物をめぐる事蹟が虚構化していくというあり方は、時代小説や、史伝と呼ばれている言説の問題と関わっています。

三、時代考証の位相──文学研究と歴史研究

以上をまとめますと、時代考証の位相として、おそらく三つくらいのものが想定できるだろうと思います。

第一に、虚構の物語に「歴史」の細部としての「事実」を折り込んでいくという方法です。これは、時代劇や時代小説で採用されている、もっとも基本的な「時代考証」の方法です。『落第忍者乱太郎』の場合は、まさにこれに当たるでしょう。乱太郎をはじめとする人物は創造されたものですが、そうした人物に歴史的な事実をはめ込んでいくことで、その物語がリアリティをもって受け入れられるようになっていくという方向性になります。

第二に、歴史上の人物を描きながら、その人物をめぐる虚構の出来事を描いたり、人物の事蹟とは異なる出来事を創り出したりするものです。これは時代小説の方法であるとともに、「史伝」と呼ばれるジャンルは同じ方法に依拠しています。また、講談、講釈の人物は、「史伝」を元にしていることが多いために、歴史上の人物でありながら事実と異なる出来事に関わっていくことになります。この場合も、時代考証が関与できるのは、第一のあり方と同じくらいのレベルが限界かもしれません。

第三に、歴史的な人物を取り上げ、歴史的な事実をたどりながら、その出来事をめぐる人物どうしの会話や動作などを創作していくというあり方です。いわゆる、歴史小説の方法が、これに当たります。たとえば、Wikipediaで歴史上の人物を調べると、昭和初期に刊行された「史伝」などに出てくる会話があたかも実際に歴史上の人物によって話されたかのように錯誤されているケースが非常に多く見られますが、虚構と事実とを錯誤する読者がもっとも現れやすいのはこうした物語のあり方だという点も指摘しておきたいと思います。

また、いわゆる「歴史修正」が、この第三の方法と近接していることも重要です。こうした言説では、まずは自分にとってあってほしい物語としての歴史を創りあげ、それに沿って都合の良い史料、自分のあってほしい歴史を並べていくという手法が採られています。資料に基づいているように見えるので言説化されたときに歴史的な事実として錯誤されてしまうことが多いのですが、先ほど申しましたとおり、歴史的な資料は古いものだからといって必ずしも事実を記載しているわけではありません。一つ一つについて事実であるかどうか検証をしていくことが、ここでの考証という作業になります。呉座勇一『応仁の乱　戦国時代を生んだ大乱』が二〇一六年に非常に高く評価されましたが、一次資料を非常に丁寧にたどりながら事実関係を検証し、応仁の乱の実態をできるだけ再現していこうというような方向性。これが、歴史学が目指している方向性だろう思います。

一方で、私は小説を書きますし、文学の研究を進める上で、史書や史伝を参照することも多くあります。代表的なものでは明治一四年から一八年にかけて刊行された、近藤瓶城の『史蹟集覧』です。明治三三年から三六年にかけて出された改訂版のほうが比較的流通していると思いますが、塙保己一『群書類従』から漏れた史書を集めて、活字として出版したものです。ちょうど同じ時期に『群書類従』のほうも活字版が出ていますので、両方を見れば歴史上の資料が見ることができるということで、明治期における歴史の二大プロジェクトとして出版されたと言えるでしょう。

明治時代は、まだ、これらの史書や史伝を、歴史そのものとして位置付けていました。例えば『太閤記』や『那須記』というのは、現在の視点から見ると歴史上の事実とはかけ離れた、あくまで物語として書かれた歴史です。けれども、こうしたものも歴史上の「事実」として受け取られていた時期が、明治から大正、昭和まで続いています。昭和期の時代物がめちゃくちゃだという話が、先ほどからいくつか出ておりました。やはりそれは、当時の歴史の捉え方としてある程度仕方のないことだったという事情もあったと言えるでしょう。

それから、玉井さんのご発表に最も深く関わる部分だと思いますが、時代小説と講談文化との接続という問題があります。享保七年、享保の改革の中で出版取締令によって禁止されてしまいますので、江戸時代の講談は写本として伝来しているものが多くなっています。主に軍談物、仇討物、史伝物、評定物などのジャンルがあり、特に仇討物が幕末から明治期までにかけて非常に流行します。その中から例えば、怪異、怪談に関わるもの、巷説、町のうわさみたいなものが、これは本当にあったことなんだよというような形で流通していったり、あるいは、心中事件が起きたときに、実際の事実とは異なる部分の脚色をたくさん付け加えて、そうしたものも実録、つまり、実際にあった出来事として語っていったりというような形式が、含まれていくことになりました。特に文章で残されているものを、実録体小説と言っています。

　こうした史伝、実録物というのは、もちろん歴史そのものではありません。いってみれば、ファンタジーとしての歴史であり、イメージとして作られた歴史です。一方で、そういった虚構の歴史を事実として語っていくということが、江戸時代から明治にかけて非常に流行していました。事実を交えながら、その中に虚構を埋み込んでいくことで、本当らしさとしての歴史を作り出していくというジャンルです。また、そういった虚構の歴史をたどることというのが、ある意味において、当時は、まだ、歴史を語ることだったのではないかと思います。昭和期に時代劇が流行していたときには、明治時代に講談が大流行し、そこで語られていたものが時代小説という形で流通した後、映画が制作されるようになったときにその題材となっていったという経緯があります。

　小説を書く側としてだけでなく、研究として文学について考える立場としては、こうした歴史が持っている豊かな物語の世界を、無視して考えることはできません。現代の日本では、事実であるということがある意味で特権的な価値として位置づけられるというケースが少なからず見られますが、歴史を題材として、事実と虚構を交えて形作られた言説が、ある種のエンタテインメントとして受容されるという側面は、歴史というジャンルにとって不可欠な要素だと思います。特にポップカルチャーはこうしたジャンルで形作られた部分が多く、ここで語られてきた物語の後継として、物語の要素や様式を引き継いでいるという要素も非常に多く残っています。そのため、そうしたポップカルチャーだからこそ、時代考証をどのような位相で行うのか、そして何が事実であるのかを明確にしていくことが、重要なのだろうと思います。

　このように、文学研究と歴史研究との違いは、この中で創り出された事実ではない歴史と、物語としてわりきって、その物語がどのように形作られたかというレベルで研究を進めることができることです。そのような虚構と事実との狭間で、何が事実で、何が虚構なのかを見定めていき、その上で虚構の部分が持っている構造を明らかにしていくという作業です。ポップカルチャーにはどうしても虚構の歴史が含まれているわけですが、歴史研究と文学研究では、その虚構の部分に対するアプローチの仕方が、おそらくもっとも大きく異なるところになるだろうと思います。

Symposium

シンポジウム「時代劇メディアと「ポップ・カルチャー」の境界を歩く」パネルディスカッション

◉花岡敬太郎（時代考証学会）
◉玉井建也（東北芸術工科大学芸術学部文芸学科准教授）
◉尼子騒兵衛（漫画家）
◉大橋崇行（東海学園大学人文学部人文学科准教授）
◉司会　茂木謙之介（時代考証学会）

＊肩書は、二〇一九年一一月当時のもの

大橋　以上のコメントを踏まえまして、発表者への質疑を進めていきたいと思います。

まず、尼子先生にですが、一つ目の質問についてはすでにご講演の中でお答え頂いているのですが、時代考証をして作品を作られていく上での面白さというところや、時代考証やっていく上での魅力を、ぜひもう少し詳しくお聞かせいただけますでしょうか。それから、この後、物語のヒーロー、ヒロインということについて、もし既存のヒーローでこういうものを書いてみたいというのがございましたら、ぜひ教えてください。

次に花岡先生へのご質問です。横山光輝や池田理代子作品に言及されていましたが、そうした作品から見たときに、『落第忍者乱太郎』における時代考証のあり方の持つ意味について、何かお考えがあればお聞かせ

◉大橋崇行氏

ください。また、『昭和元禄落語心中』の時代考証をされているわけですが、そうした時代考証をされるときに、どういう点を意識されていたのかということを、ぜひお聞かせいただければと思います。

最後に、玉井先生へのご質問です。「受容側の忘却」というふうに触れられていましたが、講談や時代劇で描かれてきた作中人物が、現代でも描かれることの意味について、もう少し詳しい見通しがあればお聞かせください。それから、本日は触れられていなかったのですが、新選組などをはじめ、女性を中心に受け入れられているコンテンツと、とくにいわゆる「歴女」といわれている、歴史を好む女性の読者層との関わり、あるいは、そこでの歴史受容のあり方を含めまして、ご研究の見通しがありましたら、ご教示頂きたいと思います。

茂木　この場では、各報告者の事を「先生」ではなく「さん」と呼ばせていただきたいと思います。どうぞよろしくお願いします。まず、花岡さんからお願いできますでしょうか。

花岡　例えば横山光輝や池田理代子らのやってきた時代考証に対して、尼子さんの時代考証の仕方は、研究者としてものすごく共感できます。資料を調べる、資料を調べて分かったことを、みんなの目に届くとこに持っていくというのは、これは研究者の論文の書き方と基本的には一緒のように感じています。研究者も「こういうこと言いたい」、「こういう論文を書きたい」というところから資料を探すという作業はもちろんやります。だけど、やはり資料で言えないことの行間を埋めるということはやってはいけないので、分かったことしか書けない。尼子さんも同様のことをおっしゃっていたので、尼子さんの描き方はすごく研究者的だと思っていました。

それに対して横山を含めた、それより以前の考証は、描きたい物語があり、その物語の整合性を補完するものになってしまう。そこがまず決定的に違うと僕が思っているところです。ただし、通じるものもあると思っていて、それは、例えば池田理代子が『ベルばら』を描いているときにはフランスに行ったこともない。だから『ベルばら』に、ベルサイユ宮殿の全景がないということになったわけでしょうけど、でも「やっぱり行かなきゃ」となり、スタッフを連れてフランスに行って、自分たちが知らない当地の風俗を見て、また「描きたい」と思った。これはまさに尼子先生の「数珠繋ぎ」の観点につながってくるものだと思います。

◉花岡敬太郎氏

調べなきゃ次の作品に進めないという点では、横山も一緒で、横山は『三国志』を描いた後に『項羽と劉邦』とか『史記』とか『封神演義』とか、次々と中国の古代中世のものを描いていきますが、どんどん絵や時代考証の精度は上がっていきます。横山は、『三国志』と『史記』を描き終えた後に、「もうやり尽くした」と思ったらしいのですが、『史記』を描いているときに「漢楚軍談」という、項羽と劉邦に関する古い江戸期の講談を見つけて、これだったら描きたいと思って次作を描いたというようなことを述

◉茂木謙之介氏

べていて、そこで調べて新たに知った色々なことについて「今回、調べたことは今回のマンガには描けないけど、次のネタにしていきたい」という姿勢になっていく。このことは時代考証という行為そのものが、次の物語をリードしていくきっかけであるというニュアンスに通じるところがあると思っています。出だしのスタンスは異なるかもしれないけれど、「描く・調べる・描く・調べる」の応答関係という意味では位置づけも似てくるし、一方で、力点の置き所は微妙に違うし、そこの差異が、両方とも研究者に通じるものでもあるので、参考になったというのが一番です。

　あと時代考証を実際に担当したことのある立場からですが、「あちゃー」とまでは言わないけれど、「結局そうするんかい」みたいなことはあります。戦時中を舞台にしたドラマで、高座で噺家が時局批判を枕でする。それを憲兵が聞きとがめて、急きょ噺家を高座から退席させてしまうというシーンを撮っていたとき、当初の台本では、かなり克明に戦局と時流を批判していたのですが、「克明すぎる」と感じました。ただ、元の台本にはその時の批判の内容を具体的に書いていたわけではなくて、どうも撮影現場で急造された台詞だったようでした。だから、私は「もう少し、批判の内容のトーンを落とすか、曖昧な内容にしてください」とお願いし、役者さんも了解してくれて、それで役者さんと相談して枕の内容を少し修正してもらいました。でも、結局全部却下になりました。ただ、このときスタッフの方々に「そこはどうしてもやりたいんだ」と言われてしまうと、こちらは何も言えないんですよね。ドラマで一番、優先されるべきなのは物語のダイナミズムで、それを作るのは監督の仕事だと思いますから。「批判されてもそれは応えます」っていうふうに向こうがおっしゃるので、そこまで言われたら僕は何も言えない。意識しているのは、とにかく作品そのものが伝えたいと思っていることに、あんまりチャチャを入れないことでしょうか。多少、整合性が取れなくても、過剰に取れていない時代劇は絶対つまらないと思いますけれど、全体の整合性が大きく崩れていなかったらあまり言わないようにはしています。ただし、そんなに熱く語れるほど考証経験が豊富なわけではないのですが、やってきた中ではそういうふうに考えています。

玉井　一つ目の質問の「受容側の忘却」がある中で実際、時代劇で描かれてきた人物が現在でも描かれることの意味についてですが、これは結構難しい問題です。個人的に行きたくない方向は東浩紀の「データベース消費」的な考え方、そちらではないという感じで考えていきたいとは思っています。架空の人物を描くときと、既存の何かのイメージがほんのわずかでもあるときとでは、物語を描く際、もしくはそれを受け入れる側の問題といいますか、そこの受け取りやすさ、入り込みやすさがあるのではないか。それが延々と続いてさえすれば消えない。「消えない」という言い方は変ですけれど、そういうことはあるのだと思います。

次の新選組などは確かに今回触れなかったのですが、い

◉玉井建也氏

わゆる「歴女」との向き合い方に関しては、「歴女」にもすごいグラデーションがあると思っています。これは私より会場の皆さんがそうなのではないかと思うのですが、大体、何でも「オタク」はグラデーションがかかっていくもので、鉄道オタクもライトな人からそうじゃない人、大変な人まで様々いるわけですけれど、中には捕まってしまうような人もいます。ですので、やっぱり「オタク」に入ってきた人がどこまで深めていくかの問題になっていく。だいたい自力で皆さんがそれぞれいろいろ調べたりとか、博物館に行ったりとかですね、いろんなことを個人の皆さんがやっていくわけです。ヒットをしているかどうかというよりも、個々人の生き方っていう言い方は変ですけども、そこに左右されていくところがかなり大きいのではないかなと思います。ここ最近はですね、例えば江戸東京博物館で刀を展示して、たくさんの方々が来られる。私のいる山形県でも博物館で刀の展示をやって、ずらっと外まで人が並んでいることがあったりして、そういうことが山形では初めてのことなので、結構、地元のニュースで流れるわけです。少し話がそれましたが、調べる先によって、「見る」とか、「本を読む」といういろいろな循環が生まれます。つまり、物語から入って実際の歴史資料にあたっていくという、歴女の皆さんがやっているようなことが、いろんなところで起きればいいなと思ってはおります。

質問にありました研究の見通しにはなってないと思いますが、グラデーションがある中で、そこをどうやって捉えていくのかが難しいと思っております。

茂木　ちょっとだけ今の補足を大橋さんお願いします。

大橋　ありがとうございます。今、玉井さんの方から「データベース理論」ということでお話があったんですけども、東浩紀が論じたのは、読者の側に既存の作品・テクストか、ある種パターンとして保存されていて、作り手側はその中から選び取ったものを切り張りして作っていく。読者も自分の持っているデータベースに反応した部分だけを読み取っていく。そういった形式の一つの制作と消費のあり方ですね、作品の発信と受容の仕方とでもいうような。私も「データベース理論」はどうかと思うところが多くあるのですが、特にそこから外れていく部分です。今までの物語に描かれなかった部分を描いたときに、初めて作品テクストとして新しいものが生み出されていく可能性があって、そういったところに「時代考証的な調べ」が生きていくのではないかと思っています。おそらく尼子さんは、そのあたりお考えがあるのではないかと思っていますので、この後のコメントに期待しているところです。花岡さんのコメントですが、「物語のダイナミズムを壊してまで考証が」というところがポイントだと思います。おそらくここはストーリーを中心に語るものと、それから小ネタですね、小さな場面を積み重ねていくものとの違いっていうところがあると思うんです。

◉尼子騒兵衛氏

ご判断としては『昭和元禄落語心中』の場合は、全体としてのストーリーのほうにひとまず重きを置いたというような返答だったという気がしています。

茂木　では、尼子さん、どうぞよろしくお願いします。

尼子　最初に、先ほど花岡さんが「チャチャを入れて」とおっしゃっていましたけれど、これは歴史の本によりますと「鉄砲で撃ち落として撃ち殺す」という意味だとありました。今は、「お茶を濁す」みたいな使われ方をしていますけど、正しい使い方か、それもまだ分からないんです。

さてご質問について、まずヒーロー・ヒロインを書くとしたらという話、既存のとのことでしたが、私はいつも机の上に『日本文徳天皇実録』を置いておりまして、あれはキャラクターの宝庫で面白いんです。例えば、すごい内気なお姫様がいて、「いやぁん」とか言って恥ずかしがり屋なんだけれど、指先で竹の節をブチブチっとつぶしてしまう怪力だったりします。今、やりたいなと思っているのは平安初期の藤原高房という人物で、役人なんですけど、身長が一八〇㎝ぐらいあって、迷信とか妖怪とか全く気にしない。仕事はやる気満々で、「祟るんだったら、祟れ」と言って、妖怪をものともせず仕事を進めていくという男がいてかっこいいんで、これを今度、主人公にしたいなとか思っています。そこに漫画家の脚色が加わって、彼は背中のできもので死ぬんですけども、例えばそれが「人面瘡」だったりして、死ぬまでその「人面瘡」と相談しながら妖怪退治をしていっても面白いんじゃないかとか思ったりしています。捉えようによってはキャラクターっていくらでも面白くなると思うんですね。作品を作っていく面白さの手がかり、何て言うんですかね、知らないことを面白いと思ったら、それを人に伝える手段が私の場合は漫画だったんです。真面目にいけばただの史実なんですけれど、「アホ」がやると違う方向へ進んでいく。史実なんだけれど違う方向へ進んでいく。まっとうに進んで行くところと、「アホ」がやって違う方向へ行くところ、そこに隙間が生じる。そのできた隙間に私は笑いが起きると思っております。いくらでも調べれば調べるほどネタが増えていく。「アホ」もやったらどうなるか、間違った方向に進んだらどうなるか、面白いんではないかと思う話作りがほとんどなんで、その面白いと思ったことを人に伝えて、人が面白いと思ってもらえればそれはもうギャグ漫画家としては、ひとしおの喜びでございます。

大橋　ありがとうございます。私もいくつか小説を書いているんですが、よく研究者の仕事と小説、書く仕事を一緒にやって大丈夫？っていう質問を受けるんですね。同じように研究されていて今、小説を書かれている作家の先生に、『圓朝』（三遊亭圓朝ですね）という小説を今年出された、奥山景布子さんがいらっしゃいます。その奥山先生から三遊亭圓朝が髪の毛を「ざんぎり頭」にしたのがいつか教えてって、私のところにメールがきて、一緒に調べて時期を確定した経験があります。奥山先生と話していて、いつもお話しするのは「研究をやっているときより、作品を書いているときのほうがたくさんのものを調べるよね」という話です。たしかに作品を書いていると細かいところがものすごく気になるので、すぐ資料を開きたくなるんですよね。なので、今、尼子先生のお話を伺いながら、調べていくことの面白さを人に伝えていくこと、そしてどのように物語を作っていくかみたいなところで、読者の方に喜んでもらえればいいかなというふうに思いました。

茂木　ここからは皆さまからいただきました質問用紙をもとに議論を進めていければと思います。ありがたいことに大量の質問をいただいておりまして、私の方でいくつかに分類し、かつ極力、多くの登壇者の方からお答えいただけるようなものから取り上げていきたいというふうに思います。

今回は、戦後文化史、近世史、コンテンツ学、日本近代文学そしてマンガ制作という、全くもってジャンルの境界にいる人たちばかりが登壇されてしまった以上、それらに全て関わる質問というのはなかなか難しいところではあります。先ほど、大橋さんのご質問の中にもありました問題と絡ませて、おそらく「受容」の問題と「ジェンダー」の問題は大きく出てきているところだろうと思います。

まず、受容者がどれぐらいのリテラシーを持っているか、つまりどれだけ歴史について理解を持っているかというところが、創作や時代考証のあり方を左右するのではないかというご質問がありました。これは今日、メディアの状況が大きく変わってきている、つまり相互に発信できるようになってきた結果、それが時代考証のやりづらさを向上させてはいまいかという質問にもつながっていくかと思います。メディアが変化することによって表現のあり方が変わってくるというのは、おそらく花岡さんと玉井さんの議論にかかってくるところだと思うわけですが、それが相当進んだ現状において、例えばウェブ上で幅を利かせがちな「何とか警察」のような動きが、創作家の実質的な足かせになっている側面があるのではないかという指摘があるのかと思います。それについてということがまず一点。

もう一点は、先ほどの玉井さんに対するご質問で、大橋さんが出されたものでもありますが、全体的な問題、つまり男女差というものが歴史を描く上で生まれてきてしまう。史書や一次資料の圧倒的多数は、男性が書き、男性が読むことを前提としている。そうしたときに、まず時代考証自体が抱えている問題として考えられるのと同時に、先ほどまで言及されてきた様々なコンテンツも、多くは男性向けになっていたというところは否みがたいというところがあると思います。それに対して『落第忍者乱太郎』とそこから始まっていくさまざまなメディアミックスは、まさに女性に響いた。つまり、二・五次元の忍ミュ（忍たまミュージカル）を楽しまれるのも圧倒的に女性が多いというような、そういうメディア状況の変化とそしてジェンダーの問題っていうのは、恐らくこの先、ポップカルチャーと時代考証の環境を考えていく上で重要なキーワードになってくるだろうと思います。ここに関して御見解がありましたら、花岡さんから順々にお願いできればというふうに思います。

花岡　メディアの状況如何でやりにくいと感じるほど時代考証に関わっていないので答えにくいところもあるのですが、映画『ラストレシピ』の時代考証を私が担当して、公開になってすぐのとき、リアルタイム検索をすると、「全然、時代考証ができてない」と書き込まれていたんです。こちらとしても、台本をもらってストーリー全体は把握しているけれど、全部のシーンをくまなくチェックや考証をしているわけではないわけですのでつらいところがありますが、非難されている内容をみると、漠然とした観念論っぽい指摘だけでなく、よく見ているというか、よくそういうところに気づくなと感心してしまうような指摘もあります。それから、こちらが比較的確信をもって通説や従来知られている内容とは異なる見解を考証段階で指摘し、それが映像に反映されることも無いわけではないのですが、そういった時にネット警察の方々に散々に叩かれることがある。別に研究者の言うことが全て正しいのだから、甘んじて受け入れろなどと言うつもりはないんですけれど、意地が悪いなと感じることはあります。メディアのあり方とリテラシーの問題ってというのは、自分の得心のいくものというか、自分にとって心地の良いもの以外は全て排除するというようなメンタルが働きやすくなっているのかなっていう感覚は、傍観者よりの当事者として感じているところではあります。

それと加えて言うとジェンダーの問題もあって、さっき左前のことを指摘したファンのことを非難していくみたいなことが一方で起こっていて、そうなってしまうと、見解を問われても、めったなことは言えないと感じています。趣旨説明でお話ししたように、時代劇についても、それからこういうポップカルチャーのやり方、ポップカルチャーの方法論についても。裾野は広がっていると思っているのですが、一方で、回収しきれない考え方や捉え方も拡がっているように感じます。

玉井　そうですね、受容者のリテラシーの問題というのは、多分、常に付きまとっていたとは思います。SF警察とかは古くからあったのですけれど、それが最近、ネットやSNSによって可視化されてきたということだと思います。これを気にし始めるとなかなか難しいことがでてきます。学生に教えるときには、細部とか様々なところをきちんと調べるということはもちろん指導しますけれど、そこを気にし始めると物語全体の面白さに、書いている側の意識が付いていかなくなってしまうので、そこが第一にあると思いながら指導はしています。その上で突っ込みがくる場合は、まあしょうがないよと、どんなに売れている人でも突っ込みは来るんだからっていつも言っています。もう一つのジェンダーの問題はかなり難しくて、確かにこれまでの色々な資料は男性向けに作られていましたし、やはりライトノベルやマンガもある程度のものは男性向けに作られ消費されているところは否めないですね。うちの学生でも、やっぱり男性向け作品をずっと読んできた学生が小説を書いたりするとジェンダー的にはかなりいびつなものができたりします。そうなった時に、こちらも指導する側としていろいろと考えなければいけないポイントがあると思っています。それから、女性だから書き手としてジェンダーを排除しているかというと、指導している限りではそういうことではなく、男性向けにということで描かれてきたものを消費してきたときのジェンダー観をどうしたらいいのかという問題は重要だとは思うのですが、繰り返しですがなかなか難しいところがあります。二十数年間経てきたものを急に指導教員に言われたから変えるなんてことは、なかなか起こりえないので、現在進行形で難しいなと思っているところではあります。

尼子　『戦国ＢＡＳＡＲＡ』ありますね、あれを好きな女性たちを歴女と言っていいのかどうかっていうのを疑問に思うとこがあります。衣装や武器などは本当に突拍子もないようなもので、それを好きな女性を歴女と言うのなら、それはどうなのかなって思ってしまうんですね。忍たまミュージカルの話が出ましたけども、それを最初にやりたいと言ってきたとき、観客層は若い女性がターゲットで、だから入場料も高めに設定してありますと、本当に女性向きであるということを最初から押し出して始めたんです。

もともと「乱太郎」は、おそらくお子さんたちが保育所でお迎えを待っている間に見るような時間帯のアニメなので、子ども向け・ファミリー向けというのが基本なんですが、例えば映画化した場合にファミリー向けでは子どもはお金を出して見に来てくれるかっていうと、親が連れてこないと見に来てくれない。夏休みが始まる前から公開したらさっぱり客が来ないというような状況が起こって、映画制作側の人たちは、「忍たま＝ファミリー向け」という構図がなかなか頭から離れなかったんです。脚本を読むと、もちろん乱太郎が主役で、他の女性たちに人気のあるキャラクターのシーンは撮っても監督が全部カットしてしまって、私からしたら「面白い」「これはお客さんがきっと喜ぶだろう、笑えるだろう」と思えるシーンがバッサリ切られて、乱太郎が延々と走るシーンが続いていたりしたんですね。

第二弾は、多少は修正が入ったけれど、ビジュアル面については、女性に人気のあるキャラクターのビジュアルは重視していなかった。実を言いますと第三弾についても、「出そう」ということで脚本も私の元には届いていたんですけれど、『ホームアローン』の乱太郎版みたいな脚本で、忍術学園に一人で乱太郎がお留守番して、悪党と戦うみたいな感じで、これでは「受けないよ」と思って、ファミリー向けと考えないでください、これでは駄目だっていうふうに返したら、もう時間がないんで、じゃあってことでぽしゃったんですね。映画人の考え方っていうのはファミリー向けで、女性に人気のある美形とされるキャラクターの配役に、女性を当てきたんですよ。それはいかん、いくら見た目がきれいな男性が仕上がっても中身が女性だったら、女性は萌えないじゃないかと。男にしてくださいって言って急きょ男性が配役されて、あるいは上級生の配役のはずなのにどう見ても子どもじゃないか、人気のあるキャラクターに子どもを当ててどうするの。女性から見た「萌え」が、ぜんぜん分かってないのが映画界なんだなと。

その萌えを分かっているのがミュージカル、二・五次元なんだと。マンガに寄せたビジュアルっていうのをやろうとしないんですね。本式に袴をはかせて、本式にチャンバラをさせようとする。でもそれだと今は受容されないなと思うんですよね。アニメにしても、「乱太郎」はメルヘンではないんですよね。ヘムヘムっていう犬が出てくるんですけど、あれ私すごく反対したんです。向こうとしては犬キャラが欲しいと、子どもに受けるからってことで出したんですけれど、私はせめて二本足で歩かせるのはやめてくださいと、走るときは四本足で走らせてください、セリフを喋らせるのはやめてくださいと。でも会話できますけどね。だけどヘムヘム、せめてヘムヘムだけにしといてくださいね、人間の言葉を話すのはやめてくださいと申し上げたんです。

あるいは「好いたほれた」の話はしない。「くノ一」は出てくるんですけれど、乱太郎たちや上級生と恋愛関係になることは絶対にないです。好いたほれたを入れると話が足にまとわりつくというか、テンポが悪くなるので、恋愛の話は一切なしという約束はあります。あと年寄りは必ず元気。こないだ泥棒を撃退したばあちゃんがいたらしいんですけど、そういうようなばあちゃんとじいちゃんがゴロゴロ出てくるのが「乱太郎」であると。でも時々「ヘムヘムがなあ」と思うときがあって、そこは忸怩たるところではあります。その辺りの考え方の差異ですね。女性が何を求めているかについては、私としては先ほどの柳生十兵衛の女体化、女性化ですか、私は好きじゃないなって思うんですね。ありましたよね、沖田総司は女だったというのが。ああいうなんでしょう。だって沖田総司様が女性じゃ萌えないじゃないですか。美男剣士だと思っていたのを女性やったら、面白くないじゃないですか。だからその辺の女性化っていうのはどうなんだろうなと思うんですよね。それもジェンダーに関係あるんですかね。

茂木　そこの辺りは、大橋さんいかがでしょうか。

大橋　ちょっと話が変わるかもしれないですが、コンテンツ文化をめぐる近年の傾向として、やっぱり「女性読者優先」というのが非常に元気です。マンガにしても、ウェブマンガはユーザーが二～三〇代の女性であるということを念頭に企画を作っていると伺っています。だから、そこで女性に響くようなイケメンの男性を描き、女性を描く場合は必ず女の人に嫌われない、女の人に好かれるような女性キャラクターにするとか、そういったことを意識するそうです。小説のほうでも『浅草文豪あやかし草紙』という作品を出したのですが、これを女子高生たちの前でしゃべったときに、すごい女の子たちに囲まれて一番好評だったんです。何がよかったのかを聞いてみると、まず樋口一葉が、こびないしっかりした意思のある女性であることと、鏡花がかっこいいということを女子高生が気に入ってくれたみたいで、ファンレターをもらったりしました。そういうのは初めてのことで、直接、手渡しではないですが、女子高生からついにもらってしまったと。そういう意味で、今まで男性中心にコンテンツ文化がなっていたものが、インターネットが普及してきたことで、女性へのコンテンツとして目が向くようになってきたというのが一つ大きな問題としてあると思います。

今、司会の方から「近代的展開の是非」っていうすごいむちゃぶりがきたんですけれども、近代のロマンティック・ラブ・イデオロギーに基づいた物語では、男女が出会って、運命的な大恋愛を乗り越えて結婚に至り、初めての関係を結ぶ、そういう恋愛、性愛、生殖、結婚が一体となったイデオロギーが、近代以降、描かれてきたというのが一つあります。たとえば九〇年代のいわゆるトレンディドラマはそうした部分をかなり色濃く引き継いでいましたが、そこを現代の女性が受け入れるかどうかといえばかなり状況が変わってきています。現代に合わせた中での女性っていうのを、意識しなくてはいけないというのがコンテンツ文化では求められていると思います。

受容者の歴史理解という前半の質問部分にも関わりますが、多分、読者とかユーザーはジャンルによってすごく分かれていて、歴史的な事実としての正しさを求めているユーザー読者と、それからフィクションの中で、でたらめでもいいから受け入れたいっていう読者がくっきりとしているのが現状でしょう。それはさっき尼子先生もおっしゃられたファミリー向け映画にどうしても乱太郎が作られてしまうというところもあると思うんです。ただ一方で、今『クレヨンしんちゃん』の『オトナ帝国の逆襲』とか『アッパレ！戦国大作戦』のようにファミリー向けのものだけれども、あえて大人向けの脚本にしたら成功したみたいな、そういう例もあります。つまり、ターゲットについて、男性・女性・ファミリー層っていうのも、いろんな年代とかも含めながら作っていくっていうのが、これからのコンテンツのあり方かと思います。その中に時代考証っていうところも関わっていければというふうに思います。

茂木　ありがとうございます。史実に寄せることによって生まれる面白みの話と、そして実証性とは別のレベルで生まれてくる面白みというのが、行ったり来たりしているところだろうと思うんですけれども。時代考証学会という学会自体、歴史を社会に開くためのものとして、さまざまな時代劇メディアというものを捉えてきた側面があると思います。その中でポップカルチャーというもの自体が、大変幅が広いと言いますか、すそ野の広さを表明しているのもまた確かであって、それは受容者の多様さであり、また価値観の多様化でもあると思うんですね。そうなったときにポップカルチャーにおいて時代考証の持つ意義というものが、あらためてまた問われてくる面が出てくるのではないか、つまり受容者が広がる、価値観も多様化する、そこで時代考証を行うことの意義と限界っていうものは、どういうふうに生まれるのか。どこまで時代考証ってやればいいんですかというご質問や、あとはポップカルチャーがさまざまな面白みというものを志向している中で、時代考証にこだわることの意味は何なんだろうというご質問があります。これまでの内容に関わってくると思うのですが、そういったポップカルチャーの文脈の中で、これまでとは大分意味合いの異なる時代劇メディアが生まれている中で、どういうふうに時代考証の意義と限界を考えればいいのかということを、一言ずついただいて終わりにしたいと思います。

花岡　大雑把に言ってしまうと限界だらけのように僕は思えていて、一つのお話、大河ドラマでも何でもいいんですけれど、一人の人間の生涯をガッチリ時代考証して調べていたら、登場人物の数だけでも実際の十倍百倍じゃ済まなくなると思うんです。すれ違うだけの人もいるだろうし。だけど、そのすべてを演出・考証するわけにはいかないし、それは物理的・合理的な問題もあるし、しかもドラマを作っていく時に介在するポリティクスは何も歴史学だけじゃない、演技論とか演出論とか、配役論とかいろんなものが関わってくるので、その中で、僕はあくまでドラマを構成していくone-of-themとしての時代考証だと思っています。だから、ドラマが伝えていこうとしているものに、著しく抵触するようなことはやっぱりやるべきではないっていうのが、思っていることです。一方で、そこまで史実や当時の風俗を極端にないがしろにしたようなものを作ってしまうのもまずいのではないかと思うこともあります。だから、限界っていうより、お互いがお互いに意見をぶつけ合うことをやめないことが一番、大事なんじゃないかなと思います。出来上がっていくスピードが遅くなると思いますけど、出来上がったものは絶対いいものになると思う、そうやって意見をぶつけ合って――今ね、即断即決が美徳みたいになっちゃっているんで――、そうじゃなくなればいいなと、いつも時代劇を見ながら思っているところではあります。

玉井　私は大学で創作を目指している学生を教えているわけですけれども、作者が書きたいものと届けたい人たちによって、考証というのは変わってくると思います。時代考証とかSF考証とか、あとはファンタジーとかもファンタジー警察もいるので、そういった方々を念頭に置いて書くんであれば、ちゃんとやったほうがいいし、そうではなくて物語の面白さとかダイナミズムを書きたいというのであれば、時代考証とかそういったものよりも面白さを追求したほうがいいと。その面白さを追求するために、考証が必要であればやっていけばいいということをいつも指導しています。それによって作者の書きたいこととか、受け手側の求めているものによって、揺れ動いていくものだとは思うんですね。ですので、どこまでやっていいか、やらなくていいのかっていうのは作者によって変わってくると思っています。何とも言えないんですけど、そういったところがあると思っています。

尼子　乱太郎を描き始めたときに最初に買った資料は『忍者の生活』っていう本で、次に買ったのは『火薬学概論』だったんですね。忍者といえば火薬だろうと思い『火薬学概論』を買ったと。それが出発点だったんですけれども、漫画を描くときにまずネームっていって、大体の筋を描くんですけれども、たくさん描いて削っていくと、削れば削るほど面白いものができる。時間がないとそのまま描いちゃうんですけど、そうすると冗長のものになってしまう。削っていくとこによっていいものができ、面白いものができるんです。先ほど『戦国

BASARA』のことを言いましたけれど、本当の鎧を知った上で、それを崩していくんであればそれはそれでいいかなと。武器なんてそうですよね、衣装についても元があった上で崩していくんだったら、それはそれでいいかなと思うんです。そういうとこですかね。本当はこうなんだよっていうことを私は漫画の中では描きませんけど、自分が調べて正しいと思ったただの鎧にしても、正しいものを描いていく、昔の亡霊の鎧武者だったら昔の時代の鎧を着せておく、その違いっていうのは読者が見て感じ取ってくれたら、それはそれでいいと思っているんです。こうでなきゃ駄目だということは描かないし、これが正しいんですよとも描かないけども、ちゃんと自分が描いていくことによって読者がそれを見て感じ取ってくれたら、少しずつでも正しいものが、たまっていくのかなって思っております。

大橋　時代考証をどこまでやるか、時代考証にこだわることの意味ということなんですけれど、一つ絶対に落としてはいけないのは、読者は事実が好きなんですよね。どんなにでたらめな話を作っていても、どこかに事実になってはいけないみたいなところが残っています。ファンタジーの考証にしてもそうですし、先ほど実録のお話しをしましたけれど、実録っていうのは言ってみれば現代の「ワイドショー」に近いもので、でたらめな部分は多いし、宮本武蔵が妖狐と戦ったりもするんだけども、宮本武蔵には本当はこういうところがあったんだよみたいなところも書かれています。それが真実というか、実際に本当らしく見えることのレベルの場合もあるし、歴史的な事実である場合もあるわけです。線引きはある程度しなくてはいけないと思うんですけれど、事実や実際に起きたことを知りたいみたいな、そういう欲望を持った読者はなくならない。今のワイドショー専制みたいなテレビ番組構成を見ていると、「日本人」っていうふうにはあまり言いたくないんですけども、日本のメディアというのは、そういうところを基盤にして今でも作られている部分が少なからずあるというところは押さえておく必要があると思います。その中で歴史というものに興味を持っていただく、過去からさまざまなことを考えたり、歴史を振り返ったりするきっかけとして創作が機能しているとか、そういう部分があると時代考証が持つ意味っていうのが出てくるのかなというふうに思います。

茂木　ありがとうございます。他にも質問用紙を四〇枚ほどいただいておりました。全て取り上げることができなかったのは大変申し訳ないのですけれども、お時間になりましたので、以上をもちましてパネルディスカッションを終了したいと思います。三人の報告者の皆さま、そして大橋さん、どうもありがとうございました。

第2編

時代劇と戦国イメージ

4 戦国時代・武将のイメージ形成過程について

◉山野井健五

はじめに

戦国時代を対象とした「時代劇メディア」――テレビもそうですし、映画もそうですし、最近でしたらゲームですとか、アニメも含めてたくさんありますが――、本稿ではテレビドラマの時代劇、特に、戦国物の時代劇というのを対象にしまして、そこから戦国時代・武将のイメージが、どのような変遷をたどってきたのかについて検討したいと思います。

テレビドラマを取り上げた理由は、五〇年以上にわたり最もアクセスしやすいメディアであるためです。この利点を活かして、今回は、テレビドラマに絞った上で検討を進めます。

戦国時代を対象としたテレビドラマ分析

まず、本稿において主に使用する「テレビにおける戦国時代を対象とした時代劇リスト」（表1・本章末尾）について説明します。ここでは戦国時代の期間を応仁の乱から徳川家康が死去した元和二年（一六一六）までとしております。対象時期および収録作品についての異論はあると思いますが、暫定版として御理解いただきたいと思います。作表にあたっては、テレビドラマデータベース（http://www.tvdrama-db.com）を参照いたしました。作品を分析する上で、とくに主人公とジャンルの二つに注目しました。主人公については、①その人物が実在であるか、架空であるか、②男性か、女性か、③織田信長、豊臣秀吉、徳川家康の三英傑が登場するかに注目しました。次にジャンルについては、便宜的ではありますが、①忍者もの、②チャンバラもの、③文芸もの、④ホームドラマ、⑤SF、⑥コメディ、⑦シリアス、⑧バラエティと分類いたしました。

以下、表1をもとに戦国時代ドラマの分析を進めていきたいと思います。

(1) タイトル

ここで戦国時代と定義したテレビドラマは、計二八四作品となります。一瞥いたしますと、応仁の乱から戦国時代前半を対象としたドラマが思いのほか少ないことが読み取れます。戦国時代前半を扱った作品としては、『石の庭』（表1No.9、57）、『桔梗の夢』（同No.10）、『毛利元就』（同No.211）、『戦国乱世の暴れん坊　斎藤道三　怒涛の天下取り』（同No.184）、『花の乱』（同No.200）があげられます。これらの作品の中で斎藤道三、毛利元就は長生きですので、話は戦国時代後半に及ぶ部分がありますが、大部分は戦国時代前半になりますので対象作品としました。ドラマの内容に少しふれますと、『石の庭』は、細川政元の娘の話、『桔梗の夢』は上田秋成の『雨月物語』がテーマとなっている作品です。『花の乱』は、日野富子が主人公の大河ドラマで、『花の乱』の終盤で明応の政変を主導した細川政元が登場します。このように戦国時代前半を扱ったドラマというのは非常に少ないことがわかります。

つまり、戦国時代を対象とした時代劇メディアの中心は、織田信長、豊臣秀吉、徳川家康の三英傑が中心となるわけです。直接三英傑を主人公としていなくとも、徳川家康の妻だったりとか、信長の妻だったり、娘だったりも含みます。繰り返しになりますが、安土桃山から江戸時代初期にかけての戦国時代後半の作品が非常に多いといえます。

（2）放送期間

放送期間をみていきたいと思います。

一九五〇年代　テレビ草創期の作品　計一八本
一九六〇年代『戦国艶物語』（表1№122）までの計一〇三本
一九七〇年代『もう一人の不龍獅子虎』（同№146）までの計二三本
一九八〇年代『お市御寮人』（同№180）までの計三四本
一九九〇年代『けろりの道頓』（同№217）までの計三七本
二〇〇〇年代『感動！戦国武将秘話　熱き男たちの友情列伝』（同№260）までの計四三本
二〇一〇年代『信長協奏曲』（同№284）までの計二四本

以上から、一九六〇年代に非常に多くつくられているといえます。時代劇の全盛期とも言うべき時代であるというのも背景としてあるかと思います。一九七〇年代に少し減少しますが、八〇年代、九〇年代、二〇〇〇年は平均三七、八本となりますので、戦国もののテレビドラマの一定度の人気を読み取ることができます。

（3）原作

原作がある作品が、計一四六作品あります。原作の多くは小説になります。その他に、ドラマのリメイクがあります。例えば、一九八一年に放送されました『おんな太閤記』（表1No.153）は、橋田壽賀子さんの書き下ろしとして、二〇〇九年にリメイクされまして、『寧々〜おんな太閤記』（同No.253、254、255）として放送されています。

最近ですと、戦国ものの漫画を原作とする作品があります。例えば、『信長のシェフ』（同No.275、283）、『信長協奏曲』（同No.284）です。ただし、漫画が原作の戦国ものは全体としては少ないです。『信長のシェフ』『信長協奏曲』の他になりますと、横山光輝の『仮面の忍者赤影』（同No.101、166）となり、一九六七年、一九八五年放送とあります。漫画を原作とした作品は、最近の傾向で、全体としては意外と少ないです。

戦国ものの漫画に注目しますと『へうげもの』『センゴク一統記』『織田信奈の野望』があり、『へうげもの』や『センゴク一統記』は比較的史実に基づいたもの、『織田信奈の野望』は信長が女性化した男女逆転の物語です。

それから、二〇一三年四月に放送された『女信長』（同No.277）は、佐藤賢一さんの原作で、天海祐希さんが信長を演じておりましたが、これは「萌え」と言われる要素が入っているような漫画が原作です。同様に歴女の人気が増えるきっかけとなったと言われているのが、ゲームの『戦国BASARA』シリーズです。もともとゲームだったものがアニメになって、アニメだったものが実写化されています。それが二〇一二年に放送された『戦国BASARA』（同No.272）です。『天地人』で上杉謙信を演じた俳優のGACTさんが出演しているドラマです。

以上、原作の特徴としては、小説が中心を占めていることがいえます。近年の歴女ブームを反映したような作品がでていることには注目しておきたいと思います。

(4)　主人公

つぎに主人公に関わる分析を進めたいと思います。

①まず主人公が実在か、架空かについて。計二八四作品のうち、主人公が実在するのは計一九四作品、架空

であるのは計八七作品となります。架空人物はどういった作品かといいますと、例えば、『猿飛小僧（猿飛佐助）』（表1 No.3）、『猿飛佐助旅日記』（同No.5）など、猿飛佐助が登場する作品が多いです。それから『桔梗の夢』（同No.10）は上田秋成の小説、『盲目物語』（同No.12）は、お濃の方の従者であります按摩が、お濃の方を慕い恋するという、谷崎潤一郎の小説が原作となっており、架空の人物が登場します。架空人物の作品は、実在の人物も登場するものもあり、例えば、『剣』（同No.102～107）というドラマシリーズは、単発ドラマのオムニバスですが、実在、架空と判断に迷うところがありますが、今回は架空の作品としました。架空とした作品には、チャンバラもの、忍者ものが多いという傾向があります。

主人公が実在と架空の作品の割合を放送期間に注目してみると、一九六〇～八〇年代までの作品では、大体四〇パーセントぐらいを架空が占め、一九九〇年代に入りますと三五パーセント、二〇一〇年代以降は、その割合が三一パーセントと減少しています。つまり近年においては、架空の人物ではなく、実在の人物を主人公としたドラマが多くつくられているといえます。

②つぎに主人公の性別に注目しますと、男性が一三二本、女性が五六本となります。なかには『功名が辻』（同No.96）のように夫婦が主人公の作品もあり、こうした作品は男女ともに主人公としてカウントしています。いずれにしましても、戦国時代の作品は、男性ものが大半であるといえます。そこで女性ものに注目してみますと、一番古いものが一九五九年に放送された『大いに笑う淀君』（同No.16）です。これは、淀君と秀吉が喧嘩しまして、淀君が機嫌を損ねたので、曾呂利新左衛門に頼んで淀君を笑わせるというような内容のドラマです。つぎに一九六〇年代の『細川がらしあ伝』（同No.42）、そして『徳川秀忠の妻』（同No.121）となり、ここから女性のホームドラマが連続して放送されています。『戦国艶物語』（同No.122）『竹千代と母』（同No.123）、『大坂城の女』（同No.124）、『亭主

の好きな柿八年　女房太閤記』（同No.126）、『大坂城の女（第四シリーズ）利休の娘お吟』（同No.127）、『女人武蔵』（同No.132）と、一九六九年から七一年にかけて女性もののドラマが集中的に制作されています。そして、本格的に女性もののドラマが増えるきっかけとなったのが、一九八一年に放送されました橋田壽賀子の『おんな太閤記』（同No.153）といえます。これ以降、女性もののドラマが多くつくられるようになりました。

③最後に三英傑、織田信長、豊臣秀吉、徳川家康、この三人を主役としたドラマについてみたいと思います。作品数ですが、信長が一九本、秀吉が二一本、家康が一一本となり、秀吉が最も多く取り上げられています。

信長の作品を見ていきますと、一九本あるうちの一三本が一九九〇年代以降につくられたものです。一九八九年のお正月に放映された『織田信長』（同No.177）を端緒に、『信長　KING OF ZIPANGU』（同No.188）、『織田信長』（同No.198）、『信長協奏曲』（同No.284）、『信長のシェフ』（同No.275、283）、と、九〇年代以降に信長を主人公とする作品が多くなるという傾向があります。

秀吉の作品については、二一本あるうちの一二本、およそ半分が一九六〇年代以前、時代劇が隆盛だった頃につくられているという傾向があります。とくに『子ども太閤記』（同No.1）、『日吉丸』（同No.2）、『少年太閤記』（同No.3）、『太閤記　日吉丸篇』（同No.6）といった、子ども時代の秀吉を対象としたドラマが多くつくられており、大きな特徴です。それから『おんな太閤記』（同No.153）のように秀吉の妻である寧々に関するドラマや、大河ドラマ『秀吉』（同No.207）のようにコメディタッチで描かれたドラマでもあり、信長とはちょっと違った印象を与える作品があります。

家康の作品は、三英傑の中で最も少ないです。関ヶ原の合戦をはじめ、家康が関連するドラマは多いわけですが、家康そのものを主人公としたドラマというのが思いの外少ないということが読み取れます。

（５）ジャンル

①忍者もの、②チャンバラもの、③文芸もの、④ホームドラマ、⑤ＳＦ、⑥コメディ、⑦シリアス、⑧バラエティと分類した順に追っていきたいと思います。

①忍者ものは計一七本あります。その内の多くが『猿飛佐助』であり、そしてその元ネタである『真田十勇士』、『霧隠才蔵』となります。『猿飛佐助』を追いかけますと、一九六〇年代から一九七〇年代前半の作品が中心で、それ以降は単発的となります。服部半蔵はあまり取り上げられておりません。

②チャンバラもの、言ってみればここは剣豪ものですね。これは計六九本あります。各ジャンルの中で一番多い作品数となります。その七割近くが、一九六〇年代までにつくられています。時代劇が全盛期のときにつくられていた作品が、チャンバラものであるわけです。人物設定では、宮本武蔵が中心となっています。そのほか『剣豪秘伝』（同№29～34）、『剣』（同№101～106）のように、実在の人物を扱っていない設定がチャンバラものには多く、チャンバラものの作品の特徴といえます。

③文芸もの、ここには便宜的に、古典作品ですとか、純文学作品を入れました。文芸物は計一二本あります。その多くは『里見八犬伝』です。滝沢秀明が主演で二〇〇六年正月に放送されたものが直近の放送です（同№237）。『里見八犬伝』のほかに、有吉佐和子作品の『石の庭』（同№57）、谷崎潤一郎『盲目物語』（同№12）が代表的です。

④ホームドラマ、ここでは家族、夫妻を中心としたドラマを対象としています。その初出は『大いに笑う淀君』（同№16）になりますが、注目したい作品は一九六六年に放送されました『功名が辻』（同№96）で、とくに夫婦を軸にしたドラマの最初といえます。そして、先述のとおり橋田壽賀子さんの『おんな太閤記』（同№153）以降、女性を中心としたホームドラマとがつくられていくようになったことがいえます。注意したいのは、女性の側室

同士の愛憎劇のようなものも、言ってみれば家族のなかに入るのかもしれませんが、ここでは、現代劇のホームドラマ、西洋的なホームドラマを時代劇に移したようなドラマ設定のものを対象としております。

⑤ＳＦものは、現在多く見られるジャンルで、戦国時代の武将がタイムスリップするとか、男女逆転ものも、ここでは便宜的にＳＦものとしております。計一三本となります。何度も登場しますが、現在放送されておりまず『信長のシェフ』（同No.275、283）、『信長協奏曲』（同No.284）などは代表的で、戦国ドラマの中で新しいジャンルといえます。ＳＦものの初出は、木村拓哉さんが主役で家康役を演じた『君は時のかなたへ』（同No.204）になります。徳川家康が、現代に来るという設定のドラマです。それ以降、『姫はセーラー服がお好き』（同No.210）、『ケータイ刑事　銭形零』（同No.233）、『戦国自衛隊』（同No.240）と続きます。ＳＦものは、ここ二〇年来で多く見られるジャンルです。

⑥コメディについて。ここでは、ユーモアや笑いとかの要素が含まれたドラマを対象推しております。計三一本になります。例えば、『Ａスケ・Ｂスケの戦国暴れん坊』（同No.13）、それからフランキー堺が主役のバラエティ、コント番組である『コメディ　フランキーズ』（同No.68、70、71、72、75、79）があります。『コメディ　フランキーズ』では、徳川家康、織田信長、石川五右衛門、坂崎出羽守、宮本武蔵が登場します。コメディものは、一九六〇年代までに多くつくられている作品です。

⑦シリアス。ここでは、今みてきたジャンルに該当しない、うまくまとめられませんが、非常に真面目につくられている作品を入れております。具体的には、歴史小説ですとか、大河ドラマなどをシリアスの中に入れております。ただ、『秀吉』（同No.207）はコメディ、『江』（同No.265）、『功名が辻』（同No.238）などはホームドラマに入れております。シリアスは、計一〇三本あり、一番多いジャンルとなります。代表的なものは、人物の一代記、たと

えば山岡荘八原作の『徳川家康』（同No.159）です。それから女性同士の愛憎劇もここに入れております。便宜的な分類ではありますが、シリアスの作品が最も多いジャンルとなっておりますので、もう少し踏み込んだ検討をしなければなりませんが、今後の課題とさせていただきたいと思います。

⑧バラエティ。これもSFものと並んで、近年になって多くおります。計一六本あります。一番古いのは、一九六一年に放送された『これが真実だ』（同No.47）で、ドキュメンタリーもの、言ってみればドラマ仕立てのバラエティとなっています。近年では、とくに二〇〇七年以降、『日本偉人大賞2007』（同No.246）、『超歴史ロマン3』（同No.274）など、再現ドラマを取り入れている作品、その他に『偉人の来る部屋』（同No.259）といって、歴史上の人物がインタビューに答えるというような設定の番組があります。バラエティものは、二〇〇〇年代後半から増えている傾向が読み取れます。

おわりに

以上、「テレビにおける戦国時代を対象とした時代劇リスト」（表1）をもとに戦国時代ドラマの変遷を追いかけてきました。これを「ジャンル」と「主人公」に関してまとめることで、おわりにかえさせていただきたいと思います。

まず、ジャンルの変遷をまとめると、最初は忍者もの、チャンバラものが多く制作されていました。いわば時代劇らしい時代劇というものが中心だったと考えます。その後、『おんな太閤記』のようにホームドラマが導入され、近年ではタイムスリップを核としたSFものなどが多くみられるようになりました。時代劇らしい時代劇から、歴女ブームなどを背景としながら、他ジャンルを取り入れながら戦国時代ドラマが多様に展開していることがいえると思います。

つぎに主人公について、架空の人物から実在の人物を設定する戦国時代ドラマが増えていることに注目したいと思います。一九八〇年代までは、架空の人物を設定するものが全体の四割程度でしたが、近年は減少し、実在の人物が中心になっていっているという傾向を見いだせます。ただし一方で、タイムスリップものですとか、『戦国ＢＡＳＡＲＡ』ですとか、以前でしたら無茶な設定をするときに架空の人物を立てる傾向があったわけですけど、近年では実在の人物を架空の設定の中に落とし込んでいくという傾向がみられます。言ってみれば、武士ＳＦものといいますか、キャラクター化が進んでいっているといえるのではないでしょうか。時代劇の受容の仕方、楽しみ方というのが、近年広がっていっていることに対応していると思います。歴史に対する興味は広がりつつあり、その中で歴史上の人物というものが、キャラクター化している。実在の人物の性別を変える、タイムスリップさせるというのが、近年になって戦国時代のドラマではよく行われていることが特徴的といえます。

戦国時代・武将のイメージの形成過程は、本稿でのドラマ作品分析に基づけば、もともとは史実とか、ジャンルが明確にされていたものが、だんだんジャンルが曖昧となり、さらには実在の人物を架空の設定にあてはめた作品が、現代において大きな影響を与えているといえます。つまり、戦国時代・武将のイメージが拡散していっている現状においては、戦国時代・武将のイメージの形成過程を、制作者側、受容者側、それぞれの立場から丁寧に読み解いていく必要があるといえます。

表1　テレビにおける戦国時代を対象とした時代劇リスト

	タイトル	放送期間	原作	主人公							ジャンル							
				実在	架空	男	女	信長	秀吉	家康	忍者	チャンバラ	文芸	ホームドラマ	SF	コメディ	シリアス	バラエティ
1	こども太閤記ー白吉丸の巻ー	1953/05/15		●		●			●							●		
2	日吉丸	1954/06/04	高野正巳	●		●			●							●		
3	猿飛小僧（猿飛佐助）	1954/06/05			●	●					●							
4	少年太閤記	1955/04/07～		●		●			●							●		
5	猿飛佐助旅日記	1955/10/16～ 1956/12/23			●	●					●							
6	太閤記　日吉丸篇	1956/08/20～ 1957/03/04	矢田挿雲	●		●			●							●		
7	宮本武蔵	1957/08/05～ 1958/08/20	吉川英治	●		●						●						
8	佐々木小次郎	1957/09/02～ 1957/09/09	村上元三	●		●						●						
9	石の庭	1957/11/22	有吉佐和子	●			●						●					
10	桔梗の夢	1958/11/23	上田秋成「雨月物語 浅茅ヶ宿」		●		●						●					
11	利休割腹	1959/02/02～ 1959/02/23		●		●											●	
12	盲目物語	1959-02-15	谷崎潤一郎		●	●							●					
13	Aスケ・Bスケの戦国暴れん坊	1959/03/01～ 1959/04/26			●	●										●		
14	新書太閤記	1959/05/08～ 1959/07/31	吉川英治	●		●			●								●	
15	太閤記　藤吉郎編	1959/05/18～	矢田挿雲	●		●			●							●		
16	大いに笑う淀君	1959/05/18		●			●									●		
17	風林火山	1959/10/08～ 1959/12/24	井上　靖	●		●											●	
18	鹿供養	1959/12/17			●	●											●	
19	日本剣豪列伝（第1回～第2回）伊藤一刀斎と神子上典膳	1960/01/07～ 1960/01/14	直木三十五	●		●						●						
20	ひょうたんの子	1960/02/03～ 1960/02/24		●		●			●							●		
21	日本剣豪列伝（最終回（第7回））柳生宗厳と松田織部之助	1960/02/18	直木三十五	●		●						●						
22	猿飛佐助	1960/02/13			●	●					●							
23	剣豪秘伝（第11回・第12回）伊藤一刀斎	1960/03/17～ 1960/03/24		●		●						●						
24	戦国非情	1960/03/30	左近義親	●		●											●	
25	渦潮の誓い	1960/04/06～ 1960/06/29			●	●						●						

（テレビドラマデータベース　http://www.tvdrama-db.com を元に作成）

26	剣豪秘伝（第15回）奇剣燕崩し	1960/04/14		●		●						●						
27	剣豪秘伝（第16回・第17回）知心流雪柳	1960/04/21～1960/04/28		●		●						●						
28	笛吹童子	1960/05/06～1960/12/30	北村寿夫		●	●											●	
29	剣豪秘伝（第21回）或る日の武蔵	1960/05/26	五味康祐	●		●						●						
30	剣豪秘伝（第23回）鹿島太刀	1960/06/09		●		●						●						
31	剣豪秘伝（第26回）中条流小太刀	1960/06/30	和田久志	●		●						●						
32	廻れ人生（第27回）戦国無情	1960/07/07		●		●												
33	剣豪秘伝（第29回・第30回）神子上典膳	1960/07/21～1960/07/28		●		●						●						
34	剣豪秘伝（第31回）小次郎参上	1960/08/04	五味康祐	●		●						●						
35	珍版太閤記	1960/09/01～1961/03/30			●	●			●							●		
36	剣豪秘伝（第37回）馬庭念流	1960/09/15		●		●						●						
37	剣豪秘伝（第40回）林崎甚助	1960/10/06	中山義秀	●		●						●						
38	穴	1960/10/23			●	●											●	
39	念志ヶ原の妻	1960/11/04	山岡荘八				●							●				
40	命を売る武士	1960/11/13	南条範夫		●	●						●						
41	坂崎出羽守	1960/12/06～1960/12/13	山本有三	●		●												
42	聖女像　細川がらしあ伝	1960/12/18		●			●										●	
43	生きていた光秀	1960/12/25	山岡荘八	●		●											●	
44	天下の暴れん坊　猿飛佐助	1961/01/03～1961/06/27	雑誌「少年画報」連載		●	●					●							
45	若き日の信長	1961/01/10	大佛次郎	●		●		●									●	
47	これが真実だ（第51回）千利休	1961/01/17		●		●												●
48	美しき侍	1961/01/22	中山義秀	●		●											●	
49	大将首	1961/01/29	山本周五郎		●	●											●	
50	戦国友情	1961/02/19	大佛次郎「乞食大将」	●		●											●	
51	名勝負物語（第25回・第26回）秘剣燕返し	1961/03/30～1961/04/06	中山義秀「諸岡一羽と三人の弟子」		●	●						●						
52	宮本武蔵一乗寺の決闘	1961/04/16	吉川英治	●		●						●						
53	野菊の武士	1961/04/23			●	●											●	
54	佐々木小次郎	1962/01/09～1962/07/03	村上元三	●		●						●						

55	戦国風流侍	1962/01/20			●	●						●						
56	あすをつげる鐘　風雲児織田信長	1962/02/08～1962/03/15		●		●		●									●	
57	石の庭	1962/06/22	有吉佐和子	●			●						●					
58	織田信長	1962/11/04～1963/10/27		●		●		●									●	
59	猿飛佐助	1962/12/04～1962/12/25			●	●					●							
60	宮本武蔵	1961/12/07～1962/09/26	吉川英治	●		●						●						
61	ならしば	1962/12/28		●		●											●	
62	猿飛佐助	1962/12/04～1962/12/25			●	●					●							
63	猿飛佐助	1963/01/09～1963/01/30			●	●					●							
64	ほまれ	1963/02/20			●	●										●		
65	戦国大統領	1963/03/07～1963/11/28		●		●			●							●		
66	利休切腹	1963/06/05		●		●											●	
67	忍者番号17	1963/07/07～1963/08/25			●	●					●							
68	コメディ　フランキーズ(第3回)笑説徳川家康	1963/07/19		●		●				●						●		
69	家康無情	1963/08/26	大佛次郎	●		●				●								
70	コメディ　フランキーズ(第13回)若い日の信長	1963/09/27		●		●		●								●		
71	コメディ　フランキーズ(第16回)実録石川五右衛門	1963/10/18		●		●										●		
72	コメディ　フランキーズ(第25回)悲恋坂崎出羽守	1963/12/20		●		●										●		
73	土性っ骨奮戦記	1963/12/30			●	●												
74	白馬の剣士(1)	1964/01/13～1964/07/27			●	●												
75	コメディ　フランキーズ(第30回)宮本武蔵は泣く	1964/01/24		●		●						●				●		
76	坂崎出羽守	1964/01/29	山本有三	●		●											●	
77	坑	1964/02/22			●	●											●	
78	戦国の剣豪	1964/04/07～		●		●						●						
79	コメディ　フランキーズ(第46回)出世閉口記(2)　秀吉の育児手帳	1964/05/15			●	●			●							●		
80	戦国無残	1964/06/19	山岡荘八「八弥の忠義」	●		●												

81	徳川家康	1964/07/04～1965/10/30	山岡荘八	●		●				●							●	
82	影武者	1964/07/18	南條範夫「第三の影武者」		●	●											●	
83	忍びの者	1964/07/24～1965/07/30	村山知義		●	●					●							
84	白馬の剣士(2)	1964/08/03～1964/10/26			●	●						●						
85	里見八犬伝	1964/08/05～1965/02/03	滝沢馬琴		●	●							●					
86	天兵童子	1964/09/12～1965/05/01	吉川英治		●	●						●						
87	戦国群盗伝	1964/10/25～1965/04/18	三好十郎		●	●						●						
88	若き日の信長	1964/10/30～1964/11/20	大佛次郎	●		●		●									●	
89	里見八犬伝	1964/12/20～	滝沢馬琴		●	●							●					
90	剣は知っていた	1965/01/06～1965/03/31	柴田錬三郎		●	●						●						
91	太閤記	1965/01/08～1965/12/24	吉川英治「新書太閤記」	●		●			●								●	
92	風雲真田城	1964/09/06～1965/07/25		●		●						●						
93	佐々木小次郎	1965/05/16～1965/11/11	村上元三	●		●						●						
94	宮本武蔵	1965/10/30～1966/04/16	吉川英治	●		●						●						
95	われら九人の戦鬼	1966/01/07～1966/07/05	柴田錬三郎		●	●						●						
96	戦国夫婦物語　功名ヶ辻	1966/04/07～1966/05/26	司馬遼太郎	●		●	●							●				
97	武田信玄	1966/07/02～1967/03/25		●		●											●	
98	わんぱく砦	1966/08/07～1967/06/11			●	●										●		
99	真田幸村	1966/10/24～1967/10/16		●		●											●	
100	あまから太閤記	1967/01/06～1967/06/30		●		●			●							●		
101	仮面の忍者赤影	1967/04/05～1968/03/27	横山光輝		●	●					●							
102	剣(第一回)天下一の剣豪	1967/04/17			●	●						●						
103	剣(第二回)山犬ともぐら	1967/04/24			●	●						●						
104	剣(第三回)刀狩り	1967/05/01			●	●						●						
105	剣(第四回)大阪夏の陣	1967/05/08			●	●						●						
106	剣(第五回)蝉時雨	1967/05/15			●	●						●						
107	剣(第九回)檜谷の決闘	1967/06/12			●	●						●						

108	神州天馬侠	1967/06/18～1967/12/31	吉川英治		●	●						●						
109	戦国無宿	1967/10/04～1968/01/31			●	●						●						
110	てなもんや一本槍	1968/04/07～1970/02/22			●	●										●		
111	日本剣客伝（第1話）宮本武蔵	1968/04/03～1968/04/24	司馬遼太郎	●		●						●						
112	日本剣客伝（第2話）小野次郎左衛門	1968/05/01～1968/05/22	柴田錬三郎	●		●						●						
113	日本剣客伝（第3話）上泉伊勢守	1968/05/29～1968/06/19	池波正太郎	●		●						●						
114	日本剣客伝（第4話）塚原卜伝	1968/06/26～1968/07/17	南條範夫	●		●						●						
115	黒い編笠	1968/09/01～1969/09/28			●	●						●						
116	五人の野武士	1968/10/08～1969/04/01			●	●						●						
117	新・日本剣客伝（第1話）後藤又兵衛	1969/01/01～1969/01/22	大佛次郎「乞食大将」	●		●						●						
118	天と地と	1969/01/05～1969/12/28	海音寺潮五郎	●		●											●	
119	風林火山	1969/01/30～1969/03/06	井上　靖	●		●											●	
120	新・日本剣客伝（第3話）伊藤一刀斎	1969/02/19～1969/03/12	一色次郎「孤雁」	●		●						●						
121	徳川秀忠の妻	1969/10/31～1969/12/05	吉屋信子「徳川の夫人たち」	●			●							●				
122	戦国艶物語	1969/12/06～1970/05/16	鈴木尚之		●		●										●	
123	竹千代と母	1970/01/03～1970/03/28	山岡荘八「徳川家康」	●			●			●							●	
124	大坂城の女	1970/01/03～1970/09/26			●		●										●	
125	剣豪　武蔵に勝った強い奴	1970/01/05～1970/01/26			●	●						●						
126	亭主の好きな柿8年女房太閤記	1970/01/22～1970/03/12		●			●							●				
127	大坂城の女（第4シリーズ）利休の娘お吟	1970/02/28～		●			●										●	
128	青春太閤記　いまにみておれ！	1970/04/04～1970/09/26	矢田挿雲「挿雲太閤記」	●		●			●							●		
129	湖笛	1970/08/24～1970/11/02	水上　勉	●		●											●	
130	宮本武蔵	1970/10/07～1971/03/31	吉川英治	●		●						●						
131	春の坂道	1971/01/03～1971/12/26	山岡　荘八	●		●											●	
132	女人武蔵	1971/04/07～1971/09/29	川口松太郎		●		●						●					

133	怪傑ライオン丸	1972/04/01～1973/04/07	うしおそうじ	●		●						●						
134	熱血猿飛佐助	1972/10/09～1973/04/09	林芙美子		●	●					●							
135	笛吹童子	1972/12/03～1973/06/03										●						
136	国盗り物語	1973/01/07～1973/12/23	司馬遼太郎「国盗り物語」「尻啖え孫市」「新史太閤記」「梟の城」「功名が辻」	●		●											●	
137	新八犬伝	1973/04/02～1975/03/28	滝沢馬琴「南総里見八犬伝」		●	●							●					
138	風雲ライオン丸	1973/04/14～1973/09/29	うしおそうじ「風雲ライオン丸」		●	●						●						
139	新書太閤記	1973/05/02～1973/09/26	吉川英治	●		●			●								●	
140	戦国ロックはぐれ牙	1973/08/04～1973/09/29			●		●					●						
141	真田十勇士	1975/04/07～1977/03/25	柴田錬三郎		●	●					●							
142	隠密剣士	1973/10/07～1973/12/30			●	●						●						
143	宮本武蔵	1975/10/07～1976/03/30	吉川英治	●		●						●						
144	黄金の日日	1978/01/08～1978/12/24	城山三郎	●		●											●	
145	戦国豪傑伝・岩見重太郎	1978/02/04～1978/04/01			●	●						●				●		
146	もう一人の不龍獅子虎	1978/10/16～1978/10/17		●		●							●					
147	風神の門	1980/04/09～1980/10/01	司馬遼太郎「城塞」「風神の門」		●	●					●							
148	若き日の北條早雲	1980/05/08～1980/09/18	早乙女貢「北条早雲」	●		●											●	
149	猿飛佐助	1980/05/11～1980/10/05			●	●					●							
150	女たちの他国	1980/11/06			●		●										●	
151	それからの武蔵	1981/01/02	小山勝清	●		●											●	
152	関ヶ原	1981/01/02～1981/01/04	司馬遼太郎	●		●											●	
153	おんな太閤記	1981/01/11～1981/12/20		●			●							●				
154	二人の武蔵	1981/05/29	五味康祐		●		●					●						
155	わが愛の城－落城記より－	1981/10/01	野呂邦暢「落城記」		●												●	
156	おんな霧隠才蔵　戦国忍者風雲録	1982/03/26			●		●				●							

157	戦国の女たち	1982/01/02	永井路子「戦国おんな絵巻	●			●										●	
158	柳生新陰流	1982/03/03～1982/06/02		●		●						●						
159	徳川家康	1983/01/09～1983/12/18	山岡荘八	●		●				●							●	
160	戦国うらばなし	1983/09/30	杉本苑子「長勝院の萩」	●			●										●	
161	千利休とその妻たち	1983/10/27	三浦綾子	●			●							●				
162	毛利元就	1983/11/02～1983/11/09		●		●											●	
163	女たちの大坂城	1983/11/03		●		●			●								●	
164	真田太平記	1985/04/03～1986/03/19		●		●											●	
165	宮本武蔵	1984/04/04～1985/03/13	吉川英治	●		●						●						
166	仮面の忍者　赤影	1985/08/26	横山光輝		●	●					●							
167	おんな風林火山	1986/10/12～1987/03/01		●			●										●	
168	旦那さま大事	1986/12/29		●			●							●				
169	戦国孤影　上杉謙信	時間放送期間不明		●		●												
170	太閤記	1987/01/01～1987/01/01		●		●			●								●	
171	独眼竜政宗	1987/01/04～1987/12/13	山岡荘八「伊達政宗」	●		●											●	
172	女は遊べ物語	1987/10/15	司馬遼太郎		●		●							●				
173	徳川家康	1988/01/01		●		●				●							●	
174	武田信玄	1988/01/10～1988/12/18	新田　次郎	●		●											●	
175	愛に燃える戦国の女	1988/04/02	司馬遼太郎	●			●										●	
176	女たちの百万石	1988/10/12～1988/10/19		●			●										●	
177	織田信長	1989/01/01	高田　宏治	●		●		●									●	
178	風雲！真田幸村	1989/04/14～1989/09/29		●		●											●	
179	春日局	1989/01/01～1989/12/17	橋田壽賀子	●			●										●	
180	お市御寮人	1989/10/04		●			●							●				
181	宮本武蔵	1990/01/02	吉川 英治	●		●						●						
182	千利休　ー春を待つ雪間草のごとくー	1990/03/10		●		●											●	
183	武田信玄	1991/01/01		●		●											●	
184	戦国乱世の暴れん坊齋藤道三　怒涛の天下取り	1991/01/03	中山義秀「戦国史記 斎藤道三」、桑田忠親「斉藤道三」	●		●											●	
185	赤頭巾快刀乱麻	1991/04/05～1991/08/02			●	●						●						

186	巌流島〜小次郎と武蔵	1992/01/01		●		●						●						
187	戦国最後の勝利者！・徳川家康	1992/01/03	山岡荘八	●		●				●							●	
188	信長　KING OF ZIPANGU	1992/01/05〜1992/12/13		●		●		●									●	
189	絆そして夢〜小幡・戦国物語〜	1992/11/15		●		●											●	
190	風林火山	1992/12/31	井上　靖	●		●											●	
191	天下を獲った男・豊臣秀吉	1993/01/01		●		●			●								●	
192	徳川武芸帳　柳生三代の剣	1993/01/02	吉田　剛	●		●						●						
193	独眼竜の野望　伊達政宗	1993/01/03	山岡荘八	●		●											●	
194	七衛門の首	1993/03/03			●	●										●		
195	春のかがり火〜箕輪城・戦国の日々〜	1993/03/28		●		●											●	
196	森蘭丸〜戦国を駆け抜けた若獅子	1993/08/10		●		●											●	
197	鶴姫伝奇－興亡瀬戸内水軍－	1993/12/28	三島安精「海と女と鎧」	●			●										●	
198	織田信長	1994/01/02	山岡荘八	●		●		●									●	
199	五右衛門	1994/01/08		●		●										●		
200	花の乱	1994/12/24〜1994/12/25		●			●										●	
201	戦国武士の有給休暇	1994/04/11〜1994/04/14			●	●										●		
202	愛と野望の独眼竜　伊達政宗	1995/01/01	山岡荘八	●		●											●	
203	豊臣秀吉　天下を獲る！	1995/01/02	長坂秀佳	●		●			●								●	
204	君は時のかなたへ	1995/09/18		●		●									●			
205	影武者・織田信長	1996/01/03		●		●		●									●	
206	徳川剣豪伝　それからの武蔵	1996/01/02		●		●											●	
207	秀吉	1996/01/07〜1996/12/22	堺屋太一「秀吉〜夢を超えた男〜」「鬼と人と」「豊臣秀長」	●		●			●							●		
208	仮想空間Σ〜インタラクティブゲーム　戦国勇将伝　全国制覇	1996/05/25〜1996/06/01			●	●										●		
209	徳川の女	1997/03/20	野口　勇	●			●										●	
210	姫はセーラー服がお好き	1997/10/01〜1997/11/26			●		●								●			

211	毛利元就	1997/01/05～1997/12/14	永井路子「山霧」「元就、そして女たち」	●		●								●				
212	斬・旋風剣乱刃行～首獲らずの陣内～	1997年放送日不明			●	●						●						
213	家康が最も恐れた男真田幸村	1998/01/02		●		●											●	
214	織田信長　天下を取ったバカ	1998/03/25	坂口安吾	●		●		●					●					
215	影武者　徳川家康	1998/04/16～1998/07/02	隆慶一郎	●		●				●							●	
216	加賀百万石～母と子の戦国サバイバル～	1999/01/01	津本　陽「前田利家」「加賀百万石」	●		●								●				
217	けろりの道頓	1999/01/02	隆慶一郎	●		●										●		
218	宮本武蔵	2001/01/02	吉川英治	●		●						●						
219	時空警察捜査一課24時	2001/12/30		●		●	●											●
220	利家とまつ～加賀百万石物語～	2002/01/06～2002/12/15	竹山　洋	●		●	●							●				
221	形見の貝合わせ	2002/05/01～2002/05/08			●	●											●	
222	怪談百物語（第6回）狼男	2002/10/29			●	●										●		
223	時空警察2「徳川家康は二度死ぬ」	2002/12/25		●		●				●								●
224	武蔵 MUSASHI	2003/01/05～2003/12/07	吉川英治「宮本武蔵」	●		●						●						
225	太閤記　サルと呼ばれた男～	2003/12/27		●		●			●								●	
226	大友宗麟～心の王国を求めて～	2004/01/02	遠藤周作「王の挽歌」	●		●							●					
227	時空警察捜査一課PART4	2004/09/29		●			●											●
228	娯楽戦国絵巻決定版国盗り物語　第一部	2005/01/02	司馬遼太郎「国盗り物語」	●		●											●	
229	娯楽戦国絵巻決定版国盗り物語　第二部	2005/01/02	司馬遼太郎「国盗り物語」	●		●											●	
230	国盗り物語　第三部	2005/01/02	司馬遼太郎「国盗り物語」	●		●		●									●	
231	国盗り物語　第四部	2005/01/02	司馬遼太郎「国盗り物語」	●		●		●									●	
232	時空警察　PART5	2005/01/05		●		●												●
233	ケータイ刑事銭形零(2)ケータイ刑事百回記念特別企画 ウマと呼ばれた男！～織田信長殺人事件～（前・後編）	2005/02/27～2005/03/06		●			●	●							●			

234	日本の歴史「信長最期の一日～本能寺の変～」	2005/09/17		●		●		●										●
235	日本の歴史「関ヶ原の戦い」	2005/09/17		●		●												●
236	世にも奇妙な物語 2005秋の特別編「影武者」	2005/10/04	手塚治虫「最上殿始末」		●	●										●		
237	里見八犬伝	2006/01/02～2006/01/03	滝沢馬琴		●	●							●					
238	功名が辻	2006/01/08～2006/12/10	司馬遼太郎「功名が辻」	●		●	●							●				
239	出雲の阿国	2006/01/13～2006/02/17	有吉佐和子	●			●						●					
240	戦国自衛隊　関ヶ原の戦い	2006/01/31～2006/02/07	半村　良「戦国自衛隊」		●	●									●			
241	ライオン丸G	2006/10/01～2006/12/24	うしおそうじ「風雲ライオン丸」、構成:佐藤大、漫画:ゴツボ★マサル「ライオン丸G」		●	●					●							
242	太閤記　天下を獲った男・秀吉	2006/10/31～2006/12/12		●		●			●								●	
243	信長の棺	2006/11/05	加藤　廣	●		●											●	
244	明智光秀～神に愛されなかった男～	2007/01/03		●		●											●	
245	風林火山	2007/01/07～2007/12/16	井上　靖	●		●											●	
246	日本偉人大賞2007～歴史を変えた超エライ人SP「悲劇のヒロイン賞」・ドラマ「お市の方」	2007/04/07		●		●	●											●
247	日本史サスペンス劇場　「本当にあった(秘)事件　嫉妬＆裏切り＆情事」	2007/09/18		●		●	●											●
248	敵は本能寺にあり	2007/12/16	加藤　廣「明智左馬助の恋」	●		●											●	
249	天と地と	2008/01/06	海音寺潮五郎	●		●											●	
250	徳川家康と三人の女	2008/03/15		●			●			●							●	
251	日本史サスペンス劇場 3時間仰天スペシャル「「戦国一の美女」と呼ばれた女…お市の方」	2008/10/15		●		●	●											●
252	ソードブルジライヤ忍法帖	2008/10/28～2009/01/20			●	●					●							

253	寧々～おんな太閤記(第一部)おかかの務め　桶狭間から本能寺へ	2009/01/02	橋田壽賀子「おんな太閤記」	●			●							●				
254	寧々～おんな太閤記(第二部)天下人の妻	2009/01/02	橋田壽賀子「おんな太閤記」	●			●							●				
255	寧々～おんな太閤記(第三部)平和への祈り　決戦！関ヶ原	2009/01/02	橋田壽賀子「おんな太閤記」	●			●							●				
256	天地人	2009/01/04～2009/11/22	火坂　雅志	●		●											●	
257	衝撃女たちは目撃者歴史サスペンス劇場「天地人」最終回まで完全網羅！妻・お船がみた直江兼続の全て！	2009/06/09		●			●											●
258	望月 VOGETSU	2009/08/20～2009/08/27			●	●									●			
259	偉人の来る部屋	2009/12/21		●		●		●										●
260	感動！戦国武将秘話熱き男たちの友情列伝	2009/12/28		●		●												●
261	時代劇法廷(第1回)被告人は服部半蔵	2010/10/11		●		●												●
262	土佐のむかし話(第191回)大崎玄蕃　仁淀川町	2010/12/26		●		●											●	
263	時代をこえて～大和の風～	2010/07/01～2011/08/01		●		●											●	
264	戦国疾風伝　二人の軍師	2011/01/02	嶋津義忠「竹中半兵衛と黒田官兵衛　秀吉に天下を取らせた二人の軍師」	●		●											●	
265	江～姫たちの戦国	2011/01/09～2011/11/27	田渕久美子	●			●							●				
266	塚原卜伝	2011/10/02～2011/11/13	津本　陽「塚原卜伝十二番勝負」	●		●						●						
267	家康がもっとも恐れた仕掛人	2011/01/23～2011/01/23		●		●												●
268	龍子の部屋	2011/04/02～2011/11/12		●			●									●		
269	海の司令官　小西行長	2011/10/30		●		●											●	
270	タイムスクープハンタースペシャル「戦国SOS！カラス天狗を追え！」	2011/12/21			●	●									●			

271	濃姫(1)	2012/03/17	山岡　荘八「織田信長」	●			●										●	
272	戦国BASARA	2012/07/12～2012/09/20	CAPCOM「戦国BASARA」シリーズ	●		●									●			
273	ギャルバサラ外伝	2012/08/29			●		●								●			
274	超歴史ロマン3　戦国～大奥～幕末ミステリー　完全決着SP!!	2012/12/17		●		●	●											●
275	信長のシェフ(1)	2013/01/12～2013/03/15	原作:西村ミツル、漫画:梶川卓郎		●	●		●							●			
276	臥竜の天	2013/03/09	火坂雅志「臥竜の天」	●		●											●	
277	女信長	2013/04/05～2013/04/06	佐藤賢一	●			●	●							●			
278	濃姫II	2013/06/23	山岡荘八「織田信長」	●			●										●	
279	影武者　徳川家康	2014/01/02	隆慶一郎「影武者 徳川家康」	●		●				●							●	
280	軍師官兵衛	2014/01/05～		●		●											●	
281	宮本武蔵	2014/03/15～2014/03/16	吉川英治	●		●						●						
282	世にも奇妙な物語'14春の特別編『空想少女』	2014/04/05	おかもと(仮)「空想少女は悶絶中」		●		●								●			
283	信長のシェフ(2)	2014/07/10～2014/09/04	原作:西村ミツル、漫画:梶川卓郎		●	●		●							●			
284	信長協奏曲	2014/10/13～	石井あゆみ「信長協奏曲」	●		●		●							●			

5 時代劇は存続するか？

◉佐藤峰世

はじめに

長いことこの仕事をやっていますけども、大学でしゃべるよう依頼されるのは初めてのことです。非常に懐かしいというか、妙な気持ちでいます。本日は「時代劇がいつまで続くのか」ということで話をさせていただくつもりです。

一、日本人の倫理観

まず始めに個人的な関心から話をはじめさせてください。落語でいうと枕ですね。ニサンザイ古墳（大阪府堺市北区百舌鳥西之町）と大山古墳（大阪府堺市堺区大仙町）についてです。現在は非常にインターネット、パソコンの技術が発達していまして、たとえば国土地理院の電子地図に、作図機能というのが付いています。ある所からある所まで電子地図上に直線を引くことができます。ニサンザイ古墳の墳頂部と伊勢神宮の外宮（三重県伊勢市）とを結んだ直線を西に延ばすと吉備津神社（岡山県岡山市北区）、そしてその先にある造山古墳（岡山県岡山市北区）の墳頂部に突き当たります。つぎに大山古墳と、伊勢神宮の内宮とを結んだ直線を西に延ばすと先ほどと同じ吉備津神社へ行きます。この話を一番最初にさせていただいているのは、今日のテーマと関係ないんですけども、私、古代史にも非常に興味を持っておりまして、伊勢神宮の内宮と外宮がいつつくられたのかっていうのに非常に興味を持っています。それは、日本という国に天皇と日本っていう国がいつ誕生したのかっていう興味です。ただ、二点を結ぶ直線上にある歴史的建造物が結びつくとしても、それだけでは学問にはならないですね。でも、私大変興味深く思っているんです。これを測ったとすれば、どうやって測ったんだろうっていう興味ですね。

歴史に対する興味を戦国期に限らず私はそれなりに持っています、というのが枕になります。さて、今日お話したいことの背景にあるのは我々の倫理観です。日本人の倫理観。それは、何かしちゃ駄目だよ、人をだましちゃ駄目だよとか、何かしたら罰になるよとか、人間関係の中でやっちゃいけないみたいなことがあるんですけども、今日、私たちの倫理観っていうのはどうなっているのか。あるいは、少し前はどうだったのか。そもそも始まりはどうだったのかというような興味が、私の中で、学校を出てからＮＨＫに就職してからこういう疑問が出てきて、それを継続的に、何とかつながったものとして理解したいなという思いを抱いています。

先日（二〇一四年一一月一〇日）、高倉健さんがお亡くなりになりました。テレビでもいろいろ過去の映像作品を放送しながら、高倉健さんを偲んでいましたね。私が今日話させていただくのは、義理人情。「義理と人情を量りにかけて」ってやつですね。つまり、義理人情って何なのかというのは、あるいは、義理人情という価値観がどこまでさかのぼることができるかということに興味を抱くわけです。そうすると義理というのは儒教から来ていると。中国で発達した儒教です。儒教というのは、実は律令国家のときにも日本に入ってきたんです。『續日本記』というのに、当時の天皇が「私は至らない者であるから、何とか努力して国民の幸せにつながるようなことをしたいけれども、そこが足りないので天変地異が起きて申し訳ない」というようなことが書いてあります。それはやはり、儒教が入ってきているんだろうと思います。それで、徳川期になると儒教が、朱子学に代表されるようなものがいっぱい出てきていると。

義理人情の義理というのは儒教から発している。だけども、現代の我々の社会の中で、義理人情というものを取ってしまったら何が残るのかなと。義理人情が、どうして今の社会の中で成立するかということで言うと、私の個人的なイメージでは、つまり国家とかそういうレベルの話ではなくて、仲間内で評価されたい。あいつはえらい、こういう状況の中でよくぞそういう決断をした。あるいは約束事を、一族の内ないし共同体の中での約束事を守り抜く。高倉健さんは「思いを届ける」っていうようなことをおっしゃっていたようですけども、つまり義理人情が成立する世界というのは、そんなに広い世界じゃないんですね。国家レベルで義理人情で政治を行っているというふうに申し上げると、そんなばかなと思われますね。狭い共同体の中だから義理人情というのが成立するんです。もうちょっと違う言い方をすると、ある人に世話になった、恩を受けた、それは何としても返したい、返さなければならない。返すことが気持ちいい、気持ちが落ち着くというのが、多分義理人情の考え方なんでしょうね。

義理人情というのがどこまでさかのぼれるかというと、先ほどの佐々木先生のお話（本書第4編10章）にありましたように、徳川期ぐらいまでしかさかのぼれないんですね。戦国、下剋上の時代に義理人情というものがあったかというと、なかったかと思います。

二、価値観の多様化とディレクターという仕事

私の仕事は、シナリオライターに書いていただいたシナリオを俳優さんに見せるというか、セリフが書かれていまして、ト書きというのがあって、ここはこういう状況だから、こういうセリフをお互いに言ってくださいっていう指定があるんです。その指定のセリフを変えることはできませんので、そこで立つとか、座るとか、一呼吸おくとかっていうことを俳優さんにお願いするわけです。それが私の、ディレクターの現場での具体的な仕事なんですけども、作品によって、俳優さんの個性もあったりしますから、なかなかうまくいく時といかない時が、実際はあるんです。

何を申し上げたいかというと、まさに今日のテーマである戦国期の「イメージ」なんて、もうイメージで捉えるしか私にはないんです。先ほど佐々木先生から、家臣団の編成とはこういうことだったっていうお話がありましたけども、非常に分かりやすかったです。自分が父祖から受け継いだ財産をいかに守り、いかに発展させていくのかというのが重要な考え方であったと。それ以外に戦国期のイメージを広げるとすると、どういう人間関係があったのかなというふうに考えると、もうそこでストップしてしまいます。

先ほどの山野井先生のお話のなかで一覧表がございましたね（本書第2編4章）。その中に私が担当しました『利家とまつ〜加賀百万石物語〜』があります。原作がなくて、竹山洋さんというシナリオライターの先生にお書きいただいたものです。これが二〇〇二年だったと思います。これをやったときに、ともかく覚えているのは、「かぶき者」というキーワードがあったんです。「かぶく」という言葉があって、それが人になるとかぶき者。この言葉が今もってよく分からない状態ではあるんですけれども、そういう言葉をキーにして時代背景を勉強する

しかないわけです。そういった言葉を頼りに勉強を始めていきました。かぶき者の反対に対置されているのが、「わびさび」という言葉だそうです。これが両方成立していくのが戦国末期ということになると。この二つの言葉の価値観がなかなか合体しないんです。演出家としては人間と人間の関係をどういう力関係ないし愛憎関係で表現していくかということを考えますので、戦国というのは非常になかなか想像しにくかったです。結果的には夫婦もの、女性を戦国ものに取り込んでいくってことで、『利家とまつ』というのもやったんです。余談ですが、橋田先生は式台のことを玄関とお書きになったそうで、私は見てないんですけど、みんな驚いたっていう話は、いまだに延々に伝わっています。

だから、人間関係を広く想像して立体的につくり上げていかなくちゃいけないんですけども、本当に戦国というのはなかなか視聴者に届かないんです。そうすると、夫婦もののホームドラマ、現代のホームドラマを戦国期に持ち込んでしまうという、安易といえば安易なやり方です。だから考証の先生にはお叱りを受けるわけです。「こんなことはありません」、それは当然ですね。

つまり、人間関係を創造していくのに、何か手がかりになるようなものがあればいいんですが、そうでない場合には、非常にお芝居をつくっていくのは難しいなと感じている次第です。そうは言っても、何かつくらなくちゃいけないわけです。そうすると、時代を超えて、日本人の人間関係のつくり方の中で基本となっているものは何なのかなということを、私なりに考えたりします。そうすると、「正直に生きなさい、素直に生きなさい」。これは多分今でも通用するんじゃないかと思うんです。私も子の父ですけれども、子どもに「駄目だよ、そんな嘘いっちゃあ、正直に生きなさい」と、それから「そんな背伸びはすることないんだ、自分の身の丈でいい、正直に生きなさい」と、これ言っちゃいますね。多分これが、人間関係の基本だったんじゃないだろうかという想像です。それが日本人の倫理観なんじゃないかなと感じています。

明治期になりますと、王政復古と称して、かつての律令国家の時に行われた呼び名などが復活してくるんです。それに倣って新しい国家形成をしようとした人たちが出てくるんです。そこでは、西洋からの新しいものの考え方、科学、いろんなものを輸入して、着る物も何かの形で新しくしようということ、「脱亜入欧」だとか、西洋に追い付かなくちゃいけないというような考え方の中で、そういうものが復活してくるんですけども、そんな明治期にも「正直に生きなさい、素直に生きなさい」っていうのはずっと続いていたんじゃないか、というふうに思うんです。

ところで、現在時代劇を構成している要素は何なのかということを考えたりするわけです。そうすると、近年、ＮＨＫでは『平清盛』という大河ドラマをやりました。そうすると、清盛は武士として集団を結成していって、それまでの価値観を変えていく。時代が大きく変わろうとするときに登場してくる人物にスポットを当てることによって、新しい時代を目指そうとする人間たちの心意気であるとか集団心理、そういうものは描きやすいだろうと思うんです。だけども、先ほどの佐々木先生の発表にあったように、家臣団というのはどうなっているか、人間と人間の・・・要するに清盛が主人公で、清盛だけ描くわけにいかないんです。関係を描かないと、その人物を描いたことにならないし、お客さんに楽しんでいただけないわけです。そうすると、清盛と他の人物の関係がどういう関係だったかということを明らかにして、そこに描いていかないと、なかなか面白い時代劇になっていかない。

つまり、今、物語というのが「どうせ小説だから」「どうせテレビで面白おかしくやっているんだから」、その認識はお客さんにも当然あると思うんです。ですけど、世の中がだんだん、何か娯楽作品に対して非常に厳しくなっているような感じがするんです。一方で、テレビのチャンネルをひねると、もうお笑いの番組が圧倒的に多いですね、バラエティー番組と称するようなものが。なんでこんなに笑いの作品が多いのかなというふうに思うと、かつてのテレビは、現代でもありますけども、何かものを知っている大学の先生であるとか、一般常識がある とか、名前が売れているとかっていう人が並んで、社会的な事件・事象が司会者のほうから提示されて、あるいは映像が出て、それに対してコメントしていく、というようなことで済んでいたんです。ところが、価値観というか物の考え方が多様になったんです。多様になったということは、本当の姿がこうなんだということが、一言では言えなくなってしまったんです。そういう状況になったときには、もう日本人は笑うしかないんです。そうなんじゃないだろうかと、私は思っています。

三、笑いの先にあるもの

テレビの作り手側から言わせていただきますと、この笑いの次に何が来るんだろうかということは、非常に興味があります。『笑っていいとも！』ですよね、これは危機的な状況なのかというと、危機的な状況だと言っているわけじゃないんです。笑って楽しければお客さまにはそれでいいと思うんです。ですけども、次の時代は、笑っている次の時代はどういう時代が来るのかな、なんてことも考えたりします。それは現在、視聴率を上げてくださいということが、以前よりも直接言われるようになりました。今の夜八時のＮＨＫの放送の並びを申し上げますと、月曜日は『鶴瓶の家族に乾杯』、火曜日は『歌謡オンステージ』、水曜日は『ためしてガッテン！』、木曜日に時代劇を放送して、金曜日に『キッチンがゆく』などです。軽い感じのものが並んでいるなかで『木曜時代劇』が入るわけです。そうすると、その内容も、ここは言い方が非常に難しいんですけども、すごい政治劇、信長と秀吉と家康が出てくる作品をやっても、なかなか難しいと思うんです。お客さんが見づらいんじゃないかと思う。そうするとそこにホームドラマを置くということになります。それから、これは編成上の問題でもあるんですけども、かつての編成というのはちょっと距離があったんですが、今はもう、いいことか悪いことかはよく分からないんですけども、人情劇をそこでやってくださいというオーダーが直接来ます。

じゃあそこで、自分たちは――自分「たち」っていうのはちょっと語弊がありますけども――もう少しシリアスな作品をそこに置いてもいいんじゃないかと思ったりしますし、また実際に置いたりもします。テレビをつくっている、テレビジョンの時代劇を制作・担当している演出家というのは、変な話ですけども、笑いの次にはどういう時代が来るのか、つまり日本っていう国がどういう方向に動こうとしているのか、それに対して興味があります。それに合わせて時代劇も作っていったらいいんじゃないか、ということになるわけです。

四、時代考証の重要性

そこで、考証というのがどういうふうに関わっているのかということで言いますと、先日、NHKの会長を務められた川口幹夫さんがお亡くなりになりました。八十八歳でした。それで、弔辞を遠藤利男さんという編成局長をやられた方が読みました。私は全く知らなかったんですけど、テレビの草創期の本当に始まりの人たち、つまり、『紅白歌合戦』とか、『夢で逢いましょう』とか、『大河ドラマ』とか、その始まりのときに関わった人たちです。その人たちの中に「五つのシン」っていう言葉があったんです。私は、川口さんはすごく偉い人だから、直接会って話をしたこともなかったんですけど、その弔辞の中で、そうかなと思って書き留めたのが「五つのシン」。そのなかの「真実の真」、考証はここに大きく関わるわけです。「真実」、これは言葉通りですね。「新鮮」、新しい演出的な工夫・見せ方を用意しなさい。つづけて「五つのシン」を言いますと、「真実・新鮮・深層・親身・信頼」の五つ。一番分かりやすいのはＮＨＫとの信頼。ＮＨＫで放送するものには間違いがない、信頼してください。あるいは、楽しんでいただくんだけども、その笑いは「本当に笑っていいんですよ」みたいな、言ってみれば信頼関係みたいなもの。

したがって、考証のことに関して申し上げますと、非常に重要です。つまり、フィクションを作る、お話を面白おかしく作るという、娯楽作品を作るというのは第一義的な目的なんですが、これ以上やってもいいのか、それともこれ以上やっちゃいけないのかという、その一線があるのかないのか。その超えていいか、超えちゃ駄目なのかというのは、自分の中でもよく分からなくなっちゃうんです。そのときに歴史学の知見をお持ちの先生方に「そこまでやっちゃ駄目です」と言っていただくと、はっと目が覚めるわけです。ある一線を逸脱してしまうと、娯楽作品ではあるんだけども「それはＮＨＫの放送にふさわしくありません」みたいなことになっていくんだろうと思います。ですので、考証の先生の存在が、私にとっては非常に重要な存在です。自分を止めてくれる存在です。でないとどこまでも行っちゃうんです。考えが足りないから、面白くすればいいんじゃないか、娯楽作品をつくればいいんだ、というところでどうしても考え始めると、それで完結しようとしちゃうんです。どうしても視野が狭くなっちゃう。そうじゃないんだ、他の要素もたくさんあるんだよ、娯楽作品と思っていても、一人の営みじゃないし、知的好奇心を満足させるっていう要素もあるわけですから。非常に重要な存在だと思っています。

（１）『塚原卜伝』

その例を一つ挙げますと、私が担当した『塚原卜伝』があります。九十何度戦って一度も傷を負わなかった、「剣聖」と呼ばれる人だそうです。鹿島神宮へ行きました。武甕槌神（たけみかづちのかみ）というのもよく分かりませんでしたけれども、いろいろ勉強しました。この作品は、津本陽さんの『塚原卜伝十二番勝負』っていうのが原作でした。先ほどのお話によりますと剣豪ものというのはもう最近つくられていないのですが、剣豪ものをなぜやるのか、結構難しかったです。私はどうしたかというと、これは地域おこしの話なんだ。卜伝は鹿島の神を背負って、鹿島神宮に関係ある卜伝流という鹿島の神を背負った剣法、卜伝流というものを全国に広めることによって、鹿島の神を全国に広める広告塔の役割をするんだ、みたいな安易な考え方を持ち込むわけです。それでやりました。じゃあ鹿島の神っていうのは何なのかっていうのを映像化するのに、物忌（ものいみ）さんっていうのがあるということを勉強しました。飛田英世先生（茨城県立歴史館）という先生に、いろいろと中世というか中世末期の神様と人の関わりみたいなことを勉強させていただきました。

その中に、物忌館（ものいみのたち）っていうのが本当にあって、それは明治六年になって国家によって廃止されたんだそうです。それまで代々女性の人が物忌職として、物忌館で神に仕えていたということがあったんだそうです。現在の鹿島神宮の権禰宜、権禰宜ですからナンバー2の人ですね。ナンバー2の人が東（とう）さんっていう名字の方で、そのお宅へ行きました。そうしたら、ここが物忌館の跡ですよっていう場所があったんです。明治まであって、今もう更地になっていて、大きな木が生えているだけです。その物忌館っていうのはどういうものかを映像化したいと思いましたので、近づいたんですね。そしたら、昭和女子大学の修士論文で物忌館を研究なさった方がいらっしゃるということが分かりまして、女子大に電話してご本人の連絡先をお伺いしまして、「こういうことなんですけど、拝見してもいいでしょうか」と。「まあ、どうぞ」とおっしゃってくださって、その論文を拝見しました。まあ驚きましたね、徹底して調べてありました。物忌さんが外を歩くときに、輿で歩いたんだそうです。実は輿が鹿島神宮に残っているんです。その輿に乗って、どこまで行って、何月何日お祭りのときはどうしたのか、という記述がありまして。それでその人に「ありがとうございました、こういうのができました」ってDVDをお送りしたら、冷静な声で「何かのお役に立てれば、私は大変うれしいです」とおっしゃっていただいて、本当に頭が下がりました。

私は、もう浅く広く。で、ここの部分の専門はお医者さんお願いしますっていう仕事の仕方なんです。でも、浅く広くなんですけども、一応古代史みたいなことも作品でやりましたので、一生懸命勉強しました。律令国家がどういう成り立ちだったのかとか、一応勉強しました。物忌職に関しては非常に助かりました。そのことによって、鹿島の神っていうのは、具体的に形はないんですけども、物忌さんという人物を登場させることによって、日本人というのは、その時代までは神というのが今の時代よりも近くにいたんだということが表現できて、言葉で言えば、中世末から戦国期にかけてのムード、神と人間の距離みたいなものが表現できたんじゃないかな、というふうに思っています。それから、参考までに言っておきますと、物忌職っていうか、それは伊勢神宮で言えば斎宮ですね。斎宮は研究している方がたくさんいらっしゃいますけども、鹿島の物忌職に関して研究をなさっている方は、昭和女子大の方、それから明治神宮にお一人、やはり女性の方なんですけども、研究を重ねて本などを書いている方がいらっしゃるということが分かりました。

この時に教わったのは、「NHKは応仁の乱はやるけども、関東大乱はなぜやらないのか」、飛田先生に、これはお叱りを受けたというか、「日本史を勉強していく上でも初等教育でも、そのことが必要なんじゃないですか」

とはっきり言われまして、その後インターネットでＮＨＫの通信高校講座を見ましたら、関東大乱っていうのはちゃんと載っていました。私が知らなかっただけです。関東大乱っていうのは、北条氏を描くと多分描けるんじゃないかな。鎌倉公方・古河公方・上杉氏、そういうのが映像にできるといいんじゃないかなと思っています。

それから、戦国ものではないんですけども、『篤姫』のときは大石先生始め大変お世話になりました。老中が大奥に入るのはどういうときか。どうしても入れさせたい。入れないと話にならない。男性が大奥、男子禁制の所にどうやったら入れるんですか。これは野本先生にもいろいろと調べていただいて。そういうことをしていかないと、テレビ草創期の方たちがお考えであった「真実・新鮮」っていうところに届かないわけです。広く浅くの私から見ると、ある部分、本当に生涯かけて研究なさっている方たちのお力をお借りするしかないわけです。

（2）『吉原裏同心』

それから、私がやってきましたのは、『吉原裏同心』っていうのもやりました。話があちこち行ってすいません。『吉原裏同心』っていうのは、このあいだ終わりましたけれども、私の興味は吉原の自治組織で、四郎兵衛会所というのがあったというのは、史料に載っていました。四郎兵衛会所が吉原のなかでどういう役割を果たしていたのかということに関しては、遊女の逃亡を防ぐためということでした。構成人数は何人かというと、一二人プラス一人。一というのは四郎兵衛ですね。吉原は「五丁町」という五つの町からなっていましたので、一つの町から二人ずつ警護の要員を出した。で、一〇人。新しく揚屋町というのができて、それで一二プラス一で一三人。その人たちが遊女の逃亡の防止を第一義的な目的としていたんですけども、その他に何かやっていたんじゃないだろうか。ただ見張りだけじゃなくて、人が集まれば暇な時間に何をやっていたんだろうとかいうようなことを考えるわけです。それで、吉原の自治組織ということを考えたわけですね。その自治というのに大変興味がありまして、それは、私個人のことで言いますと自治があると、そこでの倫理観というのがどういうことなのかっていうのを考えるヒントになるんです。

じゃあ、その中で、江戸期の自由みたいなことは、どういうふうに……なんてことも考えてしまいます。その自治組織があるから、そこの人たちにはどういう仕組みに、どっちが偉いとか、人間関係がどういうふうになったのかな、知りたいな、というふうに思うんですね。

それから、歴史を勉強しますと、圧倒的大多数の農民がどういうふうな状況に置かれ、どういうことを考えていたのか、農作物を作るときに何を頼りにしたのか。暦があったたっていうんですね、古代から。だけども、暦ってどんなものだったのかなっていう興味もあるんですね。要するに、民衆がどういうふうに生きたのかなっていう興味もあります。それを何とか描きたいんですけども、手がかりがないんですね、本当に。もうやりたいと思っているんですけど、今後の楽しみです。

五、時代劇は存続するのか

最後に、「時代劇は存続するのか？」っていうことになりますが、多分存続するんでしょう。ですけども、高倉健さんがお亡くなりになったってことを話しましたけど、義理人情という観念、あるいは素直に生きる、あるいは正直に生きるというものが失われたとき、われわれの現在の社会通念としてそれが失われたときには、時代劇はなくなるんじゃないかなというふうに思います。それで、そういう方向に向かっているんだろうと思います。

現在、ＴＰＰ交渉をやっているわけですよ。農産物をどうするのか、地方が疲弊している、地方が解体しているときに。ともかく、今地球上で行われていることは、資源の奪い合いですよね。石油・石炭・ウラニウム・希少金属、それを奪い合っているわけですよね、国単位で。ところが日本は国家単位でそのことに挑戦しようというのが、やや薄いんですね。企業単独で行くと、他の国には絶対勝てないわけですよね。つまり、今や日本は近代化を遂げて、戦後驚異的な復興を遂げたわけです。私たちは、すごく便利な生活を享受していますね。衣食住全て。蛇口をひねるとお湯が出てきて、ボタンを押すとお風呂も沸いちゃうんです。これは、すごく便利な生活を日々の努力でわれわれが獲得したんです。これを維持するためには、どうしてもエネルギーが必要なんです。そのエネルギーを、アフリカの人たちがどのくらいエネルギーを消費しているか。アメリカ人がどのくらい、よく表がありますね。まさにそれをやっているわけですよね。それをやって、国同士の戦いをやっているときに、戦国時代の話の国取り物語をやる。旦那さんは、昼間は会社でエネルギーの獲得作業の仕事をなさっています。うちへ帰ってきて、テレビジョンを見るときに、戦国時代の信長が領土をいかに獲得したかっていうことをやっても、これは教訓とも何とももう接点を見いだしづらくなるんじゃないだろうかと、想像するわけです。ドラマの楽しみ方は、そんなことではない面がもちろんあるんですけども、時代劇というのは、どうしても仮託するっていうデザイングを、現在をさかのぼって描くっていう、そういうプロセスの必要があるんですけども、それよりはもっと直接ダイレクトに、『リーガル・ハイ』、十倍返し。やっていることは時代劇だと思うんです、構造はね。作品の構造はそうだと思うんですけども、そちらのほうが流行語になり、話題になっているわけですね。大河ドラマの『秀吉』というので「上げ潮じゃ」というのが、何かはやり言葉としてあったりしたときがあったんですけども、時代劇からはやり言葉が誕生したっていうのは、あまりもうなくなりつつありますね。

時代劇は存続するんだろうと思いますけども、そのためには、歴史学の先生方の発見というよりも、つくり手側の仮託するっていう作業がなかなか難しい時代に入ってきているんじゃないかなと、現場の人間は思います。時代劇の存続のためには幾つかの課題があって、現状の認識、近代化のその果てに、今自分たちがどこにいるのかっていうことを、何とか見極めたいなというふうに思っている次第でございます。

おわりに

時代劇は続いたほうがいいのですが、私の所に今「木曜時代劇というのを続けるのはいかがなものか」っていう話が来ているんですね。それは、数字が五パーセントいかなかったりすると、やっぱりそれなりにお金使いますから、「受信料をより有効に使いなさい、使いましょうよ」となります。その言葉に、「いや、それは日本の文化だから、義理人情というものがあってそれを、あるいは現代を仮託して表現するという手段なんだから、それは大河だけではなくて木曜時代劇も残してくださいよ」っていうことを言っているんです。今、新しいドラマをつくろうとしています。私ももう六三歳になりまして、もういいんじゃないかなと思っているんですけども、でもまだやんないといけないみたいで、やろうと思っています。

6　戦国武将を演じるにあたって

◉森田順平（俳優）
聞き手：金井貴司（時代考証学会）

金井　それでは、ここからは対談形式で進めさせていただきます（この対談は二〇一四年に行われたものです）。主な質問につきましては、レジュメに記載してある事項（本章の構成）を中心にお話を伺っていきたいと思います。今回、「戦国時代イメージを考える」というテーマで、恐らく多くの方が戦国時代に対しても戦国武将についても、いろんなイメージを持たれているかと思いますので、そういった戦国武将を演じる際に役者の方がどういったことをお考えになっているのか、実際の現場でどのようなつくり方をされているのか、そういったことを中心にお話を伺っていきたいと思います。

一、時代考証や各種指導などの専門家について

金井　最初に、私たちの学会は「時代考証学会」という名称ですので、この時代考証という存在について、実際に演技をされていらっしゃる役者の皆さんがご存じなのかということと、またこういった時代考証だけではなく、各種の専門家、いろんな指導という形で、特にＮＨＫの番組などは、所作の指導ですとかその他の指導で

すとかあると思いますが、そういった専門家の方々の存在については現場でご存じだったでしょうか、また何かそういった指導など教育を受けられた経験などあれば、お話をいただければと思います。

森田　時代考証の先生方というのは、実は現場でお会いするということはほぼありませんで、大石先生とお会いしたのも、この間のBS−TBSの『謎解き！江戸のススメ』で、そのときに『篤姫』は僕、時代考証やっていたんですよ」「すみません、その時は」って。リハーサル室で、多分いらしたりすることもあるとは思うんですけど、なかなか現場で直接お話をしたりするようなことがなくて残念なんですよね。本当に直接お話しして、この間も大石先生とお話しして、非常に楽しい、いろんなことが生まれてくるわけで、「ああ、そしたらもうちょっと違う芝居できたのにな」とか思うこともあるんです。直接お話ししないと、こっちが興味を持っているものが返ってこないっていうのはやっぱりあるので、役者レベルも、そういった時代考証の先生とお話しできるチャンスがもうちょっとあると、また楽しいかなと思うんですけどね。

ただ、やっぱり役者ですから、その他の指導の方々とは非常に密接な関係というか、やっぱり直接指導を受ける人たちはいっぱいいました。一番密接なのが所作指導。これは振り付けを含むんですけれども、いわゆる武士としての仕草であるとか、例えば座り方一つにしてもそうですよね。戦国時代は、武士は全部胡坐ですから、これが江戸時代になると正座になるんです。つまり、主君に絶対逆らえないっていう座り方なんですよね、正座は。胡坐はいつでも立てる。いつでも戦に行けると。例えばそういうようなしぐさも、その時代によって違うんですが、そういうことを教えてくれる方たち。それから、頭を下げるあいさつの仕方ですね、それも手のつき方であるとか、その拳の形までいろいろ指導をしていただく。それは非常に役に立ちましたね。その所作指導に付随してあるのが、何といっても殺陣の指導です。これは、大河ドラマの場合は林邦史朗先生（二〇一五年に逝去されました）という方がずっとなさっていますけれども、特に、戦国の殺陣っていうのは、型になっている状態っていうのはほとんどないんですね。大体が集団戦としての殺陣になるんです。例えば『信長』のときなんていうのは、馬に乗って争っている状態が多いですから、馬上からの刀の振り下ろしとか、あるいは足軽が下から馬の上に向かってやりをつまき上げていくとかっていう、だから型にはまらない状況に応じた立ち回りの振り付けを考案されたり。

それから、今言った乗馬指導、これがやっぱり助かったっていうのは、特に『信長』のときですね。ＮＨＫの指令で小淵沢に乗馬の練習に行かされまして、五日間ぐらい缶詰め。お尻が腫れあがるぐらい馬に乗る練習をしました。かつて『草燃える』のときにも乗馬の練習はしたので、全く乗れない状態ではなかったんですけど、ただ乗るだけでなくいろいろな合戦のシーン向けの練習をやらなきゃいけない。片手手綱で、もう一方の手で竹刀を持ってというような練習をいきなりさせてくれる乗馬クラブっていうのはそうはないでしょう。この方も、先代は亡くなられていますが、次の方が引き継いで、いまだに乗馬指導はやってくださっています。時々遊びに行くと楽しいです。外乗（がいじょう）っていって、八ヶ岳の山麓を馬に乗って歩けますから。

それ以外には、衣装さんがやっぱり大きな存在ですね。衣装考証っていう人も付いているんですけども、現場の衣装さんたちも、やはり衣装のさばき方っていうのを教えてくださるんです。一番大変だったのは公家の衣装でしたか、衣冠というやつで、みんなでもう「神主だよ」って言っていたんですけども（笑）。そういうもののさばき方、例えば、それを着たときに袖をどうさばくかというようなことも、衣装さんが教えてくれたりとか。

面白かったのは、『宮本武蔵』をやったときには、刀剣の専門家の先生が付いていらした。僕は林邦史朗先生について、抜刀術の免許を取らせていただいたんで、真剣をあつかうことができたんです。それを知ったその刀剣の先生が、自分の持っている真剣を持っていらして、その刀剣を手入れしているシーンを撮るときに、それを使ってくださいって。ものすごく貴重なものだと思うんですけど。こっちはうれしかったですね。当然撮るほうも、偽物じゃないっていうことが、どんな角度から撮ってもはっきり分かるんですよね。だから、どんな風に照明を当てても絶対に嘘がバレないので、すごくよかったなと思いましたね。真剣が使える訓練をしていたおかげで刀剣の先生、つまり専門家の方とそういう形で触れ合えたのもうれしかったなと思います。

あと、面白いのが公家のときの御所言葉です。本当に不思議な言葉遣いで、単なる京言葉とは違うんです。これも、「そうじゃありません」っていっぱいなおされましたけれども、結構大変でした。それと、これはもう一つ面白い、『武田信玄』で、僕は今井兵部っていう金山奉行をやったんですけれども、この役は、金山の竣工のことを説明するだけでいいんですけど、もう一人、伝来したばかりの鉄砲を持ってきて、それを信玄に説明する役がいたんです。そのため鉄砲の火縄銃の専門家の先生もいらして、火縄銃の打ち方などいろいろ一緒に見ていましたら、感心しましたね。役者さんも大変でしたが、それが結局は、信玄をたおす火縄銃につながるお話だったり、そういういろんな専門家の方々が、時代考証として教えていただけるのは本当にありがたかったです。

思えば、台本に必ず時代考証、何々考証って出ているんですけど、僕がデビューした『花神』のころは「考証」っていって何人かばーっと名前が載っていただけで、誰がどの考証をしてらっしゃるのかっていうのが分からなかったんですけど、最近はそれぞれ別に「時代考証・大石学」とか、風俗考証とか、それから郷土史考証などというような名目の人たちもいて、非常に多岐にわたってきているなというのは感じますね。

二、歴史上の実在の人物を演じる際の役作りについて

金井　ありがとうございます。時代考証だけでなく、さまざま指導があって演技に非常に活かされている、またそれによって、かなりご苦労もされているであろうことが伺えるお話でした。そういった専門家の考証、指導などによって、役者さんは演技をされているというところもございますけども、今回、レジュメには、森田順平さんの主な出演作品一覧ということで、その配役も記載しております（本章末参照）。こちらの配役ですけれども、これは、ＮＨＫ大河ドラマについて言えば、実在の人物を演じていらっしゃるということになりまして、こういった歴史上の実在の人物を演じる際の役づくりについてなんですけれども、例えばその関連図書を読まれたり、ゆかりのある資料を見られたりとか、実在の人物を演じられる際に、何かご自身がなさっているようなことなどあれば、教えていただければと思います。

森田　実在した人物を演じる場合は、必ず一冊だけ本を読みます。これは、制作側から渡されたものであればそれを、渡されることがなかった場合は、自分で探し出して、これを読んでみようかなっていうのを選んで読みますけれども、一冊というのは読む時間、準備の時間的なことも含めて少ないほうがいいっていうのと、たくさん読んでしまうと迷うんですよね。つまり、その人物に関していろんなことが書かれているわけで、あれもあった、これもあったってなると、一つの性格づくりっていうか、キャラクターづくりに、やっぱり邪魔になってくる。何か統一感がなくなってしまうので、もしかしたら偏狭になってしまうかもしれないけれども、一冊で一応そこから自分の演技に必要なものをピックアップしていこうと。で、自分なりのその人物像、一応歴史的に実在したものを踏まえた上での人物像を築き上げていくっていう作業をしています。

その人にゆかりのある所を訪ねるっていうのも、できたらしたいんですけどもね。これは時間とお金がいるもので（笑）、なかなかそういう所に行けなかったりするんですけど、大河ドラマの場合は見事にその場所、つまり例えば『信長』の場合であれば岐阜城を使ったりとか、『武田信玄』の場合は小淵沢に信玄館建てちゃいましたから。そんな具合に、実際に合戦があった場所であるとか、そういう場所へ出向いて行けるんでいいですね。そのときにゆかりの所を訪ねたりとかはしましたけれども、なかなか自分から事前に行くのは難しいです。でも沖田総司をデビュー作でやったときには、麻布の専称寺に沖田総司の墓があるので、そこにちゃんとお参りして「よろしくお願いします」って言ってきました。東京だったのでね。

あとは、演出的なアドバイス、これに関しては逐次受けることであって、というのもやっぱり、こっちが勝手に演じても、一つの作品の中での一人物ですから、演出のアドバイスはやっぱり聞かなきゃいけない。役が決まるとかつら合わせ・衣装合わせっていうのをまず真っ先にやるんです。その役にあったかつらをつくっていただくんです。そのときに演出家も立ち会って、例えば「この役はこの作品の中でどんな位置を占めている、あるいはどんな意味があるかというように意識をして演じていただくとありがたいです」というふうに言っていただく。それが一番大事ですね。だから、こういう人物に創ろうと前もって思っているんだけど、この作品の中ではこういう存在にいなきゃいけない。例えばすごくいい人なんだけど、憎まれ役でいなきゃいけないとか、そういう場合もありますよね。だから、それはその作品に応じて演出家のアドバイスを受けているという、そんな形で実在の人物を演じております。

金井　やはり実在の人物を演じるっていうのは、なかなかご苦労があったかという感じになりますか。

森田　そうですね。やっぱり土地土地の人たちが持っているイメージとかもあるし、それがやっぱり例えば英雄伝説だったりする。それを、憎まれ役にしちゃうとか、そこは難しいなと思うんですよ。でも、作品の中では「憎まれ役やってください」っていうことになると、「でも、憎まれ役だけど、こいつにはちゃんとすごくいいところもあるよ」っていうところで、そういう部分をちょっと示しながら演じるとかね。そのへんは、そういう英雄伝説を壊したくないなっていうことも考えたりはしますね。

三、時代考証などの専門家が時代劇制作に果たせる役割について

金井　そういった実際の現場での演出家の方の指導などで、また役柄がつくられていくということなんですけれども、森田さんからご覧になって、時代考証なんかの資料の専門家が果たす時代劇制作の現場での演じ手の方に対する役割とか意味などについて、何か思っているところがあれば、お聞かせいただければと思うんですけれども。

森田　これもやっぱり、例えば戦国時代で言えば、実在の戦国時代の人物の武勇伝的なものとか、そんなものがどうしても表に出がちで、そういうところが重視されがちなんですけれども、その人物を僕ら演じるときっていうのは、何て言うのかな、人物の中で一番大事な、その人物の基本的な性格っていうものをしっかり演じなきゃいけないと思うんです。その性格を演じていく上で大事なのは、武勇伝とかサクセスストーリーとかの、表面的にあるものではなくて、その人がどんな生活をしていたのか、普段の生活の中でのほんのちょっとしたエピソードであるとか、そういったものを時代考証の先生からいただいたら、それがとっても助けになるんです。そういうエピソードを築き上げて、どうやってその人が生きていたのかっていうところが一番のポイント

になるんです。時代考証の先生方にいただく意見としては、その辺を大事にしてきた感じがあります。例えば、これは僕、酒井忠次を演じたときに、実はそこには全然資料の中で触れてなかったんですけど、この間大石先生と『江戸のススメ』で、酒井忠次はえび踊りっていうのをやっていたって言うんですよね。これ知らなかったんです。知っていたら、ちょっと酒井忠次の演じ方変わったなと思うんです、『功名が辻』で。だからえび踊りを、例えば戦国のそういう大変な中で、そういう踊りを他の武将たちにも見せたりするような性格の人間であった。（三方ヶ原の合戦で）太鼓叩いたって有名な話は知っていたんですけども、そういうことがちょっとあると、そんなことをするやつなんだっていう演じ方に持ち込んでいける。もうちょっと工夫できたかなって、それ知っていたらって。そんな部分が、ちょっとはあったなとは思ったりはしますけど。大事なところですね。

『信長』の河尻秀隆も、実はあれ、信長が清州城を乗っ取った後、敵のほうからこっちへ寝返って信長の所にやってきた武将ですから、信長の家臣たちに和むために、ひょっとこ踊りっていうのを酒盛りの場で踊るんですけどね。それが河尻の性格づけというところで、一番大事なポジションを占めました。なんかそういうものが、時代考証の中でいただいた、一番僕らがとっつきたい場所っていうかな、生活に即した普段のエピソード、何と言っても戦場とかそういうところだけの目立つところじゃない。それがとても大事だなっていう、時代考証を頼りにできる場所だなっていうふうに思います。

金井　ありがとうございます。そういった小さな事実というのもまた、役作りの上でいろいろ参考にしていただける、やはり時代考証というのが重要性をもってくるのかなと、改めて思いました。

森田　そうですね。すごく大事ですね。

四、戦国武将を演じることと他の時代の武士を演じることの違いについて

金井　今のお話の中で何度か出てまいりましたけれども、例えば、酒井忠次とか、河尻秀隆といった戦国武将を大河ドラマの中で演じていらっしゃいますけれども、それ以外では、ご紹介の中で『篤姫』の伊達宗城という、これはもう幕末の大名ですね。それから、また時代の違う武士の役など、いろいろ演じていらっしゃるんですけれども、戦国武将を演じる際と、それ以外の時代、例えば『草燃える』でしたら鎌倉時代、だいぶ前の時代になっていますし、それから幕末の伊達宗城。そういった戦国時代以外の武士を演じる、この違いというのは、実際に演じられる際に何かお考えになったりとか、演出上の指示の違いとか、教えていただければと思いますけれども。

森田　それはもう、やっぱりその時代時代に即した生き方っていうかな。生きる目的っていうものを考えることなんです。一番大事なのは生きる目的ですよね。もちろんそのためには、その時代状況っていうか社会状況を知らないといけない。ここは、すごく時代考証の重要性と結びつくところなんですけれども、その中で、じゃあどうやって、何のために生きていくのかっていう、そのポイントですよね。それがやっぱり時代によって違うんだろうと思う。例えば、戦国であれば天下を取る、もしくは手柄を立てるっていうようなことが目的であったりする。幕末は幕府を倒すであるとか、これは倒幕派の場合ですけども。それから、江戸時代の一番平穏な時代、『吉宗』の小笠原胤次をやったときは、幕藩政治の中での上下関係とか、いろんな大変なこととか、言ってみればこれは大企業みたいなもんですから、その中での政治の流れ、駆け引きの難しさであるとか、それから、公家をやった場合は天皇を守るとか、一つの目的があるじゃないですか。その目的意識っていうのを、

しっかり押さえておくというかな、それが演じ分けの一番の基本であるかなとは思います。

また、それぞれ時代によって衣装が違いますし、例えば鎌倉時代の鎧と戦国時代の鎧は全く違いますんでね。大鎧っていう、あんなものを着てどうやって戦えたんだろうって。全部着ると動けないですからね。あれで馬に乗ると、その音に馬がびっくりして走って逃げちゃったって、自分だけ取り残されたっていうようなこともありますし。それが戦国時代になるとちょっと動きやすくなるんですよね。そういう変化もありますし、それも含めての何かいろいろなその時代に即したものっていうのは、演じ分けに利用させてもらっているところですね。

金井　確かに、その戦国武将の鎧、どうしても合戦シーンになくてはいけないということが、他の時代の衣装から見て全然違うところだったと思うんですけど、やはり鎌倉時代の鎧はなぜ重たい、ということなんですね。

森田　重たいですし、あれ一人じゃ着けられないですね。一人っていうか、普通、戦国の鎧っていうのは二人一組で着け合いっこできるんですよ、割と簡単に。ところが、あの大鎧は四〜五人掛からないとちょっと着けられないですね。胴巻きも一つじゃなく、全部で四つあるわけで、それを組み合わせていくんで、ものすごく大変なんです。着終わったころに、着るほうも着せるほうも汗だくでへとへとになって。よくあんなんで戦争してましたね、と思うわけなんですけど。でも、戦争形態が違いますからね。要するに、大将は表に出て来なくて一番後ろにいましたし、戦国になると結構前に出てくる場合もありますから。その違いはあると思いますけど。

五、武士とそれ以外（公家など）の人物を演じる際の違いについて

金井　先ほど、時代の違った武士を演じられる際で、ちょっと公家の言葉の部分がありましたけれども、公家の

役につきましては大河ドラマでも何回かやっていらっしゃいますし、それ以外の、大河ドラマ以外でですね、例えば舞台ですと文化人、千利休の役ですとか、あとは一般庶民に近いような役なども演じられて、こういった文化人ですとか、武士とそれ以外の身分の人物を演じられる際の違いですとか、またそういった演出上の違いとか、もしくは何か心がけていらっしゃる、そういったことがあれば教えていただければと思いますけれども。

森田　武士とそれ以外っていうのは、一番基本的に違うのは所作と言葉遣いですね。基本的に、武士の所作と、いわゆる武士ではない、公家の所作、それから町人の所作。これが、普段のいわゆる動き・姿勢・歩き方に至るまで違いますから、そこをまずしっかり意識すること。それから言葉遣いですね。武士言葉っていうのは大体決まっていて、でも本当にあんな言葉でしゃべっていたのかどうか、僕らは耳で聞くことはできないので、こればっかりは分からない。例えば三河武士は絶対三河弁だっただろう、北条氏は沼津弁しゃべってたんじゃないかとか。実際にその言葉でしゃべると、それは本当に分かりにくいから標準語にしていったりするんでしょうけど。

公家言葉も、実はこれ『慶喜』のときと『葵　徳川三代』のときと、二度公家をやらせていただいたんですけども、『慶喜』のときには、公家言葉とか御所言葉の指導が念入りで厳しかったんですけど、『葵』のときには「もう普通の京言葉でいいです、そのほうが分かりやすいから」。やっぱり凝り過ぎてしまうと、言っている意味・内容が分からないわけですよね。それは、もしかしたら作る側の勝手かなって思ったんです。そういう部分はありますけれども、とにかくそういう言葉の違いは大事ですね。

それから次は衣装です、何と言っても。一番大変だったのは公家の、本当にさっきも言った、衣冠っていう衣装で、あれは本当に重たい。あれもやっぱり二人掛かりで着せていただくんですけれども。最初、あれ着たら動けなくて大変で、控室とかで、それを着てご飯も食べられないし、困りましたが、これが二作にわたって大河ドラマでやったら、二作目の最後頃にはほとんど仕事着のように感じられて「これ着るとほっとしますね」っていうぐらい慣れてしまったのも不思議な話ですね。それで食堂に行ってご飯食べたりしていましたから。慣れりゃあこんなもんなんだって。そういう衣装の違いであるとか、さっき言った鎧の違いであるとか、そういった違いをきちんと認識していきたいと思いますね。

町人は面白い話があって、資料に利休を演じた時の写真を載せていただいているんですけど、このときは、台本では普通の言葉で書かれていたんですけど、利休は堺の人なので、僕も京都生まれで多少関西弁はできることもあって、全部堺言葉に直させていただきました。武士言葉ばかりの作品の中で一人だけ関西弁、堺言葉でしゃべらせていただいて、それはそれでなんか雰囲気出せたかなって思いましたけど。まあそういうようなことなど、機に応じていろいろと工夫はしております。

金井　やはり、言葉遣いはリアルというか、現実そのものの表現でしゃべってしまったら視聴者が分からなくなってしまう。これ、非常に難しいところですね。

森田　そうですよね。

金井　ただ、完全に標準語とか、また全然違う関西弁に置き換えただけの言葉だと、逆に視聴者が違和感を持ってしまう。

森田　そういうことですね。

金井　なかなかバランスが。

森田　難しいと思うんですよね。

六、印象に残っている作品・配役などについて

金井　森田さんは、メディア出演作品一覧に掲載しましたように、非常にさまざまな配役を演じていらっしゃいますけれども、そういった中で、武士であるとか公家であるとか、また文化人であるとかいったところに配役されたときに、何かご自身が、どういった理由でそこに当てられたとか、そんなことをお感じになったことがあるようでしたら、特にそういう作品や配役の中で印象深いものがあれば、併せて教えていただければありがたいんですけれども。

森田　多分、僕は、やっぱり一番印象に残っているのは、一年にわたってやらせていただいた『信長ＫＩＮＧ　ＯＦ　ＺＩＰＡＮＧＵ』の河尻秀隆。これは多分、亡くなられた作家の田向正健さんが僕の性格を分かって下さっていて、ある程度当て書きをしてくださったかなと思うところがありますね。つまり、堅物で大真面目な人間であるっていう、そういう人間が例えばひょっとこ踊りを踊るであるとか、いろんな節々にそんなシーンを取り交ぜてくださって、やりがいのある仕事だったと思いますね。おかげで分身のように感じますよね、河尻秀隆は。この人とは、タイムマシンで出掛けていって会ってみたいって思うようになりましたよね。

それとあとは、この間も大石先生とその話をしていて、これはちょっと自慢になりますが、徳川四天王と幕末四賢侯の両方をできたっていうことですね。四天王は酒井忠次、四賢侯は伊達宗城という、両方共有名な人物をできたっていうのは、嬉しかったですね。他にもいろいろありますけど、面白かったのは『八代将軍吉宗』のときにやらしていただいた小笠原胤次っていう役、本当にいわゆる中間管理職で、上からは怒られ、下にはいっぱい指図しなきゃいけないっていう中で、最後おかしくなって頭を柱にぶつけながらぶつぶつ言っ

て、結局クビになっていくっていう役だったんですけども、これはある意味やりがいがありましたね、面白くて。頭がおかしくなって、吉宗が刀を抜いたときに「殿、おやめくだされ」と後から止めて、まるで松の廊下になっちゃうんですよね。「胤次⁉」って吉宗が驚くんですが、それでクビになっちゃうんですね。そんな面白いシーンがあったり、演じ手としてある種見せ場っていうかな、そういうのが残っている役柄っていうのはやっぱり印象に残っていますね。

金井　ありがとうございます。森田さんといいますと、近年は声優としてもご活躍中で、多くの作品に出演されていますけれど、そういった中で戦国時代というかそういった時代にゆかりのありそうな、例えば忍者とか、ちょっと趣は変わりますけど、アニメの『ＮＡＲＵＴＯ』で長門という役を演じたりとか、ゲームのほうでは大名を演じたりとか、そういった声のお仕事でこういった武士などを演じる際、またそれ以外の役柄を演じる際は、ご自身で気を付けてらっしゃることとか、演出上の指示、そういったものがあれば教えていただければと思います。

森田　ゲームでやる大名っていうのは、聞いただけで「ああ、大名だね」って分かるやり方っていうか、いかにも大名っぽいしゃべり方の典型的なところをやっておかなければいけないっていうことです。それはまあ、これまでいろいろ経験してきたおかげで大体できますね。だから比較的簡単ではあるんですけれども。つまり大名であったり、足軽であったりという違いを演じ分けることは、声だけでも十分できる領域ではあるんですけれども、苦労したのはやっぱり『ＮＡＲＵＴＯ』の長門ですね。最後、言葉でナルトと対決する。その言葉の意味が……つまり、これだけ戦をしているのに、この戦をどうして終わらせればいいのかって、平和への憧れを語るシーン。これはもう、ちょっとやりながら泣きましたけど、自分でも。声を超えて演じることができたかなっていう。

見せている芝居の場合は、見せることも意識しなきゃいけないからそれはそれで大変なんだけど、声の芝居は声だけでやらなきゃいけないから、その声の中にしっかり感情をのせる。例えば、泣いて涙が出ているんですけど、それは誰も見てくれない訳ですから、その涙が出てくる感情、情動がちゃんと声に乗っかってなきゃいけないっていう、そういう難しさはあるんですけどもね。でも、いい現場でした。演出と相手役のすばらしさもあったんですけど、楽しい現場で、うまくいったのかなっていうのはありますね。ですから声の仕事の方も、そんな目線で見ていただけると、いろいろと面白いかなと思います。

金井　ありがとうございます。また、その声だけで演じなければいけないところの難しさもあるということで、興味深いお話を伺わせていただきました。では、そろそろお時間になりますので、最後に、視聴者の歴史像や人物像に大きな影響を与える存在として、役者のドラマにおける役割について考える場合に、どのように意識をされてこられたのか、また今回のシンポジウムでの講演で何か改めてお考えになったことなどありましたら、教えていただければありがたいです。

森田　いや、もう、そんな大それた、大上段に構えたところではなく……別にもう、僕はとにかく芝居が大好きで、芝居をやってりゃあもう幸せな人間ですので、いろんな役を演じさせていただけることが一番うれしくて、その都度その都度その役をどういうふうに演じようかっていうことを考えているときが一番楽しいんです。また、時代考証の先生方からいただいた情報とか、そういうようなものが役に立っていくのもまた楽しい時間であるわけで。だから、今日こういう会に招いていただけて、またそういうご興味を持ってらっしゃる方もたくさんいらっしゃるので、非常にうれしく思いますし、そういう、何て言うかな、「それはないだろう」みたいなお芝居じゃなく、「うん、なるほど」って言ってもらえるところで、しっかり実在の人物をこれからも演じ続けていけたらいいかな、というふうに考えております。

金井　どうもありがとうございました。大変興味深いお話で、もっといろいろお伺いしたいところではあるんですけれども、お時間が参りましたので、これで森田順平さんのお話を終わりたいと思います。最後に、大きな拍手で終わりたいと思います。

森田　どうもありがとうございます。

森田順平氏主な時代劇メディア出演作品一覧（二〇一四年一一月現在）

種別	作品名	放映・上演・発売年	配役
NHK大河	花神	一九七七年	沖田総司
NHK水曜	早筆右三郎	一九七八年	軍鶏の鬼一
NHK大河	草燃える	一九七九年	北条時房
NHK水曜	御宿かわせみ	一九八〇年	
民放時代劇	新・必殺仕事人	一九八一年	徳松
NHK大河	徳川家康	一九八三年	浅野幸長
NHK水曜	宮本武蔵	一九八四年	北条新蔵
NHK大河	武田信玄	一九八八年	今井兵部
舞台・新劇合同公演	真田風雲録	一九八八年	木村重成
NHK大河	春日局	一九八九年	斎藤利宗
民放時代劇	鬼平犯科帳	一九九〇年	政

NHK大河	信長 KING OF ZIPANGU	一九九二年	河尻秀隆
舞台・文学座	好色一代女	一九九三年	小松直孝
NHK大河	八代将軍吉宗	一九九五年	小笠原胤次
舞台・国立能楽堂	弱法師・卒塔婆小町	一九九七年	
NHK大河	徳川慶喜	一九九八年	正親町三条実愛
NHK大河	葵　徳川三代	二〇〇〇年	三条西実条
ゲーム(PlayStation2)	忍道　戒	二〇〇五年	一条信輝
NHK水曜	次郎長・背負い富士	二〇〇六年	次郎八
NHK大河	功名が辻	二〇〇六年	酒井忠次
舞台・俳優座劇場	BASARA~謀略の城~	二〇〇九年	細川玄信
TVアニメ	NARUTO—ナルト—疾風伝	二〇一〇~一三年	長門
舞台・俳優座劇場	ちはやぶる神の国	二〇一〇年	千利休
NHK大河	篤姫	二〇〇八年	伊達宗城
ゲーム(PlayStation Vita)	忍道2　散華	二〇一一年	一条信輝
舞台・博多座	わたくしです物語	二〇一二年	公郷半三郎
NHK木曜	鼠、江戸を疾る	二〇一四年	福井供次
舞台・博多座	十年目の約束	二〇一四年	金的の与一

Symposium

シンポジウム「戦国時代イメージを考える——時代劇メディア・学問・市民」

趣旨説明

◉門松秀樹

本シンポジウムにおいては、「戦国時代イメージを考える——時代劇メディア・学問・市民」をテーマとして、市民の持つ「戦国時代イメージ」の形成過程や、「戦国時代イメージ」の形成に学術研究や「時代劇メディア（＝さまざまなメディアを通じて社会に発信される歴史作品）」が与える影響について分析・考察を進めたいと考えています。

近年、歴史に関心を寄せる人々が増えています。その対象は武将や城などさまざまであり、代表的な例として挙げられるのが、いわゆる「歴女」と呼ばれる、歴史、特に「戦国時代」に深い関心を持つ人々であるといえると思います。「戦国時代」は、しばしば「時代劇メディア」の題材・舞台となる、いわば人気のある時代とも言えます。テレビドラマや映画、小説などに留まらず、アニメやマンガ、ゲームといった幅広いメディアで採り上げられ、多くの「時代劇メディア」が生み出され、かつ市民によって受容されることにより、「戦国時代イメージ」の形成に大きな影響を与えていることは、「戦国時代」の特徴であると見ることができるでしょう。

ところで、「時代劇メディア」によって喚起される市民の興味・関心は、「時代劇メディア」の関連書籍の出版や、舞台となる地域への観光などの経済的な波及効果をもたらします。ゆえに、大河ドラマの誘致合戦などに見られるように、地域に所縁のある歴史上の人物を観光資源として活用することに経済団体や行政など、いわゆる地元の人々が注力することもよくあります。時には、こうした過程でその人物に対するイメージが史実とはかけ離れたものとして形成されてしまうこともあります。

一方で、「時代劇メディア」や観光資源化の過程において形成される市民のイメージとは別に、主として歴史学などの学術研究の成果として明らかにされる史実が存在しています。学術研究の立場からは、信用にたる良質な史料に基づき、人物や事件、さらにはその時代の実像を明らかにすることが試みられ、近年、多くの成果を挙げています。しかし、上述の通り、市民の間に形成されてきたイメージと、学術研究の成果である史実との間には乖離が生ずることがしばしばあるのです。

こうした乖離が生ずる原因の一つには、そもそも「戦国時代イメージ」に対する研究者と市民のスタンスの違いがあると考えられます。「戦国時代」をめぐる一般的なイメージは、以下のようにまとめることができるでしょう。

「応仁の乱」によって室町幕府の統治が全国に及ばなくなり、戦乱が全国に波及することで「乱世」を迎えます。また、従来の身分や社会秩序が動揺することにより、「下剋上」の風潮が広がり、実力本位の社会となり、変革の時代となっていきます。こうした「乱世」において、実力を蓄えた「戦国大名」たちが覇権を競い、やがて、織田信長・豊臣秀吉・徳川家康のいわゆる「三英傑」によって天下統一が進められていくことで、「乱世」はしだいに終息していきます。

史実と市民が持つ「戦国時代イメージ」に乖離が生ずることがあるとはいえ、研究者と市民の双方が全く相容れない立場にいるわけではありません。上述のような大まかなイメージについては、その多くを共有していると考えられます。しかし、例えば市民の関心は、武将や大名などのサクセスストーリーや、武勇や知略といったことにまつわるエピソードなど、人物本位のものが多いように見受けられます。他方、研究者は、政治や社会、経済の構造など、より一般的な問題、かつ歴史の推移に着目することが多いように思われます。これが研究者と市民のスタンスの違いであり、研究者が示そうとする史実と、市民が形成していく「戦国時代イメージ」との乖離の要因となると考えられます。

本シンポジウムでは、市民の持つ「戦国時代イメージ」が多様化しつつあることを念頭に置いて、「戦国時代イメージ」の形成に影響を与えていると考えられる研究者、「時代劇メディア」制作者、俳優のそれぞれの立場から、どのような関心をもって「戦国時代」にアプローチをしているのか、また、市民に対して何を伝えようとしているのかについてご報告をいただきます。すなわち、山野井健五氏のご報告では、「戦国時代イメージ」の形成過程と、多様化しつつある現状について分析・考察をしていただき（本書第2編4章）、佐々木倫朗氏のご報告では研究者の立場から（本書第4編10章）、森田順平氏のご報告では俳優の立場から（本書第2編6章）、佐藤峰世氏のご報告では「時代劇メディア」制作者の立場から（本書第2編5章）、それぞれ上記の論点を中心にお話しいただくことで、「戦国時代」に対して共通する理解や視点、あるいは、それぞれの立場により、異なる理解や視点を明らかにしていくことができると考えています。さらには、パネルディスカッションを通じて、市民の持つ「戦国時代イメージ」の多様性と、研究者、「時代劇メディア」制作者、俳優のそれぞれの立場からのアプローチや「戦国時代」に対する理解の違いとの関係性、「戦国時代イメージ」との今後の関係の在り方について一層の議論を深めることを目指したいと思います。

Symposium

シンポジウム「戦国時代イメージを考える——時代劇メディア・学問・市民」パネルディスカッション

◉山野井健五（時代考証学会・東京情報大学非常勤講師）
◉佐々木倫朗（大正大学教授）
◉森田順平（俳優）
◉佐藤峰世（NHKエンタープライズ制作本部ドラマ番組エグゼクティブ・ディレクター）
◉司会　神谷大介（時代考証学会）
＊肩書は、二〇一四年一一月当時のもの

神谷　これからパネルディスカッションを始めたいと思います。今回のシンポジウムですが、「戦国時代イメージを考える——時代劇メディア・学問・市民」をテーマにしまして、市民の持つ戦国時代イメージの形成過程ですとか、戦国イメージの形成に学術研究や「時代劇メディア」が与える影響について分析し、考察を進めていくということを目的に、四名の方にご報告をいただきました。このパネルディスカッションにおきましては、まず、市民の持つ戦国イメージの多様性、それから、研究者、「時代劇メディア」制作者、俳優、それぞれの立場からのアプローチですとか、戦国時代に対する理解の違い、そういった関係性、ギャップといったもの、それから、戦国時代イメージとの今後の関係のあり方について、議論を深めていきたいと思っております。

本日は、さまざまな立場から、さまざまな視点でご報告をいただいたわけですけれども、まず「戦国時代」について確認をしておきたいと思います。一口に戦国時代と言っても、その始まりと終わりをどういうふうに考えていけばいいのかというところがなかなか難しいところかと思いますが、山野井さんのご報告では、一四六七年（応仁元）から一六一六年（元和二）までを対象として、作品をリストアップしていただいたわけですけれども、これは、この時期が戦国時代に当たるというご理解で、時期を絞ったということでよろしいでしょうか。

山野井　最初は応仁元年でいいんですが、終わりのところは、一般的な歴史学の通説で言えば、信長が足利義昭を奉じて上洛したあたり（一五六八年）とかにはなってくるとは思うんですけれども、そうしますと、テレビで戦国時代劇と言われているものが、ほとんど安土桃山時代が中心であるという状況があると思うんですね。ですので、ドラマにおける「戦国もの」というところで、一応家康が死ぬまでというふうに、今回は区切らせていただきました。

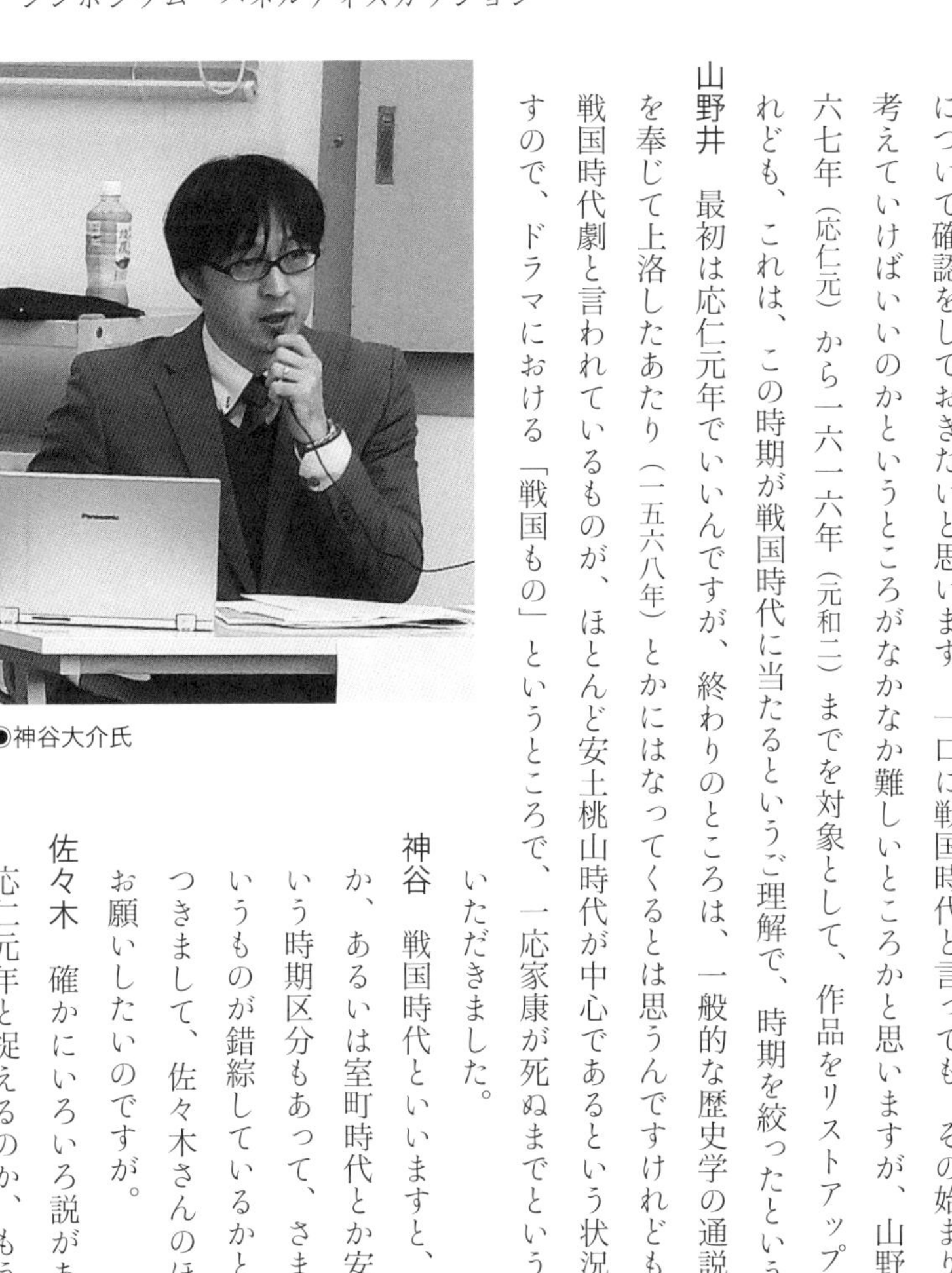

◉神谷大介氏

神谷　戦国時代といいますと、例えば中近世移行期ですとか、あるいは室町時代とか安土桃山時代、織豊期なんていう時期区分もあって、さまざまな時代区分のあり方というものが錯綜しているかと思いますが、そうした点につきまして、佐々木さんのほうから何か補足があれば、お願いしたいのですが。

佐々木　確かにいろいろ説があります。始発のところは、応仁元年と捉えるのか、もう少し……本当に早い人は、

将軍の足利義教が亡くなった嘉吉の変（一四四一年）ぐらいからとか言う人もいるんですけれど、通説的には、やはり応仁の乱ぐらいからということですよね。ただ、どこで戦国時代が終わるのかというと、これは難しくて、実際、先ほど山野井さんの話であった、織田信長が上洛したときも、実は他の地域ではやはりそのまま戦国時代の様子が続いて、争いが続いているわけです。ですので、もう少し引っ張って、秀吉の登場まで戦国時代が続くのだと考える人もいますし、そのくらいを線とするのが多分共通認識になりつつあるのかな、という状況ではないかと思います。最近、学説的に「二重公儀体制」というような議論が出てきて、豊臣氏、豊臣秀頼の権威と、徳川政権というのは併存するんだというような説が、笠谷和比古先生から唱えられていて、今日ちょうど切られていた一六一六年の前ぐらいの、一六一五年までというようなことを唱える先生が出てきています。ただ、広い意味ではやはりこのぐらいを戦国と捉えても、学説的には細かな違いがありますが、いいのではないかなというふうに思います。

神谷　始期はおおよそ応仁の乱ということで共通認識があると

いうことですが、終期、いつを戦国時代の終わりとするのかということでは、やはり学問研究の分野においても、さまざまな考え方、方向があるということかと思います。

それでは、この点を踏まえまして、今回のパネルディスカッションの柱の一つであります、戦国時代の武将イメージについて、考えていきたいと思います。戦国時代、武将イメージに関しましては、山野井さんのご報告の中で丁寧な表で細かい分類をしていただきましたが、戦国時代、武将イメージについて、ある程度広く一般に共有化されているようなイメージ、例えば織田信長・豊臣秀吉・徳川家康といった三英傑中心のイメージ。そういったものがいつごろ重要視され、あるいは作品の中に定着していくのか。全体的な傾向としてどのような画期が求められるのか、またその画期となるような作品というものがあるのではないかと思うんですが、その点に関して、山野井さんからコメントをお願いします。

◉佐々木倫朗氏

山野井　そうですね。画期となるものということですが、この三英傑のテレビドラマ上で画期となるというと、なかなか一概に言いづらいところはあるんです。秀吉なんかですと、最初の一九五三年の『こども太閤記』のころから常に子ども向けのドラマというのがつくられていて、よく知られた存在としてできているというのがありますので、最初から秀吉像というのはあるような気がします。

一方で信長のイメージは、ドラマで一番最初になりますと、一九六一年一月に『若き日の信長』ができますが、

◉山野井健五氏

信長のイメージというのが、この中では何とも言えないこともあります。書く人なりのイメージする信長像が違うと思います。自分ですと、『秀吉』のときの渡哲也の信長というのが一番しっくりきたりとかするので。話を戻しますと、信長、家康の二人に関しては、ちょっとはっきりとしたことは言えないのですが、秀吉から言うと、当初よりイメージというのはできているのではないのかなという気がします。

神谷　描かれる作品の描き方とか、ジャンルというのも非常にさまざまということで、なかなか一概に画期というのを見つけにくい、そういう状況なのかなという感じもいたしますが、逆に、イメージが固定化していくということではなくて、多様化していく、さまざまなイメージで戦国時代なり武将なりが捉えられていく、そういう画期となるような時期というのはいかがでしょうか。

山野井　多様化していく時期としましては、この表を見ていきますと、最初のチャンバラものとかはいろいろな人物が出てくるんですけれども、他のタイトルを見ていきますと、戦国時代は多くの人がいる割には、ドラマになっている人物ってそこまで多くはないんです。その中で限られた人物の語られ方が多様化していっているという状況はあると思います。その多様性というところで言えば、一番大きいのは『戦国ＢＡＳＡＲＡ』みたいな語られ方、現在の多様性というところから考えますと、とくに伊達政宗、『独眼竜政宗』が、多様性を生み出す画期になっていったとも思います。あと、自分の個人的な見解ですが、内容の多様性という意味では

『おんな太閤記』が一九八一年放映ですので、その一九八〇年代に多様化の素地があったのではないのかなというふうに、この表をつくっていた中では認識しています。

神谷　八〇年代を多様化の画期ということで、一つ捉えられるのではないか、というお話でした。プロフィールを確認して気付いたんですが、俳優の森田さんのデビューした年と、制作者の佐藤さんがNHKに入社された年というのが、いずれも一九七七年。一九七七年組ということで、同じ時期にちょうど時代劇制作に携わって、一九八〇年代、一九九〇年代、それから二〇〇〇年代と、現代に至るまで幅広くご活躍されてきたかと思うんですけれども、制作に携わっていく立場の方々として、そういう戦国時代の武将を取り上げた時代劇作品の画期ですとか、大変重要な作品といいますか、例えば森田さんでしたら、ご自身が演じた役、作品以外に戦国時代のイメージ、役づくりにあたって参考になるような、インパクトを受けたような、そういう作品があればお伺いしたいと思います。

◉森田順平氏

森田　自分が出た作品以外でというと、たぶん小学校・中学校あたりに見たものだと思うんですけれども、今パッと思い浮かぶものがあまりないので申し訳ないのですが、何でしょうね。要するに子どものころ、僕らの世代というのは、基本チャンバラ活劇というか、そういうものに興味を持っていた。チャンバラごっこなんていうのが、子ども同士の遊びでいっぱいあったわけで。だから、そういう時代劇、娯楽時代劇をテレビでよくやっていたわけです。ところが、さっきちょっと申し上げたように、戦国時代って、そんなチャンバラごっこというような戦い方みたいなのはないわけだから、やっぱり子ども心にそんなに興味が持てる場所じゃないんです。山野井さんの表を見ているとっても分かりやすいんですけれど、秀吉が主人公になっているのはほとんどコメディ。コメディはかなり早い時代ですよね。時代劇というのがどんどんシリアス化していって、後半はほとんど秀吉が出ていてもシリアスっていうふうになっている、ここの分かれが、何かちょっと面白いかな、という気がするんですよね。

戦国時代をやっていて面白いのは、僕らにしてみれば、着たかった鎧が着られるとか、要するに子どものときに興味があったものができる。馬に乗っかってチャンバラできるとか、そんなようなことが何か面白くて、それぞれの生きざまみたいなものが演じていけるというものがあるんです。これをコメディにしたら、面白い観点というのが生まれてくるのではないかなと思う。また何かトライしてっても、ねえ佐藤さん、思ったりもするんですけれど。こんなにシリアス化しちゃったのかなって、この表を見て、ちょっと思いました。

神谷　演技に携わられてから一九八〇年代以降の動きを見ていく中で、やはりシリアス化していくというような変化が見られてきたということだと思うのですが、そういう一九八〇年代以降の時期を考えますと、やはり、山野井さんも挙げられていました、伊達政宗という、仙台、地方で権力基盤を持った大名の存在というものが注目されてきた。また、女性の社会進出というのが、社会状況として大きな流れの中で出てきた時期でもあるかと思うんです。バブル経済、バブルの崩壊、長引く平成不況というような時代の大きな流れ、変化というものが、一九八〇年代以降、現在に至るまであると思うんです。そういった時代状況の変化というものを踏まえて、時代劇制作側が、そういった変化をどのような形で作品に生かしているのか、そういった変化を作品に生かすという中で、特に一九八〇年代以降の大きな変化、その画期となるような作品ですとか、そういうものがありましたら、佐藤さんのほうからお話をいただければと思うんですが、いかがでしょう。

佐藤　すいません。どこがどういうポイントになっているか、私は、本当よく分かんないです。ただ、今までの話の流れで、私は発言したいことがあります。それは、戦国期というものがいつから始まったかということ。歴史のほうではそれは当然成立しているんだろうと思うんです。だけど、私のイメージの世界では、鎌倉幕府、平家が登場したときから、ずっと四〇〇年間なり五〇〇年間、日本人は戦争ばっかりしてたんだね、と思います。それは、歴史の人とはちょっと違うんですね。と申しますのは、天文学というのはその間全く進歩してないんです、日本の歴史の中で。暦は全く進歩してないんです。やる余裕がなかったんです。徳川期になってから暦はどうのこうのというふうになるんです。ですから、先ほどちょっと申し上げましたが、お百姓さんは何を頼りにやったかというと、山の雪が馬の形になったら種まきをするんだ。要するに農事暦というようなのは、毎年のことですから経験的に分かる。だけど、お祭りの日ってどうやって決めたの、どういうふうにやったのかなというのはよく分かんなかったりするんです。ちょっと置いときまして、歴史の区分からいくと違うんでしょうけれど、私のイメージで言うと、平家が登場して源氏と平氏の争いがあったときから、ずっと戦争しているように思います。ちょっと平和な時代があった、でもその平和な時

◉佐藤峰世氏

代、日本の鎌倉・室町期に日本の文化の基本的なものが形成されたんじゃないかというふうに言われているんですが、そのことで、歴史とはなかなか難しいもんだなと思ったりしています。

それから一九八〇年代の、二つ目のことですね。難しい。正直言って担当者でもよく分かりません、本当に全くわかりません。ただ、バブルのときに、私ももう映像制作の現場にいましたので、バブルとは思いませんでしたけれど、すごいな、お金がガンガン動いているなという感じはしていました。

あと、今までの流れで申し上げますと、黒沢明さんですよ。圧倒的に黒沢明さん。『七人の侍』。それから、外国で賞を取った、ちょっと時代は古いんですが、『羅生門』。それから、戦前で言うと溝口健二さんの『忠臣蔵』です。もうともかくオープンセットも、江戸城の白書院の前の庭を実寸でお造りになったっていうんですから、腰抜かしちゃいますよね。あれを実寸で造ってワンカットで撮る。今のわれわれにとっては、もう気が遠くなるような話です。

それから、もう一つだけ言わせてください。戦前、あるいは戦後、高度成長が始まる、オリンピックが始まる前までは、日本の農村に行くと時代劇が平気で撮れたんです。本当に撮れたんです。道は舗装してありませんん。瓦の屋根はありましたけど、比較的少なかったです。場所を選べば茅葺の屋根だけで撮れたんです。田んぼは、田中角栄さんが出る前ですから列島改造されていません。これはすごく大きいと思います。カメラと照明と俳優さんが行けば、そこで撮れたんですよ、時代劇ワールドが。ところが今、全部作らなくちゃならないんです。お金掛かるはずですね。

参加者A　庄内映画村（山形県鶴岡市）は？

佐藤　庄内映画村がありますね。でも、あそこ冬閉鎖なんです。雪が深くて。

神谷　農村の風景がなくなってしまうという、大きな時代の変化というのがそこに表れてきているわけですよね。そういう時代の変化に伴って、時代劇作品を創る環境というのも大きく変わってしまっている、そういう大変興味深い事例だったと思います。佐藤さんの報告の後半で、これからの時代劇作品を創っていくにあたって、こういう作品を自分は戦国時代に関して撮っていくんだというようなお話をされていたかと思うんですが、それにつきまして、ここで改めてお話しいただければと思います。

佐藤　ありがとうございます。でもそれは企業秘密だから、あまりしゃべらないんです、こういうことやるとか。NHKの私の先輩たちがテレビジョンというのを始めたときに、深くやれ、掘り下げてものは作れ、とお考えになって始めているわけですね。深く考えるというのは、本当にできないんです。というのは、次から次とやっていかなくちゃならないんです。そんなことがあります。広く浅くになりがちです。

でも、今考えているのは、戦国期、先ほど私は、義理人情という射程がもう射程の中に入らないんじゃないかというふうに申し上げましたらば、その後、先生のほうから「義理人情も射程に入るんじゃないか」というお言葉をいただきました。いまいちどういうことなのか正確に認識してないんですが、つまり私の中では、儒教というものの教えがないと義理、義というのが成立しないんじゃないかなというふうに単純に考えているわけで、実はその前から儒教があるから、そういうことも成立するのかなというふうに思ったり、なんか非常に、今日この会に参加してちょっとぐらぐらしています。それで、何をやろうとしているかというと、「木曜時代劇」という枠なので、政治劇をやっても多分合わないだろうと思います。ホームドラマ、人情、人から受けた恩は返るんだみたいな、どうしても何かそこへ入って行かざるを得ないような気がしています。一つ、こういうふうなことは成立するのかなと思っています。戦国大名は領地替えというのがあるんです。佐々木先生がお話しされました佐竹氏も、北茨城から秋田へポンと行かされちゃうんですよ。殿様はいいかもしれないけど、それを支えている家臣団の苦労を思うと……素直に、（殿様が）行くといったら「じゃあ私も殿に付いて行きます」ということになったんでしょうが、どういうことがあったのかなというようなことを思っちゃいます。

参加者Ｂ　全部置いて行きました。

佐藤　全部置いて行ったんですか。

参加者Ｃ　うちの先祖は、付いて行きました。

佐藤　付いて行ったの。

参加者Ｂ　うちも付いて行きました。

佐藤　付いて行くんですね。付いて行くんですけど、そのメンタリティーってどうだったのかな。つまり私が申し上げたいのは、御先祖様、そこは自分の家の本貫の地なわけです。そこにひょっとするとおじいちゃんやお父さんのお墓があったりするんです。位牌だけ持っていってよしとしたのか、どういうことなのかなというようなことを考えています。領地替えの話をちょっとやろうかと思っていて。そこで先ほどありましたように、主君の言うとおり従って行く。みんなそのとおり行くしかないんですが、その家臣団の中には、本貫の地に思いを残した人もいるんじゃないだろうかというようなことを、ちょっとやってみようかなという。

柱を三つ作っているんです。その本貫の地、それから、「かぶく」というところをちょっと出していこうかなというふうに思っているのと、ホームドラマというようなことでやろうかなと思っています。今日はちょっとうれしいです。義理人情も射程に入るんじゃないかというお話をお伺いできたので、大変うれしく思っています。

神谷　今、佐藤さんのお話の中で、領地替えに伴う家臣団の苦労ですとか、今フロアのほうからも領地替えに伴ういろいろな反応があるんだというご発言がありました。この点に関しまして、研究者のお立場から、佐々木さんからもコメントをいただければと思うんですが。

佐々木　これは本当にいろんな対応があると思うんですが、ただ言えるのは、佐竹の話が出ましたので佐竹の話をしますと、佐竹の場合は本当に急に、関ヶ原の戦いが終わった二年後にいきなり転封になるんです。ですので、非常にびっくりするようなんですが、やっぱりそれで佐竹としては、秋田に行くときに、いくら禄高をもらえるか分からないような状況がありまして、あまり連れていけないというようなことで、家臣団に「来なくてもいいぞ」というようなことも出すんです。けれども、やはり付いて行くという者も多くて、かなり秋田に行く者は多いです。ただ、完全にそれまで住んでいた屋敷とか所領から離れていくというのは、やはりなかったわけなんです。多分、完全に行く場合もあるんでしょうが、ほとんどは多分一族なりを残していくかを残していくというようなことがあるようなんです。実際、佐竹の例じゃないですが、松江で仕事をしていたときに、江戸時代の家老の家の資料を見せてもらうことがありまして。それを見ますと、伊勢の、三重県から大橋茂右衛門という家が出てきて、福島正則に仕官したりとかしながら、最終的には松江松平家に仕官して家老になるんですが、その中で、実はずっと出身地の三重県とやりとりがあったというんです。初代の茂右衛門のお兄さんが三重県に残っていて、ずっと茂右衛門の屋敷地を守ってくれるんです。それが実はずっと江戸時代末期まで続くということが、史料で出てきて、身分的にはお兄さんの家というのは百姓なわけですが、ずっと交流を続けている。かたや先祖伝来の土地を守り、弟は立身出世を目指して家を出て、五千石ぐらいの家老になっているんですけれども、それで家が残り続けるとか、本当にいろいろな例があって。ただ言えるのは、先祖伝来の土地を守るという感覚があって、何らかの形で関わり続けるということはあるんです。完全に去るというのはなかなか。「家中大名化」する前はないです。

佐藤　鎌倉時代から始まっているんですよね、元はね。

佐々木　鎌倉時代から始まっている場合もありますし、それより前からもあるんですよ。

佐藤　鹿児島の島津家なんていうのは、いろんな家風が残っていますよね。男尊女卑だとか。あれなんかは、関東の風習がそのまま残っちゃったのでしょうか。

佐々木　鎌倉・関東からそのまま移住する場合は、けっこう風習は残っていますよね。

佐藤　毛利なんかもそうでしょう。神奈川県の厚木の毛利から広島へ行ったから。あれもやっぱり残っているんですよね、風習が。

佐々木　そうですね。佐竹なんかも鎌倉時代の前から茨城にいますから、相当根強く残っていますよね。

神谷　それでは次に、時代考証が果たす役割に関しまして、「時代劇メディア」と史実との差異、ギャップの話に議論を進めていきたいというふうに思います。研究者の立場として、また一人の受容者として「時代劇メディア」を見る、受容するときに、史実との違いについて感じるギャップというのが研究者にはあるんじゃないかというふうに思うわけです。そういったギャップを、どのようなときに感じることがあるんでしょうか。研究者のお立場から、まず山野井さんからお答えいただきたいと思います。

山野井　そうですね。自分の研究は京都の町とか、室町から戦国の前半あたりの畿内の流通とか経済とかが専門なんですが、やっぱり街並みですね。とくにそういう経済、材木とかそういったものの流通などを中心にやっているものですから、街並みとかを見ると「そんなきれいじゃないだろう」とか、そういったところですよね。けれど、基本的に別ものだと、分けて考えています。

神谷　逆に、学術成果が作品に反映されているなと感じるようなことというのはあるんですか。描き方がある時期を境に学術の進展を反映して、作品の読み方が変わってきたと。そういうようなことを感じるようなご経験というのはありますでしょうか。

山野井　最近ですと、『平清盛』の王家の話ですとかはやっぱり生かされているというか、違和感はあるけれど、けっこう史料を読み込んでいる部分が印象に残ったように思います。

神谷　学術の成果と「時代劇メディア」というのは、お互いに影響を与えながらも、基本的に別のものということで。

山野井　そうですね。ただ、それがどうやってその作品の中に生かしていけ、言わば作り手の方々にとってその学術的な成果がどう繋がるのかというところが考証だとは思うんですけれども。

神谷　そういった両者をつなぐ媒介項として時代考証学というものがあるんだ、ということですよね。

山野井　そういう認識ですね。

神谷　では、続きまして佐々木さんから一言お願いします。

佐々木　実は私も時代劇ファンでして、ちょうどたまたまケーブルテレビに入っていて、時代劇チャンネルがつくんです。今ちょうど、森田さんも出演されていた『徳川家康』、滝田栄さんが出ていた『徳川家康』をやっていまして、大体それが深夜一二時ぐらいから始まって、寝ようかなという前にやっていて、酒飲みながら見て寝るんですが、実はそれを見て、やっぱり何ていうか、説得力があるドラマであればいいんじゃないかなというような感じがするんです。あれを見ていると、多分山岡荘八さんの原作が相当練り込まれているということもあると思うんですが、やっぱりドラマに説得力があるんです。引きつけられるものがあって、何か自分が忘れていたものを思い出させるというか、仲良くかみさんと見ているんですけれども。やっぱり何か引きつける、時代劇のなかのドラマがそこできちんと成立しているんであったら、多少のことは、恐らくは研究者であってもこだわらないですね。

ですんで、やっぱりドラマが中心にあるべきなんじゃないかなというのは、一番思うところですね。どんなドラマでも、やっぱり奇をてらってみても、ドラマが成立してないと面白くないと、何となく思います。あと、新説なんかを取り入れているなというふうには思います。例えば、『天と地と』ででしたっけ、上杉謙信が出陣前に春日山城のある場所に籠って拝むというのは、見ていて「ちゃんと調べていたな」という感じはするんですが、ただ、逆にこだわり過ぎて、それでドラマがばらばらになってしまうのもどうなのかと。あまり研究者みたいな意見じゃないですが、それは非常に思うところなんです。ですので、そこはトータルとしてドラマを成立させるように、何か選択しなきゃいけなくて。ただ、やっぱり正しい認識を持ってもらうためには、研究者の側もきちんと間違いは指摘し、新説が加わった後、今度は言わなきゃいけないんですが、やはり娯楽として成立するとしたら、やっぱりそこは我慢せざるを得ない部分もないわけではなくて、でもやはりいいものを作ってもらう、いい知識を持ってもらうためには、こちら側も協力していくという姿勢は持たなきゃいけないなというふうに思っています。

神谷　では、研究者側の視点を受けまして、史実と創作とのギャップ、ズレというものを前提として、演じる側、制作する側は、どのように史実の取捨選択を行っているのかということについて、お伺いしていきたいと思います。学術成果の取り入れをどういう形で行っているのか、森田さんのお話の中では、本を一冊読むというようなお話をされましたけれども、ご自身で本を選ぶ場合、どういったものを選んでいるのか。例えば、学術性の高いものなのか、一般的に受け入れられているような、イメージが分かりやすい、そういう本なのかということですとか、あとは演じる際に、例えばお話の中で所作や言葉遣いについて、どういう言葉遣いにするのかというところで、あまりリアルにやり過ぎると視聴者に伝わらないという問題をご指摘されて、バランスが難しいということをおっしゃっていただきましたが、そういった演技をする上で、史実と創作、バランスを取る上で最も難しかったこと、そうしたことがあるようでしたら併せてお教えいただければと思うんですが。

森田　役者の場合は、とにかくその人物が「どういうふうに生きたか」ということを大事にしたいと思うんで、そのための参考であれば何でも欲しいんです。ありとあらゆるものを、知識というか、自分の体の中にたたき込んでおいて、その中から使えるものだけちょっと使えばいい。全部を説明したって、まずそういうシチュエーションというのはきっとないと思うし。だから、さっき本を一冊と言いましたけれど、本当にちょっとした一面でも、何かヒントになるもので、もうそれでいい。だから、どっちかというと読みやすい本を選びます。もちろんちゃんとしたいわゆる人物伝みたいなのも読む場合もありますが。例えば僕は、デビューの時の沖田総司をやるときには、早乙女貢さんの『沖田総司』を読みました。これは上下巻あったんですが、非常に面白くて、でも調べるだけ調べられていて、後に早乙女先生とお会いしたときにその話をしたら、すごく喜んでくださって。あれは「娯楽史」として早乙女さんが書かれたようですが、でもすごく事実要素がきちんとあって、そういうところから早乙女さんが、「総司はこうしただろうな」という思いが書かれているので、その中にくみ取るものがいっぱいできていて、そういうことから僕なりの沖田総司像ができたかなという気がしましたね。だから、そういうふうに、読む本の中から自分のプランに合ったものを持ち込んでいければいい。

　さっきも申し上げましたように、例えば大石先生から教わった酒井忠次のえび踊りであるとかいうところは、えび踊りがどんなものだったかは分からないんですよね。これは見たいなと思うんですけれど。でも河尻秀隆のひょっとこ踊りにしたって、振り付けの猿若清三郎先生と二人で考えたんですよ、どんなのにしようかと。あの時代はこんな所作だっただろうと。猿若先生も「これはナンバを使おう」とか、いろいろ工夫をしてつくり上げた。もしまたえび踊りをやるんだったら、こんなこともあっただろう、当時の所作はこんなだったかなとか、いろいろ考えて作るのが楽しいんです。いろいろそんなふうに、役者は自分の役をうんと掘り下げたいんですよ、狭く、深く。さっき佐藤さんがおっしゃった「広く、浅く」、これは演出家ですから、演出家はあんまり掘り下げると困るんですよね。役者は自分の役を掘り下げます、深く深く。その深く掘り下げるために、いっぱい史実を知りたいんですね。特にエピソード。みんなわりとふっと通り過ぎてしまうようなエピソードに、ちょっと引っ掛かっておきたいかなというようなことが多々あります。

神谷　演じる上での、やはり時代考証の重要性といったご指摘をいただいたのかな、というふうに解釈いたしました。それでは、続きまして佐藤さんのほうから、史実をいかに取捨選択して作品に反映させているのかという点について、よろしくお願いします。

佐藤　歴史学以外にも、時代劇は専門的な先生の知恵をお借りして、ご教授をいただいて作っています。建築考証という枠がございます。日本の建物が、住居がどういうふうに変わってきているのか。昭和女子大の平井聖先生という方がいらっしゃいます。この先生に言われたのをよく覚えています。「江戸城の白書院の造りがどうなっていたかというのは、大工さんが作った図面に残っています。これ見てください。こうなっていました」。「掛け軸は、通常はこういう軸が掛かっています」。記録が残っているんだそうです。「あなたね、勉強できるものは全部勉強してください。その上で、お金がないんでしょうからできないでしょう。この軸は本物を掛けろといったって掛けられないんですから、うそでいいです。でも、こうだったということは一応皆さん勉強してください」と言われちゃったんです。そんな、先生、時間ございませんよ、堪忍してくださいよって言いたかったんですけれども、先生がおっしゃろうとしたことは「お金の問題じゃないんだ。勉強はしなきゃ駄目だ。それでどこまでできるかというのは、現実の問題としては幾つかのハードルがあるでしょう。でも、その手前で止まっていることもあるでしょう」と言われた記憶があります。

それで、大石先生がしょっちゅう言うんですが、実は歴史学、考証の世界も基本的には同じことなんです。江戸期というものを、今の私たちの主観を入れずに描こうとすれば、できなくはないと思います。長屋で、自分もお芝居をやるときに、われわれは、熊さん八っつぁんが出てきて落語の世界の延長を、そこにお侍さんが、浪人がいて、その話が全部浪人さんに集まるようにつくっちゃうんです。

ところがそうじゃなくて、違う小説もありますね。長屋に住んでいるのがみんな悪い奴ばっかりで。もちろん話がありますから、史実どおりというふうにはいかないんでしょうが、長屋のこれが実際の生活だったということ、そのコンセプトとしては、今の私たちの、現代を生きている私たちと考え方がこんなに違ったんだよということを表現するためだけの番組だったらば、できるんじゃないかと思います。できると思います。ですが、娯楽作品には、娯楽作品にするための意図、意志、目的があるんです。私は、そういうと、本当にもう悪いことばっかりしてきました。『利家とまつ』という作品で、小田原攻めのときにまつが小田原城へ現れるんですもんね。やりました（笑）。それは、まつは当然のことに来るわけがない。それから、清州会議のときに利家が出席してないんです。襖の陰で聞いているというのをやりました。結構それはそれなりに、娯楽性と史実性みたいな対比的なことでよく言われますけど、そうじゃないと思います。もう確信犯なんです、最初から。そのことに関しては「先生、目をつぶってください」と言って、目をつぶってくださる先生とくださらない先生がいます。「駄目です。降ります」という先生もいらっしゃいます。

神谷　本当にまだまだ議論し尽せない、いろいろな論点があるのですが、いかんせんお時間のほうが迫ってきております。最後に、ご報告いただきました皆さまに、戦国時代と武将イメージの多様化という現状、エンターテインメント性が重視されてきて、史実をあえて無視するような作品、このように作品が多様化していく中で、それぞれの立場で考える「時代劇メディア」の形、戦国時代の武将のイメージの描かれ方について思うところを一言ずつご発言いただければというふうに思います。

山野井　そうですね。時代劇が多様化していくなかで、やっぱり過去を扱う、戦国時代を扱うということで、もちろん研究をしている人の持つイメージというのはあるわけですが、研究者側では先人がやってきた豊富な研究蓄積があるわけです。そういった成果が、ドラマや「時代劇メディア」の中で考証によって作品がうまく広がるということができたら、それは理想だと思います。時代考証学会の仙台のフォーラムで吉村芳之さんという演出の方が登壇して「共犯者になってください」と言ってたんです。共犯者と言ったらちょっとあれですけれども、研究成果だったり蓄積というものが、そういったメディアを通じて広がっていくきっかけになればいいなと。そういうふうになって、より今の多様化というものが、多様化していったらいいな、という感じがします。

佐々木　これは、私が大正大学に行くようになってから思うところなんですが、学生たちと授業をやるようになって、学生と対話するわけなんですけれども、痛感するのは、自分が学生だったころとかに比べると、やっぱり日本の文化全体とか歴史に関する全体の知識というのが相当落ちているなというのを感じるんです。もちろん、私がこういう職業を選ぼうというふうに思う人間なので、特殊だったのかもしれないんですが、多分テレビを見ていても、昔だったらインターネットなんかないのでテレビとかですね、その中で時代劇はそこそこの数があって、そこで「この後何が来るんだろう」とかいうのは、実は勉強しなくても知っていたというのは、結構あるわけですよね。それがどうも絶対的に減ってきてしまっていて、「自分は歴史好きで歴史学に来ました」と言いながら、そんなことも知らないのかなというようなことが非常に多いんです。それを思うと、やはりなるべく多く接する機会を与えなきゃいけないのかなというか、それが必要なのかなというのを、本当痛感しています。そう思うと、裾野を広げるというようなことは今後考えていかなきゃいけなくて、そういう意味で、一つでも二つでもいろんな時代劇がテレビで見られて、あるいは、いろんなものが読まれているというのが一番望ましいのかなと思うんです。

ですが、なかなかそれが、恐らく厳しい状況が続いていくので、実は、今日の佐藤さんのテーマじゃないですが、前途を憂えているところなんです。それがあって今回の話を受けさせていただいたんですけれども、それを思うと、やっぱり数多く「時代劇メディア」があったほうがいいと思いますし、やっていかなきゃいけない。でも、それもある程度の妥協点、あまりにも確信犯が、質の悪い確信犯ではいけないと思うんです。裾野を広げるためにも、どんどんそういうところが流行に乗るぐらいのレベルの数を、大衆的な人気を得られるようなものをつくっていかなきゃいけないというふうにも思いますし、ただ、それがあまりにも劣悪なものであってもしょうがないのかなとも思います。ゲームの『戦国ＢＡＳＡＲＡ』などは衝撃的だったんですが、若い人の人気は非常に強くて、入学生のほとんどがそれをやっているという状況が続くと、否定もし難いなと思うんです。ただ、劣悪過ぎてもいけないので、その妥協点を探しながら、やっぱり日本史ですから、日本の文化を実践することの多い状況というのを作るためにも、「時代劇メディア」には頑張ってほしいなと。それを協力していくのも、自分の研究者としての責任も少しあるのかなというふうに思っているところです。

森田　ゲームの話なんかも出ましたけれど、本当にゲームの世界は戦国武将が格好よく描かれて、すべてがヒーローみたいな形で戦っていくような、そういうものを若者たちは好んでいる。必ずその戦いに決着がつき、誰かが死ぬという、その部分がやたら強調されている感じがするんです。確かに、戦国時代ってそういうことであるんだけれども、でも、僕は一役者としてやっぱり興味があるのは、今、佐藤さんの国替えの話なんかもありましたが、これは『功名が辻』でも随分そういうことが描かれていたわけで、そのときは山内一豊という、言ってみればそんな上級武士ではないところというか、有名な侍じゃないところにスポットを当てて、それがどんどん昇格していくことを描いたんで、本当に生活のレベルのところが描かれていたと思うんです。例えば、それよりも下の足軽レベルなんて一体どうなっていたんだろうな、というふうなところで、そういう人たちがどうやってその戦国時代を生きたんだろうか、みたいなところがもし何かの形で演じられたりしたら面白いかなと思います。それも、それこそこういう時代考証がなければ絶対できないような。こんなこともあったかもしれないというところに、考証の要素が入り込んでいくような。そういう、何か想像して、タイムマシンじゃ行けないのでね。本当にもう、人間が日本という国を作るためにどうやって生きていたのかというようなところが、もっと描ければ面白いな、そういうのをやれたらいいな、なんていうようなことも感じますね。そんなふうに思っております。

佐藤　きょうは、私の話、あっちゃこっちゃして申し訳ございませんでした。理由は、フロアに私の先輩が一人いるんです。この先輩には私はいじめられ、育てられました。本当に育てられた方がそこにいらっしゃるんです。非常に緊張して、話があっちこっちいっちゃった。いつももうちょっと分かりやすく話しています（笑）。

今、最後に私が思いますのは分かりやすさ、こうやると分かりやすく伝えられる。それは、入ったときから言われているんです。「何を、そんな抽象的なこと考えてるんだよ。おまえの考えることは観念的過ぎる」、ずっと言われています。もっと具体的に、分かりやすく提示しなければ駄目だということを言われてきました。そのようにやってきました。ここで思いますのは、分かりやすく伝えるということは、短い間に大筋、主語が誰で、どこで、いつ、これだけしか伝えないのに何したかってね。徳川をやっつけたとか、信長をやっつけたとか、それしか伝えられないんだよって。だから、分かりやすさを追求してきたら本日の話の主題になっちゃったという意識があるんです。この分かりやすさを追求するというのはどこまでも続いちゃうと思います。笑いというのは落語でもそうですが、状況が分かってないと笑えないんです。ここは笑っていいところなんだという大前提がないと笑えないんです。つまり、分かりやすさを追求していくというのが今だろうと思います。じゃあ何を分かりやすくやっているの、何を伝えるのかというところが、それぞれ違うんですけれど、方法を分かりやすく伝えることによって何を伝えるのかというところが曖昧になってしまう可能性がもはや出てきているんじゃないか、という感じに思っております。私もサラリーマンですから、毎日タイムカードを押しているわけですね。ああ、奉職というのはこういうことのためだと、六〇過ぎてよく分かりました。自分の時間を売っていると。自分なりにやりたいことがあると、なかなかそのことができないんです。何か人生すごく損しているな、やっぱり自分は深く掘り下げる人生を選ぶべきだったんじゃないかなというふうに思っています。大変失礼しました。

神谷　ありがとうございました。それでは、貴重なお話をいただきました、四名の報告者のかたがたに、盛大な拍手をよろしくお願いいたします。

第3編　三英傑イメージの変遷

7 織田信長イメージの現在

◉橋本　章

はじめに――「破壊の英雄」織田信長

織田信長という人物の名を聞いた時に、現代の人びとが抱く印象はどんなものであろうか。「斬新」「果断」「苛烈」「先進」など、我々が織田信長の生涯に思いを馳せる時、そこには信長の波乱万丈の生涯をイメージする数々の言葉が浮かんでくる。

信長は永禄三年（一五六〇）の桶狭間の戦いで、当時海道一の弓取りと讃えられた今川義元を討ち果たして一躍その名を挙げ、斎藤氏が治める隣国美濃を攻略し、永禄一一年（一五六八）には足利義昭を奉じて上洛を果たして政治の中心に躍り出た。そして姉川合戦や比叡山焼き討ち、一〇年に及ぶ石山本願寺との戦いなど、敵対する勢力との抗争を経つつ、やがて確執を生じた将軍義昭を京都から追放して室町幕府を実質的に滅亡させた。その後も武田氏や毛利氏ら戦国大名との戦いを繰り広げながら、天下統一事業を推進していった。そうした信長の軌跡からは、時代を転換させる胆力を持った強靭な人物とのイメージが想起されてきた。

また楽市楽座や関所の撤廃といった当時としては大胆な経済政策や、安土城築城にみられる奇抜な建築センス、

写真1　織田信長像（江戸末～明治時代　京都府蔵）
信長の葬儀に際して、秀吉によって大徳寺総見院に納められた木造を模写したもの。

そして長篠の合戦で用いられたとされる鉄砲の戦術など、多くの人びとが知る信長にまつわるエピソードには、斬新な発想によって世の革新を進める英雄的側面が看取されてきた。実際、近年の信長に対する言葉としては「革命児」や「革新者」という表現が比較的よく用いられてきたように思われる。そのほかにも織田信長は、その颯爽たる生き様から現代でも「風雲児」などと称揚され、戦国乱世を駆け抜け本能寺の変で悲劇的な最期を迎える波乱に満ちた生涯は、今も多くの日本人を魅了している。

信長に対するこうした評価は、近年の歴史研究の専門家からも提示されてきた。戦国時代史の研究者として数多くの著作を残してきた桑田忠親は、信長を「破壊の英雄」と呼んでいる。桑田は「信長は、乱世を統一すると同時に、新秩序による国家社会の建設を画策していた。その画策のために、旧時代のあらゆる偶像を破壊したのであった」として、その強力さと迅速さを特筆すると共に「破壊の英雄信長の出現は、やはり日本史上の一大偉観だった」と述べている〔桑田一九六四：一四六頁〕。また同じく戦国史の研究者であった高柳光寿は、織田信長を「日本の社会革命の主人公」と評している〔高柳一九五八：二八八頁〕。桑田や高柳の見解は、戦後の信長像の確定に少なからず影響を及ぼした。しかし、織田信長が時代の革新者であるというイメージは、彼の死後直ちに定着したものではない。

天正一〇年（一五八二）に本能寺の変で信長が明智光秀に討たれてこの世を去った後、秀吉の時代から徳川幕府へと天下の趨勢は移り、その後江戸幕府による二五〇余年に及ぶ治世を経て、明治維新から大正昭和と時代は変転し、現在に至るまで四三〇年以上もの年月が流れているが、この間、織田信長という人物の事績は忘却されることなく語られてはきた。しかし、その評価は必ずしも同じではなかった。時々の価値観や時代背景の影響を受けて歴史上の人物に対する解釈には応分の変化がもたらされるが、それは織田信長とても例外ではなかった。またそうした変遷の過程を経て、現在の信長像が構築されてもいるのである。

そこで以下本論では、各時代における織田信長のイメージについて検証し、その変化の道程を探ると共に、現在我々が概ね共有している信長像成立の背景について検討してゆきたいと思う。

一、信長の勤王家というイメージと上洛

織田信長の生涯を彩る数々の事績の中で、最も特筆されるものの一つが永禄一一年（一五六八）の足利義昭を奉じての上洛であろう。この年の九月七日に上洛軍を進発させた信長は、途中近江で六角承禎の勢力を退けると、二六日には早くも京都の東福寺に入った。それまで室町幕府の実権を握っていた三好勢は、信長に対して各所で抵抗を試みるが織田の軍勢に圧倒されて敗退を重ね、間もなく京都は信長が制圧するところとなった。そして一〇月一八日には義昭が征夷大将軍となり、室町幕府は信長の武力を背景にようやく秩序を回復させたのである。

この出来事は日本の歴史上における大きなインパクトとして広く知られている。歴史研究の分野からも、この出来事は象徴的に捉えられてきた。戦前には、渡邊世祐が「安土時代と区分する時期の初めは何時に在るかと云

ふと、これ信長が永禄一一年九月に足利義昭を奉じて上洛した時を以て初めとすると云ふことが一般に信じられて居ります」と述べるように〔渡邊一九一五：二八頁〕、新しい時代の始まりと位置付けられてきた。戦後になってからでも、例えば朝尾直弘は、信長が天下布武のスローガンを掲げて京都に入ったこの年を日本の近世の幕開けと位置付けている〔朝尾一九九一：七頁〕。

この上洛は、それまで地方の一有力大名に過ぎなかった信長が、政治の中枢に座った画期的なものであり、彼の生涯のみならずその後の日本の歴史の行方をも左右した重大事件であった。多くの人びとの口の端に上った信長上洛という出来事は、しかし、その語られた時代によって解釈が変転するという興味深い展開を見せる。

信長が足利義昭を奉じて上洛した当時の状況を記した史料には、信長軍の襲来が都の人びとにとって恐怖として受け止められていた様子が見受けられる。信長上洛の雰囲気をよく伝える同時代の史料としてしばしば引用される山科言継の日記『言継卿記』では、近江の諸城を攻略しながら都に近づく信長の軍勢に対して、「京中邊土搔動也」と人びとが恐れおののいている様子が書き連ねられている。(1)こうした言継の言動は彼が旧政権側の関係者として振舞っていたからであるとの指摘もあるが、信長の上洛によって守旧派の勢力がパニックに陥っていた事は間違いがない。

しかし足利義昭が将軍職を受け、幕府による秩序の回復が図られることが伝わると、洛中の混乱は次第に収束していった。太田牛一が記した『信長公記』からは、京都に入った信長が事態を鎮静化させていった様子がうかがえる。(2)また、後に敵対する足利義昭の側からの記録である『義昭興廃記』にも、義昭が将軍宣下を受け天下静謐が成ったことについて信長の功績を讃える記載がみられる。(3)ただ信長の上洛が旧勢力側にとっては恐怖であったとの伝承は江戸時代を通じて語り継がれたようで、上野舘林藩士の岡谷繁実が幕末に執筆した『名将言行録』

には、都に近づく信長の武威を恐れて人びとが逃げ惑った様子が活写されている。

さて、この『名将言行録』には、上洛に際しての信長の本意は天皇を助けて天下を治めることにあったとの記載がある。(4) 同書の著された幕末は勤王思想が隆盛した時期であり、その影響は信長上洛という事象の解釈にも新たな視点を与える事になった。さらに明治時代になると、足利義昭を奉じて上洛した信長は室町幕府を再興させたが、その行動の背景には、皇室を奉戴する思想があったとの解釈が通説となってゆく。上洛後の信長は、御所の修築や禁裏御領の復興を行なうなどして朝廷への忠節を尽くしているが、こうした行為は明治維新以降さらに注目されてゆく。

そして、信長の勤王家としての側面は、研究者の提示する解釈によって補強されてゆく。国史学者の田中義成は、戦前のテキストにおいて安土桃山時代の発端を講じる際、実は信長は室町幕府を見限っており、皇室を戴いて号令しなければこの国の統一は成らないという構想を持っていたのではないかとの見解を述べている〔田中一九一五：一〇六頁〕。また、信長の発給文書の詳細な研究で知られる奥野高廣は、信長が上洛後に足利義昭から管領など幕府の役職への就任を打診されるもこれを固辞した理由について、「信長は、幕府を否定するものであるから、幕府の吏員にはならなかつた」と述べて〔奥野一九四四：五四頁〕、信長の皇室への忠誠心を喧伝している。田中や奥野の見解のように、当時の日本歴史学の研究者による織田信長上洛に対する評価は、概ね信長の真の目的が天皇を中心とした国家体制の再興にあったとする見解で占められていた。近代以降の皇国史観全盛の社会情勢下では、皇室への尊崇の多寡を基軸とした歴史事象の解釈は至極正当なものであった。こうして、織田信長が勤王家であったという解釈は、当時の歴史研究者達の発言によっても裏付けられていった。

一方、近代以降の民間における信長のイメージにも、勤王家としての位置付けが次第に反映されてゆくように

写真2　「千百年紀念祭時代風俗行列」石井行昌撮影写真資料（京都府立京都学・歴彩館「京の記憶アーカイブ」より）
明治28年（1895）に行われた織田公上洛列の様子。先頭を行く馬上の烏帽子狩衣姿の人物が立入宗継役。

なる。その象徴的な事例を京都で毎年催される時代祭の行列に見ることができる。時代祭は、平安建都千百年紀念祭の祝賀行列として明治二八年（一八九五）に一〇月に催された時代風俗行列をその嚆矢とする。当時、京都では第四回内国勧業博覧会が開催され、その年の一〇月二五日には時代風俗行列が京都市中を巡った。この時代風俗行列は第一列が「延暦文官参朝ノ事」、第二列が「延暦武官出陣ノ事」、第三列が「藤原文官参朝ノ事」、第四列が「城南流鏑馬ノ事」、そして第五列「織田公入洛ノ事」で、最後の第六列が「徳川城使上洛ノ事」の六列によって構成されていた。このうち第五列の織田公上洛列は、信長の上洛と朝廷とを結ぶひとつの物語を下敷きにして構成された。それは、応仁の乱によって荒廃した京都を救うため、時の正親町天皇が当時禁裏御倉職を勤めていた立入左京亮宗継に命じて織田信長を上洛させたというものであった。

御倉職とは、天皇や院あるいは幕府の財務管理をその職分としたもので、天皇側の財務に携わる職は禁裏御倉職と呼ばれ、金銭や年貢米の出納のほか御物の保管なども担った。立入氏は室町幕府奉行人の松田氏の流れを汲む家柄で、立入家では宗継の祖父宗康の代から禁裏御倉職を勤めていた。御倉職として財政のひっ迫を肌身で感じていた宗継は、朝廷に願い出て信長の上洛を促し、信長が上洛した折には天皇の命を受けて粟田口までこれを迎えに出たのだという。この物語を再現するために、織田公上洛列の先頭には狩衣姿で馬に跨る立入宗継の姿が配置された。この時代風俗行列が実施された当時の解説書には、信長の上洛は京都の再興と王室の中興の礎となった出来事であり、この列を時代行列に加えることで信長の忠勤の心を示し京都の人びとの記憶に永く留められるべきであるとの趣旨が記されている。(5)

博覧会の会場はその後整備され、復元された建物は平安神宮となった。そして好評を博した時代風俗行列は毎年の恒例行事となり、現在も時代祭と呼ばれ京都三大祭りの一つとして続けられている。時代行列の構成は年月を経てその内容にも変化が加えられてゆくが、織田公上洛列は当初のコンセプトをほぼ踏襲したまま現在も続けられている。

信長を勤王家として評価し、その上洛が皇室の復興を企図したものであるという解釈は、現代ではあまり前面には出てこないものである。しかしつい八〇年ほど前の日本では、その考え方は極めて妥当なものであった。そして時代祭の行列に見られる如く、往時の様相を偲ばせる事例は時折違和感なく我々の前に姿を現す。京都の時代祭では、馬に乗った立入宗継役が織田公上洛列の先頭を今も悠然と進んでいる。

二、残忍な織田信長という江戸時代のイメージ

織田信長という人物の印象を語る上で最も重要な要素となるのは、彼の最期にまつわる出来事、つまり天正一〇年（一五八二）六月二日に起こった本能寺の変についてであろう。明智光秀の軍勢によって宿所であった本能寺を急襲された信長は、焼け落ちる伽藍と共に四九年の波乱に富んだ生涯を閉じた。時の権力者が一夜にして落

命するというこの事件は当時の人びとを震撼させたが、討ち果たした側の光秀もまた数日後にあえない最期を遂げてしまい、その後秀吉が天下を治めるまでの怒涛の展開の中で、事の真相は闇に包まれたままとなってしまった。本能寺の変の原因をめぐっては、怨恨説や陰謀説など様々な憶測が乱れ飛び、その死から四三〇年以上が経った今でも結論は導き出されていない。

この事件の肝は織田信長が明智光秀に討たれて命を落としたという事にあり、その解釈には必然的に両者の関係性が問われることとなった。そこで注目されるようになったのが、織田信長という人物のキャラクターであった。伊勢長嶋一向一揆の鎮圧や比叡山焼き討ちなど、信長は敵対する勢力に対しては苛烈な態度で臨むことが多く、鬼や天魔の変化などと呼ばれ恐れられてきた。それは部下に対しても同様であり、佐久間盛信や林秀貞（通勝）といった長年信長に仕えた重臣が不行跡を理由に突然追放されたりもしている。光秀と信長との間にもいくつかの確執があったことが知られており、それが本能寺の変の遠因となったのではないかとの推測は今も根強く信じられている。

信長の性格に関して、当時来日し時に信長に近侍していた宣教師のルイス=フロイスが記した手記には、信長が名誉心に富み、正義に対して厳格であった事や、侮辱された際には懲罰を加えずにはおかなかった事などが記されている。また一方で忍耐強く理性的で明晰な判断力を持っていたとも記し、ただ時には好戦的で傲慢不遜であったとも評している(6)。こうした信長の行状の記録は、後世彼の人物評価を吟味する材料となり、本能寺の変による信長横死の謎への手がかりとして、多くの人々が思索をめぐらすこととなる。

そして江戸時代になると、朱子学が奨励され君臣の関係性についてもこれが大きく影響したこともあって信長への評価は低く抑えられた。例えば徳川幕府の六代と七代の将軍に侍講として仕えた朱子学者の新井白石は、信長が本能寺に斃れたことについて「天性残忍にして詐力を以て志を得られき。さればその終を善せられざりし事、みづからとれる所なり。不幸にはおはせず」と述べ[7]、信長が光秀に討たれたのはその残忍な性格が招いた事で自業自得であったと手厳しい。

白石の評価に限らず、江戸時代には本能寺の変が信長の残忍な性格によって引き起こされたというのが通説となっていた観がある。例えば江戸時代の庶民の娯楽として人気を博していた歌舞伎には、信長の時代を題材にした外題がいくつか作られているが、そこに登場する信長をモチーフにした人物は、概ね不寛容で狭量な性格付けがなされている。

例えば『時桔梗出世請状』という演目では、明智光秀を模した武智光秀という人物と、織田信長をモデルにした小田春永という人物が登場するが、この芝居では春永による光秀に対する陰湿ないじめの場面が出色で、殊に二段目の「馬盥の場」は、光秀が春永からの愚弄に必死で耐える様が観る者の心を打つ物語となっている。また豊臣秀吉の出世英雄譚として有名な『太閤記』から取材した『絵本太功記』は、同じく小田春永（織田信長）から度重なる辱めを受けた武智光秀（明智光秀）が、堪えかねて春永を討ち果たし、その後真柴久吉（羽柴秀吉）に敗れるまでの、いわゆる明智の三日天下を下敷きとした演目であるが、ここに登場する信長と思しき人物もまた独善的な権力者として描かれている。この二つの演目は、共に光秀が謀反を起こすまでの心情が深く掘り下げて描かれているのが特徴で、観る者は芝居と知りながらも光秀に感情移入し、謎に包まれた本能寺の変の真相は、儚くも美しい破滅の物語として人びとに感得されてゆく。

儒教道徳が尊ばれた武士の世界では、信長は不徳の君として好まれず、しかし光秀もまた不忠の臣として糾弾の対象となった。江戸時代中期の儒学者の湯浅常山は、その著書『常山紀談』の中で「君臣共に悪逆の相あへる、終を令せざること理なり」と述べて、[8] 両者の最期が不幸であった事を当然の報いと断じている。しかし、同時代の書物でより民情に近い題材を集めた京都町奉行所与力の神沢杜口の随筆集『翁草』では「明智日向守が逆心は心より起るに非ず、皆信長公の被為たる事と云り」[9] と記されていて信長の側に点が辛い。

しかし、時代がさらに進むと信長に対する評価にも微妙な変化が訪れる。例えば江戸時代後期の儒者である頼山陽が著した『日本外史』では、信長を相変わらず礼節を欠く人物と評しているが、一方で御所の修築や禁裏御領の再興といった皇室を尊崇する行為についてはこれを高く評価している。[10] こうした傾向は幕末に向けて強まってゆき、尊王攘夷思想が日本各地に展開してゆく中で、勤王家としての織田信長のイメージ定着へとつながってゆく。

そして明治維新以降、織田信長の事績を顕彰しようという動きはさらに活発になる。王政復古の大号令以降、明治政府は朝廷に対して功績のあった歴史人物の顕彰を進め、その中で織田信長の神格化が図られる。明治二年（一八六九）には、織田信長の次男信雄の子孫が藩主を務めた現山形県の天童藩の領地に、信長を祭神とする健織田社の社の神号が下賜され、翌明治三年には「建勲神社」の神号が与えられる。織田家では、天童藩知藩事織田信敏の東京の私邸に祀られていた社もその対象とするが、東京の社はその後京都に遷されることとなり、明治八年（一八七五）には別格官幣社に列せられて京都の船岡山に社地を得て、明治一三年（一八八〇）には新たに社殿が造営される。こうして織田信長は近代に至って神として祀られることになるのである。

三、戦後の織田信長イメージの再構築

織田信長に対するイメージは、江戸時代の冷酷無比な権力者のそれから、明治時代以降には皇室を崇敬する勤

王家としての側面が強調されてゆくようになる。それと共に桶狭間の戦いや舅である斎藤道三との対面、徳川家康との同盟に浅井朝倉勢との激闘、安土城築城や都での馬揃え、そして長篠合戦での鉄砲戦術など、信長にまつわる様々なエピソードが掘り起こされてゆき、より魅力的な人物像が創造されていった。こうして織田信長のイメージは徐々に肥大化してゆく事となる。

昭和一一年（一九三六）二月一一日、織田信長が尾張統一の足掛かりとした清洲城趾の公園に織田信長の銅像が建設され除幕式が催された。像の製作者は旧帝展作家の杉浦藤太郎で、建設者には紅葉屋財閥と呼ばれた名古屋の有力会社の役員である竹田鋹太郎の名が刻まれた。鎧姿に烏帽子を被り遠くを見つめるその様は、今川義元を討つべくまさに桶狭間に向けて出陣しようとする若き日の精悍な織田信長を造形したものであった。

写真3　織田信長公銅像（部分）
昭和11年（1936）に清洲城公園に建てられた織田信長の銅像。桶狭間に出陣する直前の様子をあらわしたものという。

近代以降の信長のイメージの転換は、乱世の英雄としてより魅力に溢れた人物像を求めてゆく傾向を見せるようになった。清洲城や桶狭間古戦場などの信長ゆかりの地は史跡整備が施され、郷土の偉人としてこれを顕彰する動きが強まっていった。そして、信長の生涯を彩る数々の物語が掘り起こされた結果、その豊かな歴史資源を元にした小説や映画などの創作物が次々と世に送り出されることとなった。

そして戦後、皇国史観が否定された事によってそれまでの人物評価にも修正がなされてゆくと、織田信長が勤王家であったとするイメージも殊更に強調されてゆく事はなくなっていった。歴史学界は唯物史観への傾斜を深めてゆき、人物史への関心は薄らいでゆくが、そうした中にあっても織田信長を主人公とした歴史物語は生産されていった。

戦後の映画の世界では、昭和二九年（一九五四）に片岡千恵蔵主演の映画「風雲児信長」（監督・マキノ正博／原作・鷲尾雨工／日活）が上映された。この作品は昭和一五年（一九四〇）に「織田信長」というタイトルで上映された作品が戦後に再編集されて公開されたものであった。その五年後の昭和三四年（一九五九）には、市川雷蔵の主演で「若き日の信長」（監督・森一生／原作・大佛次郎）が大映から公開される。また同じ年には東映からも「風雲児織田信長」（監督・河野寿一）が中村錦之助（萬屋錦之介）の主演で公開されている。主人公の信長は各社いずれも若手の看板俳優が演じており、その筋立てはおおよそ父信秀の死から桶狭間の合戦での勝利までが描かれて、颯爽たる信長のイメージ定着を後押しした。

また、この時期には小説の世界からも織田信長を題材とした意欲作が多数発表されていった。坂口安吾が昭和二七年（一九五二）から翌二八年にかけて夕刊紙「新大阪」に連載した『信長』では、織田信長は旧習を打破する近代的合理主義精神を備えた武将として描かれた。また山岡荘八が昭和三〇年（一九五五）から執筆を開始した長編小説『織田信長』は、信長にまつわる数々のエピソードが盛り込まれ、『織田信長』執筆以前に山岡が発表してベストセラーとなった『徳川家康』と相乗した箇所などもあって娯楽性の高い作品となった。山岡の『織田信長』は先に紹介した中村錦之助主演の映画「風雲児織田信長」の原作にもなり、メディアミックス的な展開をみせた。

戦後発表された信長が登場する小説の中では、司馬遼太郎の『国盗り物語』が特筆される。同作は昭和三八年（一九六三）からおよそ三年間雑誌に連載されたもので、前半には斎藤道三を主人公として、一介の油売り商人から戦国大名にまで成り上がった男の物語が描かれ、後半では道三が認めた織田信長と明智光秀という二人の男を軸に物語が展開してゆく。『国盗り物語』の中での信長は、坂口安吾が提示した合理主義者としての性格を踏襲しつつ上昇志向の強い人物として描かれており、理想を追うが故に時に酷薄となるその姿勢が悲劇的な最期を招来したとする筋立てとなっている。『国盗り物語』は司馬遼太郎の作品群の中でも娯楽性が高く、道三から信長そして光秀へと受け継がれる天下への野望が最後に全て消え去ってしまうという一貫した物語がその底流にあり、昭和四八年（一九七三）にはＮＨＫの大河ドラマの原作として採用され、織田信長を高橋英樹が熱演してその内容が広く知れ渡るようになった。このように、戦後の映画や小説の中に描かれた織田信長は、江戸時代の残忍な権力者という評価や、近代以降の勤王家としての評価とはまた少し異なる像を我々の前に提示してみせたのである。

織田信長の生涯は、あまたの歴史人物の中でもとりわけ魅力的である。戦国という動乱の世の中にあって、斬新な発想と果断な行動力によって時代を切り開いていったその姿には、多くの人びとが魅せられていった。また本能寺の変での最期には多くの謎が残され、後世様々な解釈が提示された。織田信長という人物に対しては、彼が如何なる者であったのか知りたいという〝飢え〟が広く人びとの間に醸成されてきた。戦後、歴史研究の分野が少なからず混乱する中で、この飢えに対する回答を与えてくれたのが映画や小説だったのである。ここで培われた織田信長のイメージは、今も我々の心に深く浸透している。

おわりに――等身大の英雄としての信長のイメージ

織田信長のイメージは、時代とともに少しずつその様相を変えながら現在に至っている。人は信長という人物に自らの願望を仮託し、信長もまたその願いに柔軟に応答できる懐の深いキャラクター性を有していた。織田信長は、ある時は儒教道徳に背いた悪い事例であり、またある時は皇室推戴のシンボルとして機能した。織田信長に颯爽とした革新者の姿を望む人にとっては彼の果敢な行動は羨望の的であり、あるいは明智光秀など信長に敵対した人物に心を寄せる人びとにとっては彼は酷薄な武将でなければならなかった。ただ、多くの人が納得する現在的な織田信長像というのは、ある程度固まってきたようにも思われる。

人びとへの影響力が大きいNHK大河ドラマを例にすれば、『国盗り物語』で高橋英樹が信長を演じて以降、昭和五三年（一九七八）放送の『黄金の日日』には高橋幸治が、昭和四〇年（一九六五）の『太閤記』に続いて信長を演じ、昭和五六年（一九八一）の『おんな太閤記』では藤岡弘、が、昭和五八年（一九八三）の『徳川家康』では役所広司がそれぞれ織田信長に扮している。平成四年（一九九二）には信長を主人公とした『信長　KING OF ZIPANGU』が緒形直人の主演で放映され、平成六年（一九九四）の『秀吉』では渡哲也が信長役を務めている。平成一四年（二〇〇二）には『利家とまつ～加賀百万石物語～』で反町隆史が信長に扮し「で、あるか」の台詞回しで話題となり、平成一八年（二〇〇六）の『功名が辻』で信長役を演じた舘ひろしは本能寺の変での銃撃戦が話題となった。その後も吉川晃司（『天地人』）や豊川悦司（『江～姫たちの戦国～』）、江口洋介（『軍師官兵衛』）、一一代目市川海老蔵（『おんな城主直虎』）、染谷将太（『麒麟がくる』）といった俳優が信長役を演じている。それぞれに性格付けの違いはみられるが、精悍で胆力のある男性というイメージはある程度踏襲されているものと思われる。

そして今、漫画やアニメやゲームなど、織田信長を取り扱う媒体はさらなる広がりをみせている。最近でも『清洲会議』（二〇一三）や『本能寺ホテル』（二〇一七）といった信長に関わる事象を題材にした映画が公開され、

『信長のシェフ』（二〇一三～一四）や『信長協奏曲』（二〇一四～一六）など、信長が登場する漫画を原作としてテレビドラマや映画が製作された作品もある。そこに描かれる信長はストレートな英雄としてではなく、どこか変則的な性格が付与されているようにも見受けられる。

現代社会において、織田信長は歴史上の人物である以上に一つの符牒として機能している。画面やページに信長が登場する時、人は何か新しい風が吹いてくれることを期待する。それは戦後から高度経済成長期に小説や映画に登場した、突破力のある真っ直ぐな英雄としての信長像を踏まえての事ではあろう。しかし現在では、その前提から少し逸脱した信長がそこには居るように思われる。これまで見てきたように、織田信長に求められるイメージはそれぞれの時代の特徴を映す鏡である。いま私たちの前に現れる織田信長は、成長期を終え閉塞感に苛まれる現代の複雑な世相を反映しているのかもしれない。

注

（1）「言継卿記　永禄一一年九月二〇日」（『大日本史料』第十編之一、東京大学出版会、一九六八年）一〇七頁参照。
（2）『戦国史料叢書二　信長公記』（人物往来社、一九六五年）八七頁参照。
（3）『義昭興廃記』（『畿内戦国軍記集』和泉書院、一九八九年）一五二頁参照。
（4）『定本名将言行録　上』（新人物往来社、一九七八年）三八四頁等参照。
（5）『平安神宮時代祭行列圖譜』（平安遷都紀念祭協賛会、一八九五年）参照。
（6）『完訳フロイス日本史二　織田信長篇Ⅱ　信長とフロイス』（中央公論社、二〇〇〇年）一〇〇～一〇二頁参照。
（7）『読史余論』（『新井白石　日本思想体系三五』（岩波書店、一九七五年）四二四頁参照。
（8）『常山紀談』（和泉書院、一九九二年）七六頁参照。

（9）『翁草』（『日本随筆大成〈第三期〉一九』吉川弘文館、一九七八年）四三五頁参照。
（10）頼山陽『日本外史』（岩波書店、一九六九年）一三〇頁等参照。

参考文献

田中義成一九一五「信長と安土城」（『安土桃山時代史論』所収）仁友社
渡邊世祐一九一五「安土桃山時代史概説」（『安土桃山時代史論』所収）仁友社
奥野高廣一九四四『織田信長』春秋社
高柳光寿一九五八『明智光秀』吉川弘文館
桑田忠親一九六四『織田信長』角川書店
山岡荘八一九八二『織田信長』講談社
坂口安吾一九八七『織田信長』富士見書房
司馬遼太郎一九九一『国盗り物語　後編　織田信長』新潮社
朝尾直弘編一九九一『日本の近世一　世界史のなかの近世』中央公論社
羽賀祥二一九九八『史蹟論――一九世紀日本の地域社会と歴史意識』名古屋大学出版会
橋本章二〇二一「歴史伝承の成立過程に関する研究――信長上洛と立入宗継の事績を題材に」（『京都文化博物館紀要　朱雀』三三所収）

8　豊臣秀吉イメージの現在

◉井上泰至

一、「暗さ」から生まれた「明るさ」

春風や藤吉郎の居るところ

『新書太閤記』を書いた吉川英治の句である。この小説を原作にした大河ドラマ「太閤記」（一九六五年）で秀吉を演じた緒形拳も、この句を好んで色紙に書いた。

今このドラマの録画は、NHKオンデマンドで、本能寺の変の回が辛うじて視聴できるだけだが、それでも秀吉が春風駘蕩たる「凡夫」として描かれていたことが、うかがえる。氷のような目をした高橋幸治演じる信長が、本能寺の炎の中で死を迎える切所とは対照的に、中国攻めも一段落して石坂浩二演じる石田三成に肩をもまれながら、信長の到来を待つ笑顔の秀吉の顔のアップが、挿入される。

民衆の上にある英雄と、民衆のなかに伍してゆく英雄と、いにしえの英雄たちにも、星座のように、各々の性格と軌道があった。秀吉は、後者のひとであった。(中略) かれは自分も一箇の凡俗であることをよく弁えていたひとである。かれほど人間に対して寛大な人間はなかった。人間性のゆたかな英雄はと問えば、たれもみなまず指を秀吉に屈するのも、かれのそういう一面が、以後の民衆の間に、ふかく親しまれて来たからではないだろうか。おそらく秀吉への親しみは、この後といえどかわるまい。理由はかんたんである。かれは典型的な日本人だったから。そして、その同身感から好きになる。わけてかれの大凡や痴愚な点が身近に共鳴するのである。

『新書太閤記』の冒頭で、吉川英治は彼の秀吉イメージをこう披歴して見せた。機知や滑稽で捉えられがちだった、江戸の歴史読み物以来の秀吉像に彼が加えたかったのは、「春風」の秀吉だったのである。

ただし、この秀吉像には注釈が必要だ。吉川英治がこの小説を「読売新聞」に連載し始めたのは昭和一四年二月のことである。前年に日本軍は武漢・広東を攻略、吉川も菊池寛らと南京・武漢方面に従軍している。『新書太閤記』の冒頭、秀吉の出生に続いて、景徳鎮で修行を積んだ五郎太夫が描かれるのも、そうした時局の反映であるに違いない。

そもそも吉川は父の事業の失敗により一〇代は塗炭の苦しみを生き、二〇代は職を転々とし、関東大震災後、三〇代になってようやく作家として陽の目を見る。戦前の彼の代表作『宮本武蔵』は、まさに徒手空拳から自己の力で扉を開く「強い」男の典型で、吉川の半生と重なるところがあった。

浮浪児あがりであった秀吉もまた、吉川が思い入れを持って描ける対象だったのである。戦前の、まだ身分が実質的に残る社会において、秀吉に託された「夢」が、この懸賞小説あがりの作家だけのものでなかったことは強調しておきたい。戦時中の情報統制の主役として威勢を揮った鈴木庫三という陸軍軍人がいる。彼の「思出記」をもとに、佐藤卓己[1]は、鈴木の生い立ちを紹介している。鈴木家は、多数の雇用人を抱える豪農であったが、末子である庫三は、生後間もなく、小作人であった大里家へ養子に出される。養家が困窮を極めるなか、庫三は尋常小学校では成績優秀であったものの、遠足にも参加できなかったほどであった。彼の立志は、『太閤記』を読みふけり、日露戦争の戦果の報道に刺激されたことに始まり、やがて軍人を志願する。高等小学校卒業後は、通信教育で勉学に励み、砲兵工学校に進むも苦学を続け、ようやく陸軍士官学校に進む。絵に描いたたたき上げであった。

緒方拳演ずるところの「春風」の秀吉像は、もともと暗さをバネにしたところにある明るさが、根源にあった。吉川描く「笑顔」の秀吉は、そういう背景から生まれたのである。冬去りし後の「春風」である。

二、「人たらし」秀吉像の確立とその源流

大河ドラマ第三作「太閤記」の成立については、ディレクターだった吉田直哉の証言[2]が残っていて、かなり詳しいところが分かっている。テレビの草創期、ドキュメンタリーを主戦場として実験を試み続けていた吉田が、大河ドラマ三作目の制作に抜擢された。歌舞伎界を代表するばかりでなく、新劇や映画・テレビ界とも分け隔てなく仕事をして、芸を伝えた尾上松緑の「花の生涯」、関西歌舞伎出身で映画界の大スター長谷川一夫の「赤穂浪士」、このオールスター豪華作でＮＨＫは予算を使い切っていた。背水の陣に、外野から立たされた吉田は、無名の俳優、緒方拳・高橋幸治・石坂浩二を抜擢し、ドキュメンタリーの方法を導入して、歴史解説ドラマとい

うフレームで賭けに成功するのだが、秀吉役が緒方拳に決まった経緯は、「笑顔」がポイントだった、という。当初は猿面冠者のイメージにこだわっていた吉田だったが、「一心攻め」のできる笑顔の持ち主」こそ肝要との結論に至って、「すばらしい笑顔」の若い役者を探し出すべく、小説家・芸能評論家・演芸プロデューサーであった安藤鶴夫に相談すると、安藤は新国劇の若手売り出しだった緒形を紹介、吉田の命を受けたカメラマンは、理由を明かさず、緒形を笑わせて撮影、これが決め手となった。

こうした「人たらし」の秀吉像を、より決定づけたのは司馬遼太郎の『新史太閤記』であろう。大河ドラマ「太閤記」放映の翌年、一九六六年二月から一九六八年三月まで『小説新潮』で連載された。「人たらし」の措辞が頻出する。

猿面もそうだが、「五尺」に足らぬ小男であることが強調される秀吉は、武功よりも、戦場での駆け引きに長け、緊急時にも得意の機転で素早い行動力を発揮する。むしろ、「小」ゆえの「敏捷」さが強調されている。それは結局秀吉の心理的観察とそれを受けた対処に最も発揮される。何より部下の能力とその人物の心の中にある目標を見出し、これを評価し、自在に操る「人たらし」の才が光る。秀吉が信長麾下の武将に成り上がってからも、この才は外交において発揮され、小牧・長久手の合戦後、家康の上洛前夜の対面という、ラストの見せ場にまで引き継がれてゆく。

これは以前書いたことだが、みずから「司馬遷に遼か遠く及ばざる」とペンネームを付けているこの作家の場合、基本のところに司馬遷以来の中国史書の人間観があったことを見据えておく必要がある。(3)「士は己れを知る者の為に死す」とは『史記』「刺客列伝」の言葉だが、己れの才能を見込んでくれた秀吉に殉じて死んでいく石田三成や、その三成に評価されたことに殉じていく島左近を主役とした世界を、司馬は小説の冒頭で、「人間喜劇もしくは「悲劇」」と評していた（『関ケ原』、『週刊サンケイ』一九六四年七月～一九六六年八月）。司馬の視点はこのように複眼で、秀吉の場合、人の心を盗んで天下を取っていく、喜劇役者の風貌を以って描かれたのである。『新史太閤記』で秀吉は、醜貌ながら愛嬌のある面相をも武器にして、相手の心を蕩かせていく。その異能は芸能者さながらのものであり、秀吉自身にこの世は一場の狂言のようなものではないかと述懐させている。清の康熙帝の言葉と伝えられる格言「天地は一大戯場（芝居小屋）なり」から来ているのだろう。

そもそも秀吉の「人たらし」を最初に指摘したのは、明治の新聞人で、在野史伝の先駆けであった山路愛山の『豊太閤』（『豊臣秀吉』一九〇八、一九〇九年刊）であった。「秀吉の外交手段、則ち当時のいわゆる調略に至っては神出鬼没。真にいわゆる天工無縫なるものなり。されば秀吉は軍人としては政治家としてほどの長所を見ずというべきか」（「豊臣、徳川対局の総論」）という評価で、精強な三河武士を率いる徳川家康と対比している。

司馬は、『国盗り物語』（『サンデー毎日』一九六三年八月～一九六六年六月）でも、明治の史伝家小泉三申の『明智光秀』（一八九七年）から、戦国期の天下を盗り合う精神を学んだとおぼしく(4)、徳富蘇峰の『近世日本国民史』を頂点とした、新聞人・在野史学の史伝の系譜に自らが位置していることに、自覚的だったフシがある。

三、戦後社会における歴史と文学の間

在野史学の存在は、明治二〇年代から顕在化する実証史学と、物語としての歴史の間に生まれた相克(5)を埋める存在として登場してきたもので、たんなる歴史小説家に収まらない、司馬史観なるもの、即ち、一般向けの歴史解説者としての立場と視点もまた、この系譜の流れにあったと見れば、定位が可能なのである。

大河ドラマ「太閤記」で、吉田直哉は、歴史解説番組の色彩を盛り込んだと回顧しているが、刺激を受けたのは司馬の『竜馬がゆく』（『産経新聞』一九六二年六月〜一九六六年五月）と、松本清張『昭和史発掘』（一九六四年七月〜一九七一年四月『週刊文春』）であったとし、特に司馬自身が登場して論評をする、小説の枠からはみ出した、「以下、無用のことながら」「余談ながら」と断って展開される「史談」の方法を映像で試みたものだと、発想の原点を種明かししている。(6) 司馬は原作の提供だけでなく、大河ドラマの文法とそれを支える視点をも、ドラマ制作者に提供していたのである。

大岡昇平(7)は、司馬遼太郎のこうした語りを以下のように分析して見せている。司馬の「史談」に惹かれる多くの読者は、「管理社会が生み出した大量の〈職についた知識層〉で」、「彼らは保守的でありながら、知的好奇心に燃え、〈実話〉や〈真相〉を好む層」でもあり、「真実それ自身よりも、それが警句やソフィスティケイトされた手続で暴露されることに快感を覚える」人々であると洞察している。ここに戦後の歴史小説家司馬遼太郎と、新生メディアたるテレビドラマとの結婚の事情が見て取れるのである。

戦前の在野史学もまた、日清・日露の戦勝を経た帝国日本の安定期に大量に生まれた、新しい教養層を対象としていたはずだから(8)、その意味でもこうした在野史学に学んだ司馬の歴史語りの存在は、近代国家の成立（再生）・安定期の典型的現象と括ることも可能かも知れない。秀吉という存在自体の持つ大衆性が、逆に歴史語りの場では、当時の大衆を映し出す〈鏡〉として機能していたと捉えなおせばよかろうか。

吉田直哉はその後、司馬自身を引っ張り出して語らせる、「太郎の国の物語」（一九八九年）等を制作し、平成に入って小説の執筆を止めた司馬も、『街道をゆく』等、「史談」に特化した、この手の仕事だけは、亡くなるまで続けている。(9)

四、秀吉像の〈明〉と〈暗〉

第二次大戦の時局中、「読売新聞」に連載されていた『新書太閤記』（一九三九年一月一日〜一九四五年八月二三日）では、天正九年（一五八一）二月二八日、正親町天皇を招いての京都馬揃えについて、『信長公記』を踏まえながら、その規模の大きさ・行列の壮麗さ、特に信長自身とその扮装の美々しさや、水際立った馬術を描いて、一つの見せ場として描いているが、そこには新聞小説らしい時局の投影も見落とせない。

まず、このペイジェントの最も重要な意義は、「親しく至尊の臨御を仰いで、兵馬の大本を明らかにしたこと」にあったとし、日本は王朝時代から「純粋無垢な誇りと誓い」によって防人が集る国柄であったが、武門がその本質からはずれて皇室に威嚇まで行う室町の悪弊が蔓延るに至り、信長によってそれが本来の正しいあり方に直されたのだという。よって、信長は、外国にも鳴り響く「わが国振」の武威の行事として号令をかけ、馬揃えが終わった直後、勅使から正親町天皇の「龍顔」麗しく、前代未聞の壮挙であったと格別のご褒辞と労いのお言葉を受け、感激のあまり落涙している。

物語はこの後、西国攻めのため、京都を通過する折、この記憶を思い起こした秀吉が、南朝の末裔が倭寇となって大陸に武威を輝かしたかつてを思い起こし、その遺志を受け継ぐ大望を抱く（「潮声風語」）という流れとなる。実際、秀吉は馬揃えの時、京都にはいないし、信長が感涙にむせんだというのも脚色である。むしろ、ここからは、海軍の協力者でもあった吉川英治が、秀吉を主人公にして何を書こうとしたか、その構想が見えて興味深いが[10]、終戦によって、この小説は事実上中絶し、戦後僅かに小牧・長久手の戦いあたりまで書いて完結とした。というよりその後は書けなかったという方が正しい。

大河ドラマ「太閤記」も秀吉の晩年は最後の三回程度で、朝鮮侵攻も描かれることはない。一九七八年の「黄金の日々」では再び秀吉を緒形拳が演じ、晩年の秀吉の「悪」を正面から描いていた。一九九六年の「秀吉」では、竹中直人が所作をも無視した肉体の躍動と台詞回しで、コミックの中から飛び出してきたような新しい秀吉像を演じて人気を博した。従来の「人たらし」の側面は、渡哲也演じる信長との関係に集約され、むしろ市原悦子演じる大政所との関係がクローズ・アップされた。野際陽子演じる明智光秀の母の、誇り高きあり方と対比することで、母の側面から秀吉と光秀のライバル関係を浮かび上がらせる構成をとっていた。結果、大政所の死までがポイントで、秀次事件や朝鮮侵攻の内実などは描かれることはなく、終わっている。

司馬遼太郎も同様である。『新史太閤記』では小牧・長久手の後、家康を恭順させた時点で筆を終えている。秀次事件の残忍さや、朝鮮侵攻のことは書けないのである。『関ケ原』では物語を閉じるに当たって、家康の謀将であった本多正信と、三成の愛人であった初芽を対面させ、豊臣政権は朝鮮侵攻を行った時点で、人心を失っていたと結んだり、朝鮮侵攻の「英雄」である加藤清正を、三成への個人的な恨みに凝り固まって、家康に利用される愚かな存在として描くに過ぎない。

五、豊国三百年祭——外征の英雄のメディア・イベント

おそらく、吉川英治はその辺りを、当時の日本の外征と重ねて書こうとして、敗戦で筆を断ったのであろう。この点が、秀吉イメージの戦前と戦後の分水嶺となる。外征の英雄秀吉のイメージは、一八世紀末に宣長学による秀吉の朝鮮侵攻への高評価に端を発し、一九世紀末の日清戦争の戦勝を受けた豊太閤三百年祭でピークを迎え

る。幕末については既に稿を重ねてきたが(11)、日清戦争後については、少し触れておこう。

三百年祭の主役は、旧福岡藩主家の黒田長成侯爵であった。蜂須賀・浅野・鍋島・前田といった豊臣恩顧の旧大名家を中心に、政府関係者も名を連ねて、秀吉の廟墓の再建を目途とし、明治二三年に豊国会を結成した。会長の長成の趣意書（明治二九年六月二八日）によれば、それ以前から豊国神社で廟墓再建の動きはあり、各侯爵家・宮内省・内務省、それに一般からの寄付金が集まっていた。これはさかのぼれば明治元年、太政官布告で豊国社復興のことがあったからである、という。京都東山に国事殉難者を招魂社に祭るにあたり、秀吉と楠正成に次いでこれを祭るとした公式声明でもある。

続いて長成は、秀吉の偉業として、聚楽第行幸を国内統一と勤皇のページェントとして挙げ、さらに当時の兵船の技術の不備にもかかわらず、一〇万の大軍で七年も外征を実行した点を焦点化して、その国威発揚は、朝鮮・明のみならず南方までを視野に収めていた気宇壮大なものと評価する(12)。豊国会の構成を見ると、先に名前の挙がった旧大名の侯爵たちの他、伊藤博文や山県有朋のような政府要人、佐野常民や金子堅太郎のような佐賀・福岡出身の官僚、岩崎弥之助や大倉喜八郎のような財界人まで名を連ね、実務を取り仕切ったのは、宮内庁書記官長だった中根重一、即ち、夏目漱石の岳父であった(13)。

三百年祭にかける豊国会の意気込みは、今日風に言えばメディア・イベントの観を呈するほど本腰を入れたものであった。参集のための鉄道・運賃は二割引き、「豊国詣」「花の宴」という唱歌まで作成し、明治天皇からも下賜金を得て、豊国神社の参詣客は八万二〇〇〇人、京都博物館での遺物展覧会も八万六〇〇〇人の観覧者が集まった、という(14)。日清戦争の戦勝を受けての一大イベントとして盛り上がったことが見て取れる。

会長黒田長成の岳父で、ロンドン留学からイタリア公使を経て、宮内省の式部官として宮中儀礼の洋化に尽くすかたわら、明治天皇を囲む旧派和歌の要人でもあった鍋島直大の歌に、主催者の意識は明瞭に見て取れる。

豊国祭に

たれか又あふがざるべき外国をふみしだきけむ君がいさををを
百年の三たびかさねし古にたてしいさををあふぐけふかな
（『松風集』）(15)

拙共編著『秀吉の虚像と実像』の巻末には、「秀吉関連作品目録（軍記・軍書・実録・近代史論・歴史小説）」(16)を置いたのだが、明治二〇年代から三一年にかけては集中的に秀吉関係書が出版されている。また、日清戦争は厳しい情報統制が敷かれたため、その渇きを癒すべく、秀吉の朝鮮侵攻を小説化して連載することで凌いだケースすらあった（「朝鮮征伐」一八九四年七月～一一月「都新聞」）(17)。

こうした一般の秀吉ブームを受ける形で、山路愛山の『豊太閤』があったことを思えば、上下巻のこの本の下巻のほぼ半分までが朝鮮侵攻に割かれている意味もよくわかる。日露戦争とそれを受けた日韓併合あたりまで、秀吉は英雄扱いなのである。『皇明資治通紀』の、明将が自軍の略奪を甚だしさは日本軍を上回るものだと漏らす記事を愛山が引くあたりで、彼の視線が奈辺にあるかは明らかである。「征韓論総評」では、千年来の中国への恐怖感を払拭したことこそ、秀吉の外征の最大のレガシーだと結んでいる。

六、凡夫の系譜――戦間期の秀吉像

大正になると秀吉の価値は下落していく。徳富蘇峰の『近世日本国民史　秀吉時代丁編・朝鮮役』（一九二〇年暮脱稿）、池内宏の『文禄慶長の役』（一九一四年刊）でも、朝鮮侵攻は失敗とされる。(18) また、大正期の、安定して平和なムードが、貧しさから這い上がって外征の英雄となった秀吉を人々から遠ざける結果となったようだ。

大正期の秀吉像を象徴する読み物は、正岡子規に学んだ俳人でもあった矢田挿雲の歴史小説『太閤記』（一九二五～一九三四年刊）である。秀吉研究の先駆け桑田忠親も「報知新聞」に連載されたこの小説に魅せられ、秀吉に関心を持ったことを後年明かしている。(19)

さて、矢田は秀吉の外征を、端的に言って老年の欲ボケとして描いている。外征の原因は、鶴松の死と秀吉自身の誇大妄想とされる。

　殊に鶴松の死は秀吉を狂乱させたと当時噂されたほどであった。秀吉は天を仰ぎ地に伏して哭した。子を喪った者でなければ到底味わい知ることのできない悲痛を胸に宿しつつ、秀吉は八月以来、外征の準備に拍車をかけた。

　秀吉は大明王となる――というとりとめのない空想に身をゆだねている間だけは、さしもの悲痛がいくらか、ほんの少しだが、堪えやすく思われるのであった。（中略）

　秀吉のように立身出世した者が、自分を三国一の不仕合せ者と思うわけがあろうかと不思議であるが、彼はこのごろ大まじめにそれを考えるのである。しかしそう考える下から、底抜けに楽天家である彼の生地が

頭をもたげて、

「しかし悲しみに負けてはならんぞ。こうして歎いてばかりいては、ついにはからだを損じてしまう。早く大明国を手に入れて、大明の王になり、北政所は日本におき、淀君は北京に伴ない、春は日本の桜、秋は北京の月を賞して、百までも百五十までも長生きをせねばならん」

と元気のいい空想を逞しゅうするのであった。

（「小西行長の進言」）

愛児を喪った悲嘆に暮れる凡夫ではあるかも知れないが、秀吉の誇大妄想で、多くの兵が死ぬことは、死の床で夢枕に現れた織田信長との対話によって語られ、この長編は締めくくられている。戦前常に秀吉が英雄としてばかり描かれていたわけではない。本稿の冒頭で、吉川英治も秀吉のことを「凡夫」のイメージで語り出していたことは紹介したが、矢田の秀吉像はその意味で、大正というリベラルな時代の秀吉像の代表だったわけである。吉川は、塗炭の苦しみから這い上がったこともあり、連載が時局中だったこともあって、矢田の描く秀吉のようなユーモラスな面は書けなかった。

七、秀吉像の分裂の行方

これまで確認してきたように、戦後の秀吉像は、明るい面と暗い面に分裂している。今後も「戦後」の体制や思想が続く限り、この分裂は繰り返されていくことだろう。研究の世界の「現在」から、今後を占っておきたい。一つは、これまでめいめい勝手にやっていた歴史学と文学研究がコラボする動きである。

歴史学は戦後の史料公開もあって、一次資料に関心が集中し、軍記類を切り捨てて来た。それは学問として当然の流れだが、秀吉の場合、生きている間から自己宣伝を軍記・記録を使っておこなっていた面が面がありながら、桑田忠親が『太閤記の研究』でやって以降、この方面の研究はほとんどと言っていいほど進んでいなかった。文学の方面でも、史学の成果を受けながら、江戸初期の軍記の情報を整理し系統だてたる作業も、秀吉伝承の結節点である『太閤真顕記』の基礎的調査も、その膨大な量の前に佇んで解決を見ていない。

本稿で紹介した井上と堀新による共編著『秀吉の虚像と実像』『信長徹底解読』はその端緒と言ってよく、国文学研究資料館共同研究「軍記および関連作品の歴史資料としての活用のための基盤的・学際的研究」（代表：井上泰至）では、両分野の研究者の共同作業によって、新資料の発掘や、既存資料の解明が進みつつある。一次史料と二次史料の選別にのみ関心を持つのでなく、伝承は伝承として、それが生まれていった経緯を跡付けることは、火のない所に煙を立てたのか、それとも「火」はあったのかを見極める上でも有用であろう。

こうした基礎的な作業を学際的に行うことは、秀吉に限らず、軍記にかかわる分野では必須のこととなっていくだろう。「事実」のみならず、「記憶」を歴史学の対象とするなら、当然のことである。

もう一点の新しい動きは、秀吉に特化される問題である。平川新[20]は近年、スペイン・ポルトガル連合に対峙する目的があったのではないかと、秀吉の朝鮮侵攻を新たに位置づけた。平川の言う「イベリアン・インパクト」については、反論も出ているが、秀吉がこの連合の存在をどう受け止めたか、あるいは平川が紹介するように、一八世紀末、東方に目を向けていたロシアで、日本が「帝国」と呼ばれていた、「認識」の問題まで含めて考えれば、秀吉の朝鮮侵攻の位置づけは、欧州の海洋帝国に刺激された新興日本の挑戦とも考えうる。世界史と日本史が最初に交差する時代の象徴的な大事件として位置づけられる時、秀吉の外征の一般的な評価もまた変化してゆくかも知れないのである。その時、「分裂」は解消される可能性を秘めている。

「戦後」の価値観は、「戦争」か「平和」かの二項対立であった。結果、「戦争」に対する倫理的価値判断は行われても、過去の環境を再現して「戦争」を考える、現実的な思考には及ばなかった嫌いがある。文学研究者である筆者が指摘するのもおかしいが、倫理的裁断の前に、事実を捉えることが、歴史にも歴史語りにも要求されるはずだ。倫理的裁断を否定するものでは決してないが、裁断の視点のみで語ったり、不都合な真実を全く語らなかったりするというのは、認識の「欠落」であり、「ゆがみ」であるはずだ。その意味で、秀吉の対外戦争とそれに関する認識の研究は、一般の秀吉像を確認し今後を考える上でも避けて通れない問題と言わねばならない。

注

（1）佐藤卓己『言論統制—情報官鈴木庫三と教育の国防国家』（中公新書、二〇〇四年）。

（2）吉田直哉『映像とは何だろうか——テレビ制作者の挑戦』（岩波新書、二〇〇三年）。

（3）井上泰至「武家の文藝——江戸の武家説話から司馬遼太郎へ」（『国文学解釈と鑑賞』九三四、二〇〇九年三月）。

（4）堀新・井上泰至「歴史と文学の共謀——五十五年の夢、五十年の夢」（堀・井上編『信長徹底解読』文学通信、二〇二〇年）。

（5）井上泰至「明治・大正改元期の『太平記』再評価——早稲田大学出版部『通俗日本全史』」（『アナホリッシュ国文学』八、二〇一九年一一月）。

（6）注2。

（7）大岡昇平『歴史小説の問題』（文藝春秋、一九七四年）。

（8）坂本多加雄「山路愛山と明治という時代」（「徳富蘇峰——戦前・戦後を通底するものを求めて」『坂本多加選

集1』藤原書店、二〇〇五年）、池田智文「近代史学における在野史学の研究」（『龍谷大学大学院文学研究科紀要』二三、二〇〇一年）、吉岡亮「山路愛山における歴史と文学」（『札幌大学社会学論集』六、二〇一八年三月）、木村洋「徳富蘇峰の人物論――「ジョンブライト」『人物管見』『吉田松陰』」（『日本文学』六八・二、二〇一九年二月）。

（9）神奈川近代文学振興会「司馬遼太郎年譜」（『「司馬遼太郎が愛した世界」展』NHK・NHKプロモーション・朝日新聞社、一九九九年）。

（10）注4前掲著、井上泰至「12　信長と天皇・朝廷　虚像編」。なお、内田匠「近代日本における豊臣秀吉観の変遷」（『政治学研究』五九、二〇一八年五月）は、吉川の連載が、大陸進出の英雄秀吉をキャンペーンする読売新聞の主導によるもので、歌舞伎座にもかかって大当たりをとり、太平洋戦争中は、豊国神社宮司吉田貞治が中心となって、南進政策の源流として秀吉が顕彰されていたことなどを報告している。

（11）堀新・井上泰至編『秀吉の虚像と実像』（笠間書院、二〇一六年）10・14章虚像編（井上執筆）・井上泰至「帝国史観と皇国史観の秀吉像――『絵本太閤記』の位置」（前田雅之ほか編『幕末・明治　移行期の思想と文化』勉誠出版、二〇一六年）、井上泰至「軍神を生み出す回路」（井上泰至編『近世日本の歴史叙述と対外意識』勉誠出版、二〇一六年）。

（12）若松雅太郎『豊国会趣意書』（一八九八年）。

（13）梅若実実記刊行会編『梅若実日記』第六巻（八木書店、二〇〇三年）の明治三一年六月一六日付けの記事に、豊国祭奉納の能の謝礼として、黒田会長から金五〇円を受け取るが、実際に手形を回したのは中根であったとある。

（14）注10内田稿。

（15）直大の家集。昭和三年刊行。私家版。

（16）注11。

（17）井上泰至・金時徳編『秀吉の対外戦争』（笠間書院、二〇一一年）井上「10　重ね合わされていく戦争のイメージ　日清戦争期の歴史小説」。

（18）注10内田稿。

（19）桑田忠親『豊太閤伝記物語の研究』（中文館書店、一九四〇年）。

(20)　平川新『戦国日本と大航海時代』(中公新書、二〇一八年)。

【後記】　本稿は、国文学研究資料館共同研究「軍記および関連作品の歴史資料としての活用のための基盤的・学際的研究」(代表：井上泰至)、および科学研究費補助費基盤研究C「明治期文芸における新旧対立と連続性——近世文学および日本美術史との関連から」(代表：井上泰至)の成果の一部である。

9　徳川家康イメージの現在

◉原　史彦

はじめに

「歴史好き」の定義の一つに、人名辞典に掲載される人物をどれだけ知っているか、という基準を挙げることができる。歴史上重要な人物だが、専門研究書の類でしか知られていない人物は枚挙に暇がない。そういった人物について探求することは、歴史好きの醍醐味ではある。中でも徳川家康は人名辞典掲載人物の中では別格である。まず、歴史好きを自認する人の中で、知らないという人は皆無であり、歴史好きでなくても国民の大半は知っていると言っても良い。正確に調査したわけではないが、感覚的に言えば織田信長・豊臣秀吉・坂本龍馬らと並ぶ知名度を誇っていよう。しかも、名前だけではなく、その生涯・事績についても、ある程度広く知られており、こういった人物は人名辞典の中でもほんの数人に留まるはずである。

他県では知られていないが、愛知県下では信長・秀吉・家康の三人を「三英傑」と称している。今の愛知県出身の三人が、戦国時代を終焉に導き、天下統一を果たしたことから、地元限定ながら愛知県人の誇りともいえる冠称が与えられている。信長から家康に至る連綿とした天下の変転過程は、繰り返し小説・漫画・テレビ・映画などで紹介されたことで、歴史好きにとっては周知の事実となり、一般の人でも何となくその流れは理解されている。

なぜドラマや小説の類が多く作られたのかを逆に考えるならば、一定の創作を可能にするだけの史料が豊富にあることに他ならない。その点、「三英傑」は掃いて捨てるほどといったら言い過ぎだが、相当量の文献記録が残されており、それらを単純に繋ぎ合わせるだけでも一代記が完成する。

特に家康は膨大な記録が遺っており、成人後は毎年何をしていたのかが判っているほか、実力者として名を成してからは毎月の動向さえ判るという稀有な記録量を誇る。しかも母・於大の方の妊娠前の状況さえ知られているのである。家康の一生を絵画化した「東照宮縁起絵巻」では父・松平広忠と於大の方が三河国鳳来寺山へ男子誕生祈願で参籠した際、於大の方は霊夢を見て体に異変を感じたことが描かれている。占い師によれば薬師如来の眷属である十二神将の加護により男子が誕生するという。そして一二ケ月後に家康が誕生するのである。あたかも薬師如来によって授けられた子ども、それが家康という筋立てである。大変神々しい話だが、よもやこの話を信じる現代人はいないだろう。

しかし、これこそが天下統一を成し遂げて徳川幕府体制を樹立し、太平の世を招来させた偉大なる指導者・英傑である家康の公式伝記である。歿後「東照大権現」という神になった家康は、全てにおいて超人でなければならない。それが徳川幕府の精神的基盤を形成している。単に武力や資金力さえあれば天下人になれるわけではない。他の戦国大名がいくら努力しても天下人にはなれない。天下人とは天に選ばれた人であり、家康は生まれる前からその質を備え、なるべくして天下人になった。家康について記録された江戸時代の記録は、全てこの思考で構成されている。家康について膨大な記録が残されているものの、その大半は家康ないしは松平・徳川家に都合の良いように解釈されて記録されているのである。これを「松平（徳川）中心史観」「東照宮（神君・家康）神話」ともいう。つまり、家康に関する記録は、文字面通りに内容を信じると、脚色された世界に誘導されることになる。家康の記録は、数が多い分、取り扱いに注意を要するのである。

しかし、こういった注意が喚起されたのは、それほど昔のことでは無い。新行紀一氏により「松平中心史観」が提唱されたのは昭和五〇年（一九七五）のことで、それ以前は研究書であっても史料の制約から脚色された記録を鵜呑みにすることも多々見られた。家康の伝記を決定づけたのは、昭和二五年（一九五〇）から同四二年（一九六七）にかけて新聞連載された山岡荘八著の『徳川家康』であろう。全二六巻・原稿用紙一万七四〇〇枚にわたるギネスブックにも認められた長編小説により、ここに描かれた生涯が、実際の生涯のように錯視されることになったとも言えよう。当然のことながら、山岡荘八氏には「松平中心史観」という観念はなく、また小説という分野において、原典の脚色性を排除する必要性もなかったため、人間味豊かな家康を描き切った反面、江戸時代の為政者が意図した家康の理想像を定着させる役割も担った。

歴史に関する情報は、研究書よりもテレビ・小説といった大衆が好む媒体が主流である。そこには大衆性が優先されることから、小難しい理屈は好まれず、慣れ親しんだ解釈が安心感を与え支持されていく。そうして繰返し再生産されることで、脚色された歴史が真実を凌駕している実態も少なくない。英雄史観で語られる戦国時代や幕末は、その傾向が顕著であり、家康の場合も例外ではない。多くの人が定説と思い込んでいる中に、かなりの脚色があると言ってよいが、その全てを語るには紙面が足りないため、本稿では以下、家康ゆかりの遺品と絡めて、脚色された史伝を検証することとする。

一、松平時代の史実改変

家康は天文一一年（一五四二）一二月二六日に三河国岡崎城で、松平広忠の嫡男として誕生した。奇しくも寅の年・寅の日・寅の刻という、誕生日すらも帝王になる資質を備えていたと尊崇されている。寅の刻はともかく、寅の年・寅の日というのは暦学上間違ってはいない。これまでこの誕生日について胡散臭さを感じながら、それを否定する根拠も無いため、この誕生日は定説となっている。

しかし、誕生した年について家康自身が否定した史料が残っている。家康が慶長八年（一六〇三）、征夷大将軍に任官するにあたり、陰陽道の儀式で神に無病息災・延命長寿を祈禱する天曹地符祭を土御門家に命じて行った際、捧げる願文である都状（德川記念財団蔵）に「六十一歳」と書かれており、自筆で「家康」と署名していることである。天文一一年誕生が正しければ、この年に家康は数え六二歳である。天に捧げる願文に間違いは書けず、仮に家康自身の意志によって誕生年を天文一一年と詐称していたとしても、さすがに天に嘘をつくことは出来なかったのであろう。天には自分の生年を天文一二年と認めているのである。今となっては正確な誕生日は判らないものの、少なくとも家康の生年は、家康自身が認めた天文一二年と考えるのが妥当である。生まれついての帝王であることを強く印象づけるためには、卯年生まれではなく、寅年最後の寅の日生まれに置き換える操作が必要だったと思われる。

家康の英雄視は、その後の生涯の至るところで行われている。家康は数え六歳（天文一二年生まれならば五歳だが、本稿では定説に従う。）の天文一六年八月に今川義元の下へ人質して送られる途中、義理の母・田原御前（真喜姫）の父・戸田康光が裏切り、今川家と敵対する織田信秀へ家康を売却したことで、家康はそのまま尾張国熱田の加藤家屋敷に留め置かれることになった。

これまで通説とされてきた戸田家の裏切りだが、村岡幹生氏がこの説を否定し、父・広忠が織田信秀に敗れて降伏した際に、人質として始めから織田家に差し出していたという説を紹介した。(1) これは、同年に日蓮宗の僧・日覚が尾張や京都の情報を越後の本成寺へ書き送った「菩提心院日覚書状」（本成寺蔵）に、織田信秀が三河を平定したことが記されていることを根拠とする。第三者による伝聞記録の史料性について、どこまで正確な情報が記載されたかの検討を要するが、事実ならば松平家の敗北を隠蔽した一例となる。

家康は、二年後の天文一八年に、安城落城により今川方の捕虜となった織田信秀長男・信広との人質交換によって駿河国へ送られ、以後桶狭間合戦まで駿河に留め置かれることになる。大久保忠教が著した『三河物語』などでは苦渋の人質時代として知られる。父・広忠は既に亡く、本拠である岡崎城は今川家の城代によって管理され、当主は駿河で人質生活を送っているならば独立大名の体裁を成さない。その屈辱的な心情については大久保が述べる通りであろう。しかし、今川家にとって松平家は、領国西方を固める上で重要な国衆であるため、家康に対する扱いは粗略ではなかったはずである。

家康は天文二四年三月に元服し、今川義元から偏諱を賜って松平元信（後に祖父・清康の名を採り「元康」と改名する。）と名乗る。また、義元の姪で関口親永の娘（後の築山殿）を娶る。名の一字を授ける偏諱下賜は有力氏族に対してしか行われず、今川家一門に連なる名家との縁組みは、家康を一門衆扱いすることであり、少なくとも今川方に属している限り、松平家は有力一門扱いされたことは間違いない。久能山東照宮に遺る家康が桶狭間出陣の際に義元から授けられたという「金陀美具足」は、総身金箔地に漆を塗った最高技術の具足で、伝承が正しいならば、義元は一門衆の家康にその身分に相応しい一領を授けたことになる。しかしながら、家康が天下人として羽ばたく上で、今川家の属将だった時代は苦渋の時代にしなければならなかったのだろう。

なお、この間に家康は初陣を果たしている。永禄元年（一五五八）二月五日の三河国寺部城攻めである。今川家より離反した寺部城の鈴木重辰を討つため、家康は出陣して城下を焼き払い近在の城攻めを行うというはかばかしい戦果を挙げた。天下人家康は初手から名将の素質を備えていたことを謳うにはうってつけの初陣戦果である。

しかし、この時、家康は数え一七歳になっている。武家の男子は元服に合わせ通常一五歳前後で初陣を行うのに、一七歳は少し遅すぎる。もっとも戦がなければ初陣は出来ないが、松平家が関わる戦は家康が一五歳の時の弘治二年（一五五六）に行われている。三河国日近（名之内）城主の奥平久兵衛が今川方より離反して織田方となったことで、松平一族の長老・東条松平義春が出陣したものの城を攻略出来ずに討ち死にするという事件があった。もっとも、観泉寺史編纂刊行委員会による研究(2)では、この時討ち死にしたのは、義春ではなく嫡子の忠茂であることが証明されたが、いずれにしたところで松平勢が攻め手の大将を失うという大敗北を喫しているのである。

この合戦に家康は出陣していたのである。後に徳川幕府が編纂した『朝野舊聞裒藁』が引用した「岡崎古記」や「三河雀」にも家康出陣の記録が書かれており、日近城の西方二キロメートルのところにあった阿弥陀寺を家康の本陣にしたという。そのため『朝野舊聞裒藁』の編者は「これが初陣ではないのか？」という疑問を付記している。しかし、最終的に幕府は日近城合戦を家康の初陣とはせず、家康自身も出陣していないことにしてしまった。

『東照宮御實紀』では、この年に家康は今川義元に願い出て岡崎で先祖の墓参を行ったことが記されている。決して駿府から動けなかったわけではなく、岡崎に足を踏み入れていたわけである。しかも、家康が本陣を置いたとされる阿弥陀寺の裏山には、松平家の祖とされる親氏が攻め落とした麻生城があり、親氏による松平家発展の足掛かりの一つになった由緒ある地でもあるため、家康を初陣させるには恰好の場所だった。こういった絶好の由緒と家康の年齢から考えて、この合戦に家康が出陣した可能性は極めて高い。それにも拘わらず日近城合戦と家康を無関係にしたのは、戦が惨憺たる結果だったためで、華々しい戦果のあった寺部城攻めを初陣にすげ替えたと考えた方が良いと思われる。ここにも家康神話が働いているのである。

余談だが、日近城合戦敗北の全責任を押しつけられる形になった東条松平家は義春の孫・家忠が天正九年（一五八一）に夭死したことで断絶になるところ、家康は自分の四男・忠吉を養子にして東条松平家の名跡を継がせている。根拠は無いが、日近城合戦の汚名を着てもらった東条松平家に対する家康の配慮と考えられなくも無い。

家康は今川義元が桶狭間合戦で横死した永禄三年五月より今川家を離反する動きを見せる。翌四年には東三河の今川方の拠点・牛久保城を攻撃して反今川の姿勢を明確にし、織田信長との同盟に踏み切った。同六年には今川義元の編諱を捨てて「家康」と改名することで、反今川の姿勢はより明確となり、同七年の三河一向一揆を平定した後、同九年までには三河国を統一した。もっとも統一したといっても、後に武田家の侵攻によって、奥三河の山家三方衆（作手奥平氏・田峯菅沼氏・長篠菅沼氏）が離反するなど、必ずしも盤石な統一ではなかったものの、同九年に朝廷より従五位下三河守に任官されて三河支配の正当性が担保された。それと前後として「徳川」へ改姓し、松平一門を統括する頭領以上の存在として君臨することになったのである。

この今川家からの離反も家康側より正当化されている。本来ならば「謀反」であり、今川方の記録では家康の行動は「逆心」「錯乱」とされているのを正当化するためには、離反するに相応しい名目が必要となる。それが今川家を貶めることである。今川家は、当主義元が公家化して武門の誉れを喪ったため、桶狭間であっけなく討ち取られ、その息子の氏真は、家康が何度も仇討ちを進言したにも拘わらず、その志も無い凡庸な男とすることで、家康は見限らざるを得なかったという筋立てにしたのである。義元は「今川仮名目録」の追加法を制定するといった行政改革・軍事改革を進めた辣腕者であり、暗愚どころか名将として評価する研究は枚挙に暇が無い。氏真もまた動揺が広がる今川領国の経営に腐心し、義元歿後九年もの間、求心力を保ったことは凡庸な武将に出来ることではない。今川家は家康を上げるために、不当に貶められてしまったのである。

二、三方ケ原合戦神話

今川家から離反した家康は、以後、信長の協力者として信長の事績の様々な場で名を残すことになる。信長にしてみれば、東方への抑えとして無くてはならない存在であり、信長・家康の同盟は、当時としては極めて珍しく、終生破られることはなかった。家康はこの同盟により、東方への計略を容易にし、永禄一二年（一五六九）には今川家を事実上滅ぼして遠江国を一時的に領有する事ができた。しかし、このことが元で甲斐武田家との対立を深めていくことになる。

元亀三年（一五七二）に遠江国に侵攻した武田信玄と浜松北方の三方ケ原で戦い、大敗北を喫する。この合戦に関しても要因・経過・信玄の意図等に関して様々な見解があるが、そもそもこの合戦がどのように展開された合戦だったのかが、よく判っていない。

歴史書では著名な合戦の軍勢配置図がよく掲載されているが、いずれも後世に著された軍記物などを手がかりにして推測的に考証された配置図であって、実態を反映しているのか否かを探る手がかりは少ない。そもそも、合戦の当事者は状況に応じて軍勢を展開するため、いちいち合戦の配置図が書かれるわけでもなく、また書き物にして残す必要も無い。必要なのは、その合戦でどういう手柄を立てたかの記録だけである。ましてや相手方の武将の名前など目の前にいる者ならばともかく、後方部隊など自軍から見えない位置にいる部隊まで知る術はない。合戦全体を俯瞰することなど当時の大将でも出来ないのである。これは、有名な長篠合戦や関ヶ原合戦でも同様である。

三方ケ原合戦では、徳川勢が鶴の翼を広げたように左右にV字形に展開して敵を包み込む鶴翼の陣を敷き、武田勢は軍勢の先頭を飛び出たせる魚の鱗のような三角型の陣形・魚鱗の陣を敷いたとされる。武田勢は約二万五〇〇〇人、徳川勢は信長の援軍を含めても一万人程度と徳川勢圧倒的不利の中、軍学書で言うところの多勢が少勢を迎える際に用いる鶴翼の陣を敷く意図が判らない。それ以前に軍学書でいう陣形が実際の合戦で用いられていたのかさえ覚束ない。

そもそもこの合戦は意図して行われたかどうかも怪しい。これまで一般的に言われている合戦の経過は、数で劣る徳川勢は浜松城に籠城して武田勢を迎え撃つ手はずだったが、信玄は浜松を無視して西へ侵攻を始めたため、武士の矜持を傷つけられた家康は、止める重臣たちの意見を聞かず城より討って出て背後から武田勢を叩こうと三方ケ原台地まで進撃したものの、武田勢は迎撃態勢で待ち構えていたため、徳川勢は壊滅的敗北を喫したという流れである。老獪な信玄の策に、若輩の家康が見事にはまり、城からおびき出された上に、多数の家臣を喪い、自らも討ち取られる寸前だったことで、家康生涯唯一の敗戦というのみならず、三河一向一揆・本能寺の変直後の伊賀越えと共に家康三大危難とも言われている。しかし、この合戦の経過を記した当時の記録は皆無である。三方ケ原合戦に限ったことではないが、良質な合戦の経過記録はほとんど存在しない。遺されているのは伝聞や後世の考証記録が大半である。そのため、江戸時代から小説にしやすく、かつ人気が出る題材でもあったため、過分な創作も行われやすい。桶狭間合戦での奇襲や、墨俣一夜城伝説の創作もこの類である。

比較的成立年代が古い記録の一つ『当代記』という記録の中に、真偽は不明だが興味深い記録がある。この書には「信玄都田打越味方か原江打上、濱松衆為物見十騎廿騎つゝ懸來取合之間、是を可引取之由曰、家康公出馬之處、不慮に及合戦、濱松衆敗北、千餘討死」と記されている。つまり、家康は信玄が三方ケ原へ「打上」ったのを「物見」、すなわち偵察に向かわせたが、小競り合いとなったため、家康はこの物見部隊を引き上げさせようとして出馬したところ、「不慮に」合戦となったという。この記録が事実か否かを確かめる術は無いものの、合戦の開始時間が夕方というのも、偶発性の合戦だった可能性を残している。合戦が行われた一二月二二日は、新暦では一月二五日にあたる。浜松付近では一七時一〇分くらいに日没になる時期に、夕方から本格的な合戦を仕掛けるとは考えられないからである。

その真偽はともかくとして、家康が信玄に大敗したことは事実で、家臣たちも身内や同僚の死を目の当たりにしているため、家康の神格化を進めた幕府為政者も、さすがにこの事実を隠蔽することは出来ず、敗戦と記録せざるを得なかった。しかし、家康にとって「唯一の」敗戦であるにも拘わらず、敵に背を見せなかった、忠義を尽くす家臣が家康の身代わりになったといった美談が併せて付加されていく。最たる美談は、家臣の戒めも聞かずに若気の至りで出撃したことを悔やみ、その慢心の戒めとして敗戦直後の惨めな姿を描かせて座右においたという逸話であろう。尾張徳川家の什宝を継承する名古屋の徳川美術館にはその時に家康が描かせたとされる「徳川家康三方ケ原戦役画像」も遺されている。

長らく事実と信じられた逸話だが、この経緯を記した記録は皆無である。ましてや家康が「後悔」したとする記録さえも無い。神である家康は「後悔」はしないのである。記録の多くは、籠城という消極策に傾きそうな流れを、勝ち負けを度外視して、武門の意地として押し通したことを誉れとする記述となっており、同画像が製作される余地は無い。余談だが敗走時に家康が脱糞したという逸話も、当然のことながら江戸時代の記録には無い。おそらく近代の講談師などによって創作された話と思われる。

結論から言えば、この画像の伝承は尾張徳川家が近代になって創作した話である。詳細は拙著(3)を参照していただくとして概略を記せば以下の通りである。同画像は、安永九年（一七八〇）に尾張徳川家九代宗睦の嫡男・治行に嫁いだ従姫が実家の紀伊徳川家より持参した婚礼道具の一つで、尾張徳川家の伝世品では無い。持参した時も「東照宮尊影」すなわち、家康画像とするだけで、三方ケ原の伝説は伴っていなかった。この画像に合戦名が付与されるのは、明治になってからであり、明治五年（一八七二）の蔵帳には「長篠戦役陣中小具足着用之像」と記されている。同四三年四月開催の名古屋開府三百年祭における尾張徳川家大曾根邸での什宝陳列でも「長篠敗戰の像」として紹介されている。言うまでもなく、長篠合戦で家康は負けていないため、同時代に刊行された『尾張敬公』では、三方ケ原合戦敗戦の像と紹介されており、このころから「徳川家康三方ケ原戦役画像」として関係者に認知されるようになってきたと思われる。

この画像が広く世間に知られるようになるのは、昭和一〇年（一九三五）の徳川美術館開館時で、翌一一年一月に新愛知新聞や大阪毎日新聞で、この画像の写真が掲載され、新愛知新聞での紙上座談会で美術館の創始者・徳川義親が、「藩祖義直は父家康の九死に一生を得たる三方ケ原難戰を銘記する爲め、狩野探幽に命じて其敗戰當時の肖貌を畫かしめたるものなり。」と披露したことで、一般に認知された。その後も美術館で展示されるごとに、「敗戦を肝に銘ずるため」「慢心の自戒として生涯座右を離さなかった」といった解説が美術館職員によって付加されていったのである。江戸時代における神君神話創作とは別の流れだが、創作神話が史実級に昇華した最たる例だろう。

近代華族となった旧大名家では、単に美術品を所持するだけでは飽きたらず、由緒ある道具を欲したことで、根拠不明の話が道具に付けられる傾向にあった。徳川美術館では開館に並行して信長・秀吉・家康に因んだ三傑茶会を開催するようになり、この茶会に所蔵の美術品も提供されるようになると、道具組みはその由緒に左右されることから、真偽不明でも由緒を持つ道具を珍重する傾向が生まれた。

現在、徳川美術館所蔵道具の中でも著名な道具である「千利休作 茶杓 銘泪」「青磁三ツ足香炉 銘千鳥」の由緒もこの時に創作された可能性が高い。前者は利休が切腹する際、最後の茶会で使用した茶杓で、弟子の古田織部に譲られ、織部は茶筒に穴を開けて位牌代わりに拝んだという逸話、後者は秀吉の暗殺を謀った石川五右衛門が伏見城に忍び込んだ際、摘みの千鳥が鳴いたことで秀吉は危難を察知し五右衛門による暗殺は失敗したという逸話が付いている。しかし、千鳥伝説は『太閤記』に記されている話ではあるものの、その香炉が尾張徳川家伝来の香炉と同一である記録どころか、同家の蔵帳にも秀吉が所持していたという記録も無い。

泪の茶杓にいたっては利休作というだけで、最期の茶会・織部所持といった記録は皆無である。近年、文献を丹念に精査したことで利休切腹は無かった可能性があると論究した中村修也氏の見解(4)が正しいならば、そもそも切腹直前の茶会も無かったことになる。いずれにせよ、近代華族家の間で行われた悪く言えば由緒の捏造行為の所産が、無批判に市民権を得ているため、由緒の典拠を明らかにした上で歴史を検証する作業が必要である。

三、嫡男信康の切腹

家康と信長の関係はその後も継続し、天正三年（一五七五）には長篠合戦に連合勢として臨み、武田勝頼勢の撃退に成功している。家康の三河統一は、一次的には永禄九年（一五六七）とされているが、その後は武田家の勢力拡大によって奥三河の山家三方衆などの離合を招いているため、この長篠合戦の勝利でようやく三河を安定的に支配できたといえる。また、長篠合戦で敗北したとはいえ、武田家も一定の勢力を保持しており、武田家と徳川家との緊張関係は継続していた。そのような中、天正七年（一五七九）に家康の嫡男・信康が武田家との内通の疑いで切腹させられる事件が起きた。

一般に知られている話は次の通りである。信康の正室は信長の娘・徳姫で、彼女に男子が出来なかったことから、次第に信康とその実母で家康正室の築山殿との関係が悪化し、信康自身も粗暴な性格だったことから、徳姫は夫と姑の悪行を一二箇条にまとめて父・信長に訴えた。その中に母子ともども武田家への内通があったことが記されていたという。この書状を信長の下へ携えた家康重臣の酒井忠次は、信康を擁護するどころか、書状の内容を悉く認めたことで、信長は家康に対して信康の殺害を命じたという。家康自身は信康を死なせるつもりはなかったが、天下統一へ邁進する信長との力関係ではこれを覆すことは出来ず、泣く泣く息子を死に追いやったという筋書きである。このことで、ドラマなどでは信長を冷酷非情の暴君として描くことが多い。

しかし、この話にはいくつか不自然な部分がある。そもそも家臣団の指示命令系統は厳密だったはずなのに、なぜ信康の正室が、家康の重臣・酒井忠次を使者として任命できたのか、酒井は家康のためを考えれば当然一二箇条を否定すべきなのに、徳川家不利になるにも拘わらずその内容を全て肯定したのか、仮に信長と家康が主従の関係にあったとしても一族内の処断は当主の家父長権に属すことなのに、信長は当時の因習を犯してまで徳川家に内政干渉したのはなぜか等である。

結論を言えば信長の命ではなく、信康は家康自身の意志で死に追いやれたからに他ならない。家康と信康の不和は同時代史料である「家忠日記」にも記されており、やや時代は下る記録だが『松平記』にも信康と家臣団との対立があったことが記されている。武田家との内通があったか否かは不明だが、信康の居城・岡崎城の離反により、家康がいる浜松城と信長の清須城を分断するような事態は避けねばならず、ここに武田家が介入する余地は作ってはならないのである。

そのため、家康は信康を追放した上で領国に戒厳令を敷き、信康家臣の動揺を最小限に抑えこんだ上で、信康に切腹を命じた。酒井が信長の下へ赴いたのは、徳姫の使い走りではなく、家康自身の意志であり、同盟関係の証である信康と徳姫との繋がりを絶ったとしても、同盟を破棄する意志は無いことの釈明をさせたわけである。義理の父でもある信長を説得するには、筆頭級重臣でなければならず、当然のことながら酒井にとって信康の罪状は全て肯定する必要があり、家臣の行動として矛盾は無い。家父長権を犯してまで徳川家に内政干渉すれば、徳川家が離反する可能性が高く、武田家が健在である内にそのような危険を犯す理由は信長には無い。後世の記録だが「当代記」には「左様に父臣下に被㆓見限㆒ぬる上は不㆑及㆓是非㆒、家康存分次第之由有㆓返答㆒」との信長の言葉が記されている。直訳すれば「そこまで家康や家臣に見限られているというのなら仕方がない、家康の好きなようにせよ」ということになる。「武徳編年集成」の記述でも信長は切腹には慎重で、どこかに蟄居させて反省させれば良いのではと提案したのに対して、徳川方はもう手遅れであるとして譲らず、信長は仕方なく切腹を了解したとの記事がある。

家康が後世、息子の切腹を後悔することがあったとしても、事件当時は間違いなく家康の意志によって事態は進行されていたのに、家康の一生を語る場合、一転して暴君信長に逆らえなかった悲劇の主にすり替えられている。これこそが家康神話の最たる事象であろう。神である家康には子殺し・妻殺しの汚名を着せたくなかったのである。とはいえ、信長の圧力に屈したとするのも栄光に水を差すことになる。そのため、人知を超えた力によって家康でも抗えなかったとしたかったのではなかろうか。そこに妖刀村正伝説が生まれた素地があると筆者は考え、仮説を提示した。(5)

村正の刀は徳川家に祟るとされているが、家康自身の遺品に村正の刀が含まれており、尾張徳川家には二振の村正刀が贈られている。その内、一振は現在でも徳川美術館に存在していることから、家康が村正を忌み嫌ったという話は後世の創作であることは容易に推測が付く。村正の祟りとは、祖父・松平清康が家臣に殺され時に使用された刀と、父・広忠が暗殺された時の刀が村正の刀で、嫡男・信康の切腹介錯には村正の刀が使われ、家康自身も幼少期に村正の小刀で怪我をし、関ヶ原合戦時に村正の槍で手に傷を負ったという四代にわたる不吉話である。

しかし、各事件と村正の刀を結びつけるのは江戸時代に入ってからの記録であり、祖父はともかく父・広忠が殺されたとする記録は、江戸時代も中期にさしかかるころに書かれた少数の記録しか存在しない。江戸初期までの記録は『三河物語』をはじめ全て病死とされている。なお、広忠が死ぬ三年ほど前に刺客に襲われて怪我を負ったという記録はあるが、すぐに快癒したと記録されている。江戸時代中期の俗説は、この襲撃負傷事件を暗殺事件と取り違えただけで、広忠は病死したのが真相である。しかし、広忠は暗殺されたとする方が、村正の祟りを強調する上で都合が良かったのだろう。

つまり、徳川家に四代祟るという筋立ての方が、嫡男・信康の死もその流れで説明出来ることになる。人知を超えた所為、すなわち祟りによって信康は死に追いやられたとし、そこに家康すらも抵抗出来なかったとすることで、子殺しの汚名を避けようとしたのでは無いかとも考えられる。これはあくまでも村正の刀が尾張徳川家に家康の遺産として代々伝えられてきた謎に対する一つの仮説だが、信康の死は家康自身の意志によってもたらされ、信長の介在はあり得ないことだけは言えよう。

四、長久手合戦神話

天下統一を目前とした信長は、天正一〇年（一五八二）六月二日に、京都・本能寺において明智光秀によって命を落とす。その後の歴史は、羽柴秀吉を中心に展開することになり、秀吉は山崎合戦で光秀を退けた後、同月末の清須会議で決められた織田家中支配体制を反古にして、翌年には賤ヶ岳合戦で柴田勝家を破り名実ともに織田家中筆頭重臣となる。この合戦で信長三男・信孝は切腹させられたため、二男・信雄が事実上の織田家惣領となるも、秀吉は織田氏が持つ公儀性の簒奪を目論み、信雄との対立を深めていくことになる。その信雄と家康が組み、秀吉に対抗して起こしたのが天正一二年三月より始まる小牧・長久手合戦である。

本能寺の変の後、家康は同一〇年三月末に織田領国に組み込まれた旧武田家領へ侵攻する。武田家滅亡から旧武田家領をめぐる徳川家と北条家との争いを後世、天正壬午の乱と称し、家康は北条家との争いを軍事的優位に進めたことで、甲斐国・信濃国の領有に成功した。家康は武田家滅亡時に信長より駿河国を与えられているため、天正一〇年三月末から北条家との和睦が成立した一〇月末までのわずか七ヶ月で、三河・遠江・駿河・甲斐・信濃の五カ国を領する大大名にのし上がった。

この家康を取り込んだ織田信雄が、秀吉に内通したとされる三人の重臣を成敗したことで戦端が開かれ、信雄領国の伊勢国より尾張国にかけて戦線が展開する中、天正一二年四月九日に尾張国長久手において、家康の領国である三河国への侵攻を目指す羽柴勢を、家康自ら出陣して打ち破る長久手合戦が行われた。この合戦で羽柴方は池田恒興と嫡男の元助・森長可の大将が討ち取られ、総大将の羽柴信吉（後の豊臣秀次）勢が壊滅する大敗北を喫した。秀吉自身は戦場に臨んでいなかったものの、羽柴方に与えた打撃は大きく、一般的には以後膠着状態に陥り、同年一一月に講和となって八ヶ月にわたる合戦は引き分けに終わったと説明されている。

小牧・長久手合戦に関しては藤田達生氏らによる一連の研究[6]によって、単なる地域戦ではなく、北条氏・佐竹氏・長宗我部氏らを巻き込み、天下を二分する大規模戦争だったことが明らかになっている。長久手で一敗地にまみれたものの、秀吉はその後、各所で信雄・家康方を追い詰め、信雄領国を圧迫して事実上の降伏に近い講和に持ち込んだ。その後、信雄・家康が築いた秀吉包囲網を各個撃破、翌一三年には関白に叙任されるなど、戦力・政治力ともに信雄・家康を凌駕することになる。講和内容も、信雄の領国である伊勢国の半分を割譲させられ、信雄・家康共に秀吉へ人質を出すという偏務的な講和であり、最終的には信雄・家康ともに秀吉への臣従を余儀なくされる事実上の敗北であった。

また、磯田道史氏が明らかにしたように[7]、この時、徳川領国は洪水・飢饉によって疲弊しており、秀吉による三河国総攻撃に対抗できる戦力を有していなかった。滅亡の危機に瀕していた状態だったにも拘わらず、家康が政治的命脈を保てたのは、天正一三年一一月二九日に発生したマグニチュード8クラスの天正大地震によって秀吉方への被害が甚大だったからである。この地震によって秀吉は三河侵攻を諦め、交渉によって家康を臣従させる手法に切り替えたため、家康は秀吉政権の中で地位と軍事的優位性を得ることが可能となった。天正大地震は、まさに歴史を変えた天災といっても良いだろう。

結果論的に家康は救われたものの、小牧・長久手合戦は秀吉にとって織田家の天下を奪う天下分け目の合戦であり、家康臣従の基を作った合戦であって、秀吉にしてみれば引き分けでは無い。この五年後、秀吉によって小大名に堕とされる織田家にとっては完全敗北である。それにも拘わらず「引き分け」とするのはなぜなのか。

一つには、八ヶ月にわたる長陣だったにも拘わらず、局地戦である長久手の名が合戦全体の冠称になっていることが合戦全体の評価を見間違えやすくしている。これもまた家康神話の一例なのである。秀吉自身は戦場に臨んでいなかったとしても、後に天下人となる秀吉側の軍勢を破ったことは、家康の力量を秀吉と同等、あるいはそれ以上と喧伝する上で恰好の合戦だった。それゆえに江戸時代の諸書は「引き分け」と強調したのである。

長久手合戦顕彰の動きは江戸時代から行われており、特に古戦場を領国内に持つ尾張藩では、藩祖・徳川義直が家康の九男であることから、義直は父・家康の事績顕彰に努め、義直の後・光友・綱誠の三代にわたって小牧・長久手合戦に関わる遺跡が調査され保護されていった。小牧山は家康の御由緒地として立ち入りが禁止され、長久手古戦場にはゆかりの地を特定した上で碑が建てられている。(8)

その過程で製作されたのが、徳川美術館などで所蔵される長久手合戦図屏風であると筆者は考えている。(9) 長篠合戦図屏風と対となり、併せて長篠・長久手合戦図屏風と称される作品は、現在十数点の存在が確認されている。片隻しかない場合もあるが、大半は対となっており、製作年代はまちまちながら、尾張藩周辺で製作された由緒を持つ作品が散見される。対といっても長篠合戦図と長久手合戦図は画風が全く異なり、同一作者のよる手でないことは一見して明らかである。また、長篠合戦図は本多忠勝を象徴的に描き、長久手合戦図は井伊直政及び井伊勢の活躍を画面の大半を使って描くなど、元々はそれぞれ本多家・井伊家周辺で製作された可能性が示唆できる。

本来別個に製作されたはずの屏風が一対となっているのは、尾張藩が進めた家康顕彰事業の過程で、尾張藩が各家所蔵の作品を取り寄せ筆写したからと筆者は考えている（ただし、現存する徳川美術館所蔵品は後世の写し）。そのため画風が全く異なる作品を一対とする祖本が尾張家で製作され、尾張家重臣の成瀬家や渡辺家が合戦に参加した先祖を加筆して家独自の屏風を製作したことで、複数の合戦図屏風が存在することになった。そして、それぞれの屏風の絵解きを通じて、先祖を顕彰すると同時に、秀吉方を撃破した長久手合戦のみの成果をもって、天正一二年の秀吉との合戦全てを「引き分け」だったと喧伝する効果をもたらした。江戸幕府の文献編纂においても、同合戦を「引き分け」する見解に誘導しているため、遺された様々な作品・史料媒体によって現代でもその解釈が有効性を保っているのである。

おわりに

家康の神話は人口に膾炙していく過程で、時には加味され、時には改変され、繰り返し紹介されることで、史実と創作が混在する状態となって現代に引き継がれていると言っても良いだろう。家康のこの後の事績でも各所で同様の現象が起こっており、例えば天正一八年（一五九〇）の小田原北条家滅亡後に、秀吉によって北条家の旧領である関東へ移された際、本拠とした江戸の景観について『岩淵夜話別集』では茅や蘆が茂る閑散たる土地であり、『落穂集追加』では江戸城はみすぼらしいあばらや同然と記している。一見すれば自然に読める描写であっても、ここにも家康を過大に顕彰する意図が含まれており、そのような未開の土地を家康の力量で今の巨大都市の礎を築いた、という論法に繋げれば家康の偉大さが強調されることになるからである。

後の大江戸と称された巨大都市からすれば、北条家支配下の江戸は鄙びた寒村かもしれないが、太田道灌時代に江戸に訪れた万里集句の『静勝軒記』では、漢詩文の大仰な表記を差し引いたとしても江戸城は堅牢かつ風雅な城で、城下は江戸湾の湊町として活況を呈していたことが判る。それゆえに北条氏は領域支配の一拠点として江戸に支城を構えたわけで、卑下されるほどの寒村でなかったことは、江戸遺跡から発掘された青磁などの威信財を含む中世遺物からも判明している。

関ヶ原合戦においても同様で、家康の卓越した戦局眼が天下分け目の合戦を征したと記述される場合が支配的だが、戦局は刻一刻と変わり、最初から最後まで見通せる戦術家は現在においても存在しないのと同様、上杉景勝討伐に出陣した時点で石田三成が挙兵することまで読んでいたわけでは無い。こういった関ヶ原合戦時における家康の立場については、笠谷和比古氏によって明らかにされている(10)。

家康は自分の正当性を担保し、豊臣政権下における自分の優位性を確立する上で、豊臣公儀の名で上杉討伐を決行したものの、関東滞陣中に反家康派によって政権中枢を乗っ取られ、家康に対する「内府ちがいの条々」という家康弾劾文が豊臣秀頼の名で発給される事態となってしまう。これは、家康が賊軍として公に認定されることであり、豊臣公儀の名において上杉討伐に参加した諸将にとっては、家康に従う大義名分が無くなるわけで、家康にとっては致命的な大失態である。それにも拘わらず、悲観的な状況下においても求心力を維持し、中山道を進軍する徳川本隊が間に合わなくても、毛利本隊が関ヶ原で合流する前に美濃国侵攻部隊を叩くという紙一重の戦を仕掛けた戦略眼は見事ではある。しかし、結果的に勝利しただけであって、状況から鑑みるに関ヶ原合戦は家康にとって薄氷の勝利でしかない。

優れた将に求められるのは状況に応じて下されるその時々の判断であり、その大局性の如何により、将としての優劣が判明する。そういった意味で家康は優れた武将と言えるものの、決して神がかってはいない。それがいつしか、結果から経過をたどることで、上杉討伐は石田三成をおびき出す罠だったという神通力を持ち合わせた人物という評価になってしまう。こういった評価は、家康に限らず英雄視された人物に見られがちだが、誰であろうと時には失敗する生身の人間という基点を忘れてはならない。

最期に余談だが、家康が征夷大将軍に任命されて慶長八年（一六〇三）に「江戸幕府」を開くという表記が見られるが、細かく指摘するならばこの表記は間違いである。この時にはまだ江戸に幕府という組織を運営する空間が存在しないからである。この時に創設された幕府と、後世に組織化される幕府とはその性格は異なるものの、武家を統括する組織という点で言えば、家康はその政務を伏見城で行っている。天下人の要素の一つに、諸将を参勤させる権限を有することが挙げられる。これは古来の武家政権でも行われてきた支配儀礼だが、当時の江戸城は豊臣政権下の一武将の居城でしかなく、公儀空間として諸将を参集させる巨大空間を有していなかった。当時、そういった公儀性を有した城は、秀吉が造った大坂城と伏見城しか存在しなかったため、家康は伏見城での政務を余儀なくされたわけである。

その後、家康は江戸城の大改修を実施し、慶長一一年（一六〇六）の本丸御殿竣工によって、ようやく江戸城は公儀性を備えた城となったわけである。この時、家康は将軍職を秀忠に譲っているので、幕府名に地名を冠したいなら「江戸幕府」は二代将軍秀忠から始められたということになる。家康の将軍時代は「伏見幕府」ということになろうか。本論とは関係ない事項だが、敢えて指摘しておく。

注

（1）村岡幹生「織田信秀岡崎攻落考証」（『中京大学文学界会論叢』一号、二〇一五年）。
（2）観泉寺史編纂刊行委員会編『今川氏と観泉寺』（吉川弘文館、一九七四年）。
（3）原史彦「徳川家康三方ヶ原戦役画像の謎」（徳川黎明会編『金鯱叢書』第四十三輯、二〇一五年）。
（4）中村修也『利休切腹』（洋泉社、二〇一五年）。
（5）原史彦「「刀 銘 村正」の伝来と妖刀村正伝説」（徳川黎明会編『金鯱叢書』第四十五輯、二〇一七年）。
（6）藤田達生編『小牧・長久手の戦いの構造 戦場論 上』（岩田書院、二〇〇六年。藤田達生編『近世成立期の大規模戦争 戦場論下』岩田書院、二〇〇六年。
（7）磯田道史『天災から日本史を読みなおす』（中公新書、二〇一四年）。
（8）芳賀祥二『史蹟論 19世紀日本の地域社会と歴史意識』（名古屋大学出版会、一九九八年）。
（9）原史彦「小牧・長久手合戦図屏風の製作背景」（徳川黎明会編『金鯱叢書』第三十六輯、二〇〇八年）。原史彦「奥道具としての長篠長久手合戦図屏風」（徳川美術館編『合戦図　もののふたちの勇姿を描く』二〇一九年）。
（10）笠谷和比古『関ヶ原合戦』（講談社選書メチエ、一九九四年）。

第4編

歴史系学問と戦国イメージ

10 戦国大名の実像
――殿様と家来

◉佐々木倫朗

はじめに

テレビや映画、そして小説などの様々なメディアにあらわれる戦国大名や武将は、一般的にヒロイックなイメージで描かれることが多い。とくに近年のゲームやアニメなどでは、非常にその傾向が強いように思う。私も、少年期にマンガを含めた身近なメディアを通じてそのイメージに触れて歴史に興味を持ち、研究の道に入った一人である。しかし、正直残念なことなのでもあるが、大学で歴史の研究を始めるようになると、メディアに描かれる歴史上の人物像に違和感を抱くようになった。そして、更に自分が大学院に入って研究を続けていくと、その研究が深まれば深まる程、自分が頭の中でイメージする人物像とメディアに描かれる人物像との違いが大きくなり、違和感も強くなっていった。そのため、次第に大きくなる違和感によって、それまで親しんでいた時代劇などのテレビ・映画を見なくなり、小説なども歴史に関するものは読まなくなっていった。

その違和感の原因を自分なりに考えると、主に二つのことがその違和感を生んでいるように思う。一つは、自分の研究の深まりの中で同時代史料の中から窺える歴史上の人物の様々な面を知ることによって、メディアに表れる現代的な人物像に共感できなくなることが原因であると思われる。次に、これは自分が年を取ったことにも影響されているのだが、最近のゲームやアニメ等で描かれるイメージが、自分が中学生や高校生で触れたイメージとはあまりにも大きく違うものになっていて、正直付いていけないという感情が原因の一つであるように思う。細かく見ていけば他にも原因はあると思うが、主にこの二つが違和感の出発点であるように思う。

今回のシンポジウムの依頼を受けて、正直何を話したものかと迷ったのだが、やはりその違和感について話させていただくことが一番良いのではないかと思うに至った。そして、違和感の原因の後者を扱うのは私の専門外でもあるのでおいておくとして、原因の前者については示すことはできるように思うので、私が捉える戦国時代の人物の姿を紹介する中でそれを示していきたいと思う。そして、違和感の中でも最も大きな違和感を抱く戦国大名と家臣の関係を中心に述べさせていただきたいと思う。

一、織田信長と家臣

戦国大名と家臣は、主従関係で結ばれていることは言うまでもない。現代でイメージされる主従関係は、兵農分離を遂げた江戸時代を通じた儒教教育、それを形を変えながら引き継いだ明治以降の教育の中で、殿様＝主君や、天皇に忠誠を尽くすことが良いことだということを教え込まれた結果として生まれたものと言って良いと思う。しかし、実際に中世の史料を読んでいく中で、そのような「御恩」を与えられた主君に対して忠誠を尽くして「奉公」することを良しとするだけでない関係を時折みることができる。そして、戦国時代になると、主君と家臣の関係のあり方が、現実の生き残りをかけた状況の中で浮かびあがってくることがよくある。私は、その関係を明らかにすることを試みたいと思って研究を続けてきた。その関係を紹介・説明していく上で理解しやすいと考えられるのが、織田信長とその家臣の関係であると思う。信長を戦国大名と評価するかは、研究の分野で議論がない訳ではないが、信長が戦国時代後期に活躍したことは明らかであり、広い意味で戦国大名と言い得ると考えて、ここでは例とさせてもらいたいと思う。

メディアで取り上げられている信長は、新たな時代を切り開いた典型的な英雄ないし英傑として描かれていることが多い。そして、その人物像も、強力な独裁君主として造形されることが多いように思われる。

しかし、その反面で、信長ほど多くの従属した領主や家臣に造反されたり裏切られた大名はいないといってよい程に、多くの家臣に離反されているのも事実である。天正一〇年（一五八二）に信長の命を奪う明智光秀、他には、元亀元年（一五七〇）には従属と言って良い同盟関係にあった浅井長政に離反され、窮地に追い込まれている。また本能寺の変の前段階の天正六年に荒木村重や別所長治に離反されて畿内制圧の事業は停滞し、その討伐に苦労している。そして、その離反を整理してみると、信長が上洛して三年後に離反した浅井長政を除くと、離反は、信長が光秀に討たれる本能寺の変の五年以内に集中していることがわかる。

なぜ五年以内に造反や離反が集中するのかということを考える前に、その問題について興味深い事実を示唆するのが、信長の死の二年前の天正八年に行われた重臣佐久間信盛の追放であるように思う。信盛は、織田家に信長の父信秀の代から仕える重臣であり、石山本願寺に対する攻撃の指揮を任せられる等、追放以前は織田家随一とも言って良い武将である。

その信盛を追放した理由を、信長は実に十九ヶ条も書き上げて示すのだが、その中で信長と信盛の関係を考えていく上で興味深い内容が、次の箇所である。

> 一、先年、朝倉破軍の刻、見合せ、曲事と申すところ、迷惑と存ぜず、結句、身ふいちやう（吹聴）を申し、剰へ、座敷を立ち破ること、時にあたって、信長面目を失ふ。その口程もなく、永々此の面にこれあり、比興の働き、前代未聞の事。(1)

内容としては、以前の天正元年に織田氏が朝倉氏と抗争していた際に、朝倉勢が戦いに破れて敗走しようとしたので、信長が追撃を指示したところ、それを他の織田勢の諸将と共に信盛が無視する事件が起きた。信長が無視した事実を追求したところ、信盛は悪びれることなく、むしろ我々ほどの良い家臣は中々いないと自慢までし、さらには座敷を「立ち破る」ことまで行った。そのため、信長は面目を失って機嫌を悪くしたという内容である。

ここで注目できるのが、信長から追撃戦を行う指示を無視して叱責された信盛が、開き直って自分たちの優秀さを主張し、「座敷を立ち破る」行為までしでかし、それに対して、信長はその場で非常に機嫌を悪くしているが怒りを表すにとどめていることとである。「座敷を立ち破る」とはどのような行為なのかは解釈が難しいのだが、座敷の戸などを壊す行為であったと捉えるべきであり、信長に抗弁する感情の高ぶりの中で行ったとはいえ強烈な行為であったと思われる。そのため、信長は、この信盛の言動をよく覚えていて八年後に追放の理由としたと考えられる。

一般にイメージされる気高い独裁君主である信長であれば、このような場合は信盛を手討ちにしてしまうように思われるのだが、実際には信長は家臣の反抗に怒りをこらえて耐えているのである。そこには、ある意味で、信長は、重臣の筆頭である人物に反抗されて我慢するような一面を持っていたことが窺える。一般的なイメージと異なる信長像をそこに見ることができる。

では、何故一度は我慢していたことを八年後に問題にするかという疑問が生まれる。それは、信盛が反抗したのが天正元年であったという年代に問題を解く鍵があると思われる。

天正元年は、信長は浅井・朝倉氏と激しく争って滅ぼす時期にあたり、武田信玄が死去するのも同年である。そして、また室町将軍足利義昭を追放するのも同じ年である。天正元年は信長にとって周囲の敵と激しく抗争している時期にあたっているために、信長としても信盛の行動が許せないものと考えても、とてもそれを処分できる時期ではなかったのではないかと思われる。信盛を処分すれば、それを見た信盛の一族や縁者、あるいは動揺した他の家臣の反抗や離反を生む可能性があった。そのため、信長は信盛を処分したいという思いを抑え、我慢したと考えるべきであると思う。

それに対して、信盛を追放した天正八年は、足利義昭を追放した後に石山本願寺と和睦して近畿地方をほぼ手中にした時期にあたる。また天正三年には、長篠の戦いで武田勝頼を破り、右近衛大将に就任する。翌年には安土城の築城を開始している。このように信長は、天正五年以降は、本願寺との争いを続けながら天下人としての地位を固めつつあった。

信盛は、その本願寺攻めの指揮を任せられるものの、働きが不十分であったことも追放の理由とされている。従って、天正八年は、信長が本願寺を降して文字通り天下人としての地位を固めた時期にあたっている。信長の立場から考えると、天下人の威厳を示す為にも、家臣の筆頭として信長を軽んずる振舞のあった信盛を追放したと考えることができる。

このように佐久間信盛の追放の意味を考えると、先に触れた天正五年以降に家臣や従属していた者達の離反が続いた理由も、一つの想定が可能となる。信長が次第に天下人の地位を固め、それにふさわしい行動を取るようになると、それまで従っていたり同盟していた勢力や人物にそれまでの関係の清算を求めるようになる。その関係の精算や変化が、自分自身や自身の家の体面を重んずる者達にとって受け入れられないものである可能性があり、それが離反に繋がった側面があるものと思われる。武家にとって、自らの誇りや「家」の社会的な位置づけは、現代以上に重要視された事柄であり、それを維持したり、高めたりすることは、武家にとって一つの行動原理であると考えることができる。勿論、信長との従来からの関係の清算が、信長の家臣が離反した理由のすべてとは言い難いが、一つの原因と考えて良いと思う。

そのように考えると、著名な信長も、天下人としての地位を固める以前は信盛の行動を我慢したように、家臣や従属者に対して配慮する、気を使う人物であったことは想像に難しくない。その意味で、独裁君主的な信長は、天下人として振る舞いだして以降の姿であった可能性が高いのであり、一般的なイメージとして語られる信長像と実像の信長像は異なっていた考えてよいと思われる。

二、戦国大名と家臣の関係――常陸国佐竹氏

前節では、織田信長と家臣の関係について触れたが、この節では、佐竹氏とその家臣について述べてみたい。佐竹氏は、常陸国北部、現在の茨城県北部を根拠地とした戦国大名だが、関東では北条氏と対立しながら勢力を伸ばすと共に、北の南奥地方にも進出していた。とくに現在の福島県南部には白河の白川氏や会津の蘆名氏らと抗争しながら勢力を伸ばし、戦国末期に台頭してくる伊達政宗と対峙した。

（1）船尾氏の事例

佐竹氏の南奥進出の中で活躍した人物として、船尾山城守昭直が挙げられる。昭直は、出身は岩城氏の一族でありながら、南奥に縁者が多い地の利を生かして主に外交活動で活躍した。例えば、天正六年（一五七八）に佐竹義重の二男義広（のち蘆名義広・盛重）が白川義親の養子となる時には、その下交渉を行ったことが史料的に確認でき、(2) その功績によって滑津城（福島県矢吹町）を与えられている。

このように佐竹氏に服属して活躍する中で所領規模や地位を向上させた昭直ではあったが、天正一七年六月の磨上原の戦いで、蘆名氏が伊達政宗に敗北して滅亡すると、その運命は大きく変転する。蘆名氏の滅亡の結果、六月以降福島県南部の領主層の中に政宗に従属する者が続出し、同時に行われた政宗の攻勢もあって、戦線は大きく南下した。そして、年末にかけて白川氏や石川町の石川氏も政宗に従属する姿勢を明らかにした。その結果、昭直が居城とする滑津城は、佐竹氏の前線から大きく突出する状況になり、昭直の進退を憂慮した佐竹義宣から佐竹氏の前線拠点の赤館城（棚倉町）への退避を再三にわたって要請される事態に立ち至った。(3)

しかし、その要請を受けながら昭直は年末に至っても滑津を動かなかった。この時期に昭直が何を考えていたかが窺えるのが、伊達政宗の書状である。政宗の一二月二八日付の書状の追而書に以下のような文言がある。

> 滑津之舟山、頻ニ進退詫入候、石河御本領・白河御本領除候而、其身手前之所領計ニ而者、召出シ候而も不苦候歟、併打敗より案外人ニ候条、不通ニ申払キ、(4)

内容的には以下の通りであると思われる。滑津城の「舟山」＝船尾山城守昭直がしきりに自己の処遇に関して願い事を言ってきている。石川氏と白川氏の領地を除いた昭直自身の所領の安堵でよいのであれば、仕えさせて良いのではないかと思ったが、しかし、昭直は意外な人物であったので、交渉を断ったという内容と思われる。

政宗の書状にこのような文言が出てくる以上は、昭直は、敵方の勢力に囲まれる状況にありながら、自らの滑津城を安堵して領地を維持できる方向で、政宗と交渉を持っていたと思われる。政宗の交渉拒絶によって、昭直は、佐竹氏への帰属を明らかにし(5)、のちに滑津城を放棄した。

このように佐竹氏に従って功績を立てることによって立身した船尾昭直は、自らの領地の維持を条件に敵方の伊達氏と交渉していることがわかる。

（２）額田小野崎氏の事例

次に佐竹氏に属して、額田城を本拠とした小野崎昭通を取り上げる。額田小野崎氏は、佐竹氏の家臣の中でも特に勢力が大きく、額田を本拠としながら独自に所領経営を行っており、周辺の水戸城の江戸氏とは所領の境界紛争を繰り返している独立性の高い国衆である。

その小野崎氏が江戸時代に伝えた文書群に、次の史料が含まれていた。

其口弓箭如存分執成候者、江戸一跡之事、可進置候、此旨不可有相違候、仍證文如件、

天正十八年庚寅正月十日政宗（花押影）

小野崎彦三郎殿(6)

この史料は、先の船尾昭直の例で触れた天正一七年の磨上原の戦いから始まる蘆名氏の滅亡、白川・石川氏の

伊達氏帰属という一連の事態が発生する中で、伊達政宗から発給された文書である。内容は、「其口」＝常陸方面の戦いが思うように進展すれば、小野崎昭通に江戸氏の所領すべてを与えることを政宗が約束する文書である。従って、この史料は、昭通が佐竹氏の領国の内部に本拠を持って佐竹氏に従う立場でありながら、佐竹氏と抗争する伊達氏と交渉を持ち、将来的な知行充行の約束を受けたことを文字通り示している。昭通の本拠額田は、現在の茨城県那珂市に位置している。福島県南部にまで勢力を及ぼしてきた政宗からみれば、佐竹氏の本拠太田城（茨城県常陸太田市）よりもさらに南に位置していて、常陸太田と水戸の中間に位置することになる。そのような伊達氏から見ても遠方に位置して、現実的に伊達氏の攻勢の影響が出ていない常陸内部でも政宗と交渉を持つ動きが起きていたことがわかる。額田小野崎氏の場合は、周辺の江戸氏と紛争を抱えていてその処理をめぐって佐竹氏に対して不満を持っていた影響もあると思われるが、ここでも従属する佐竹氏と敵対する勢力と交渉が行われていることがわかる。

　この額田小野崎氏の例と船尾氏の例を併せると、戦国大名の家臣の中には、敵対勢力と独自の交渉を持ち、自らの利益の維持・拡大を図ることがかなり一般的に行われていたことが予想できる。そこには「武士は二君にまみえず」という価値観とは異なる意識が存在していたことが予想される。

　このような意識を船尾氏や額田小野崎氏らが持った背景として考えなければならないのが、佐竹氏や伊達氏等の戦国大名ばかりでなく、彼らが領主として自らの領地を経営する在地領主であったことである。

　彼らは、大名に仕えると共に、自らの領地の中では領地の中心となる城郭や館に居住し、領地の農民を支配しながら経営にあたっていた。そして、そのような者の多くが、一代で領主になった訳ではなく、先祖伝来の領地を受け継ぐ中で領地を支配していたのであった。そして、先祖から領地を継承する中でそれぞれの武士の家の歴史＝由緒が育まれ、その由緒に対する誇りを持つようになっていた。そして、その彼らにとって、果たさなければならない最も重要な責務とは、先祖から受け継がれてきた領地経営を維持し発展させることであり、またそれを後の世代に無事に継承させて自らの家を存続させることであった。戦国大名の家臣の中には、上層農民が武士化した者等の様々な階層が含まれるが、史料の上に表れ、大名と共に活動する者達の多くが、先に述べた自らの家の歴史を持つ武士であった。

そのような武士達のあり方を考えると、彼らの行動原理として自らの領地経営の維持と発展が最も重視される事柄である。その意味で、伊達政宗と交渉して滑津城と周辺の領地を維持しようとする船尾昭直や、伊達氏の佐竹氏制圧を見越して江戸氏の領地獲得の契約を得る小野崎昭通の行動は、伊達氏の勢力拡大という事態の展開の中で彼らの根源的に求めるものを表しているものと思われる。

三、戦国大名の権力構造

前節で戦国期の佐竹氏家臣の行動を追いながら、佐竹氏と家臣の関係を考えてきた。そこには、自らの領地支配の維持や発展のために、主人の敵対勢力と交渉を試みる姿が確認できた。そして、自らの領地支配の維持や発展が、戦国時代の武士の主な行動原理であったことを説明した。本節では、前節の結論を踏まえ戦国時代の武士の主従関係とそれに基づく権力構造について考えていきたい。

（１）中世の主従制

まず一般に中世における武士の主従関係には、佐藤進一氏と大隅和雄氏によって大きく二種類の類型に分かれることが指摘されている。[7] その二種類とは、家人型と家来型である。

家人型とは、人身的な支配関係＝隷属関係に縛られた主人と武士の関係である。家に昔から仕える直属の家人と主人の関係を指すもので、その出発点は、家に隷属して働く存在と主人の関係であったと考えられている。そして、譜代の家人と言われる関係もこれにあたる。

それに対して、家来型は、家礼型とも記され、主従関係が主人と家来との双務的な契約関係によって結ばれている関係とされている。この関係は、主人が家臣との契約を果たせない場合には、家来側から契約関係を破棄できる関係であった。従って、家来型の主従関係を結ぶ家臣は、主人に対して去就・向背の自由を権利として持つ存在であった。

武家社会においても、この家来型の主従関係は多く見られると考えられ、例えば頼朝と東国武士に結ばれた関係も多くがこの関係であったと思われる。頼朝に対する主従関係の成立を示す儀礼をみると、従属する側が自らの財産や家人を書き連ねた名簿を主人に提出し、主人と対面する見参の礼によって主従関係が成立したとされる。[8] 名簿提出は、主人に対する家臣自らの財産の開示であり、奉公の基準の開示でもあった。しかし、逆にみれば主人は家臣に対して開示された財産を保護する責任が生まれるのであって、家臣の財産保護を義務づけられた側面もあったのである。

家来型の関係は、契約的性格を持つため、複数の主人と二重三重に主従関係を結ぶ武士も存在し、鎌倉時代初期には幕府の御家人でありながら貴族の一条家の家人でもあった後藤基清、また幕府の御家人でありながら貴族大中臣家の家司で、後鳥羽上皇の西面の武士でもあった加藤光員等の例が挙げられる。[9] 鎌倉期の武士は、将軍と主従関係を結んで御家人になると共に、本領では公家の荘園を実質的に経営をする者もいるため、荘園制の中では公家にも仕えている複合的な立場を持つ者が多くいた。そのため、複数の主人を持つ存在は、珍しい存在ではなかった。また室町時代にも、このような複数の主人を持つ存在と考えられる「諸家兼参の輩」と呼ばれた存在が確認されている。

この関係は、公家の場合にも確認でき、例えば摂関家等の上級公家に対して、本来的ならば天皇の家臣であるところの中下級の公家がこの関係を結んで奉仕し、上級公家によって保護される関係等が例である。藤原定家は、九条家や八条院と主従関係にあった。(10)

このように類型としては、大きく分けて二種類の主従関係が中世に存在したと考えるが、現実には綺麗に二種類に分けられる訳でなく、主人と家臣の間でその個人間の公的・私的な関係等によって主従が結ばれる毎にそれぞれに少しづつ性格の異なる個別の関係が結ばれていたものと考えられる。ただ中世の主従関係において、おそらく家来型の関係の方が圧倒的に多数であったと考えられる。

そして、この類型の家人型の関係が変化して登場したものとして、戦国末期から江戸時代初期に登場してくる出頭人の存在である。この時期には、主人の信任によって家柄や格式によらず権勢を振るう人物が登場してくる。例としては、江戸時代初期の本多正信・正純等が典型的な出頭人として挙げられる。出頭人は、主人の特別な信任を得ることによって広範な権力を振るう性格が強いため、主人に殉死する事例が多い。主人の家に対する奉公ではなく、主人個人に仕える性格が強いことによると考えられている。(11)

（2）戦国大名の権力構造

戦国期を含む中世の主従制について確認を行ったが、双務的な契約関係である家来型の主従制が主流であった。そして、それを受けて戦国大名の権力構造を考えてみたい。

まず室町時代の守護大名の領国支配を図示したのが、次の図1である。守護の通常の領国支配は、守護は基本的に在京しているため、その家来である守護代が領国に在国して守護の権限を代行する立場で支配を行っていた。領国内の武士達は、守護の被官＝家臣でなければ、基本的には室町幕府の家臣としての御家人身分を保持する国人領主として将軍の指示によって守護の指揮下に入っていた。室町期の守護は、軍事・警察権に限定される職権しか与えられていなかった鎌倉期の守護に比べて、税の徴収権を認められるなどして権限を拡大していた。そして、初期においては、守護と国人領主の間の関係は、守護の職権によって結ばれる傾向が強かったと思われる。しかし、室町幕府が多くの国々で守護職が一定の大名家の家職化することを許容したため、守護と国人領主との間の指揮・命令系統は恒常的なものとなり、初期段階から守護に対して家来型の主従関係を結ぶ国人領主も存在したと思われるが、守護職の家職化の傾向の強まりの中で、国人領主の中に守護と家来型の主従関係を結ぶ者がでてくる傾向は強まっていったと考えることができる。また、国人領主の家に庶子として生まれた者の中には、守護と結びつくことによって自分の利益確保や勢力拡大を行う目的で積極的に守護と家来型や家人型の主従関係を結ぶ者も出てきたものと思われる。その主従関係の形成のされ方やその類型は、一様ではなかったと考えることができる。

また確認しなければならないこととして、国人領主が基本的には御家人身分を保持していることで、家来型の主従関係を守護と結んでいたとしても、将軍の家臣という関係が保持されていることである。その意味では、守護と同格の立場をも国人領主は保持していた。また広く知られるように、彼らは国人一揆を組織して、守護の支配に抵抗する場合もあり、被支配者として単純に一括りにできない側面を持っていた。

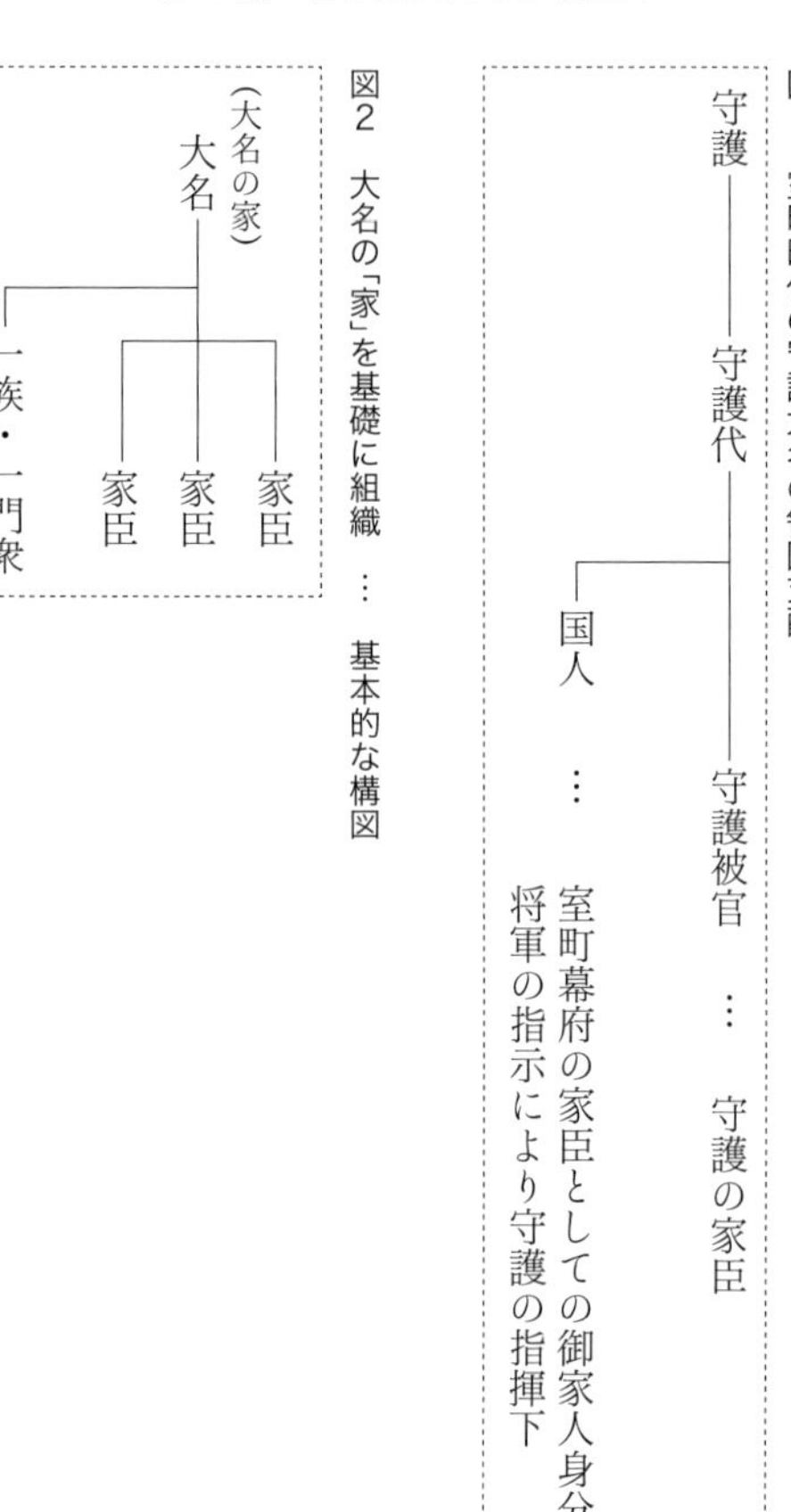

図１　室町時代の守護大名の領国支配

図２　大名の「家」を基礎に組織　：　基本的な構図

次に戦国大名の基本的な構造を図示すると、図２になる。戦国大名は、大名の家のシンプルな構造に家臣団を位置づけていた。現代では、戦国大名の組織を現代風に解釈して会社組織になぞらえることが多いが、しかし、当時の武家社会における組織は、家産性秩序に基づく家的な組織しか持てていないため、それを会社組織になぞらえるには無理がある。

また、前述のように家臣自体の行動原理が自己の利益中心であり、行動原理が異なるので、比較は難しいように思う。さらに、先に述べたように家臣と大名との関係が大まかに二種類の類型をもって関係が持たれており、また一見家臣にみえても寄親寄子制度で指揮を委ねられているだけの者もおり、関係の明確化が難しく、非常にわかりにくい構造である。そのため、権力構造の組織図化は極めて難しい。

しかし、あえてそれらを踏まえて大まかに作図したものが図3である。寄親寄子制度の位置づけが行えていないため不十分であると思うが、議論の叩き台として提示しておきたい。図が複雑になるため図化の中で省いた箇所として、家臣や一族がそれぞれに自らの家臣を保持していて領地を経営している点である。煩雑になるため、繰り返しになる部分は省いている。

また、今回は詳しく言及できなかったが、また戦国期には村落の土豪・上層農民が、荘園制の崩壊・政治の混乱・惣村の形成等の流れの中で力を蓄え、一揆・逃散等の農民闘争の中心的存在として、「下剋上」の中核的存在として活躍する。戦国大名は、検地等を行うことを通じて、彼らに軍役奉公の代わりに諸税の免除を与えて、彼らの力を自らの権力構造に組み込んでいく。(12) 破線で囲んだ上層農民・足軽はその階層を示している。彼らを権力構造に組み込むことを通じて、戦国大名は、権力基盤を拡大・強化した。

国衆と書いた箇所は、室町時代の説明を引き継ぐ部分であり、国人領主が戦国期的に展開した存在を、現在の学会ではこのように表現することが多い。(13) 国衆は、先の二節で説明したように、自らの領地をほぼ自力で経営し、規模の大小はあるものの家臣団を組織する存在である。大きな勢力を持つ国衆との関係は、実力から言っても双務的な主従関係が露わに出てくる関係である。天正一〇年（一五八二）に武田氏があっという間に織田氏の攻撃によって滅亡したのも、木曾・小山田・穴山氏(14)らの国衆クラスの者達が自らの権益に対する武田勝頼による保護が将来的に危うくなると考えた危機感による武田氏からの離脱、主従関係の放棄が大きな要因となっている。(15)

また家格的な問題から家臣と位置づけられていても、国衆に匹敵する実力を持っている家臣もおり、有力な国衆やそれに匹敵する家臣の動向は、戦国大名にとって極めて重要な意味を持ち、彼らを自勢力にとどめておく努力が求められた。一節で触れた天正元年段階で、信長が信盛を処分しなかった理由は、この点によると思われる。

このように、大名は、双務的な主従関係に基づく多種多様な国衆・家臣層を自らに引きつけるためには、かれら家臣層の要望にこたえ続ける必要があり、慎重な政治的配慮が常に求められていた。

図3　戦国大名の内部構造

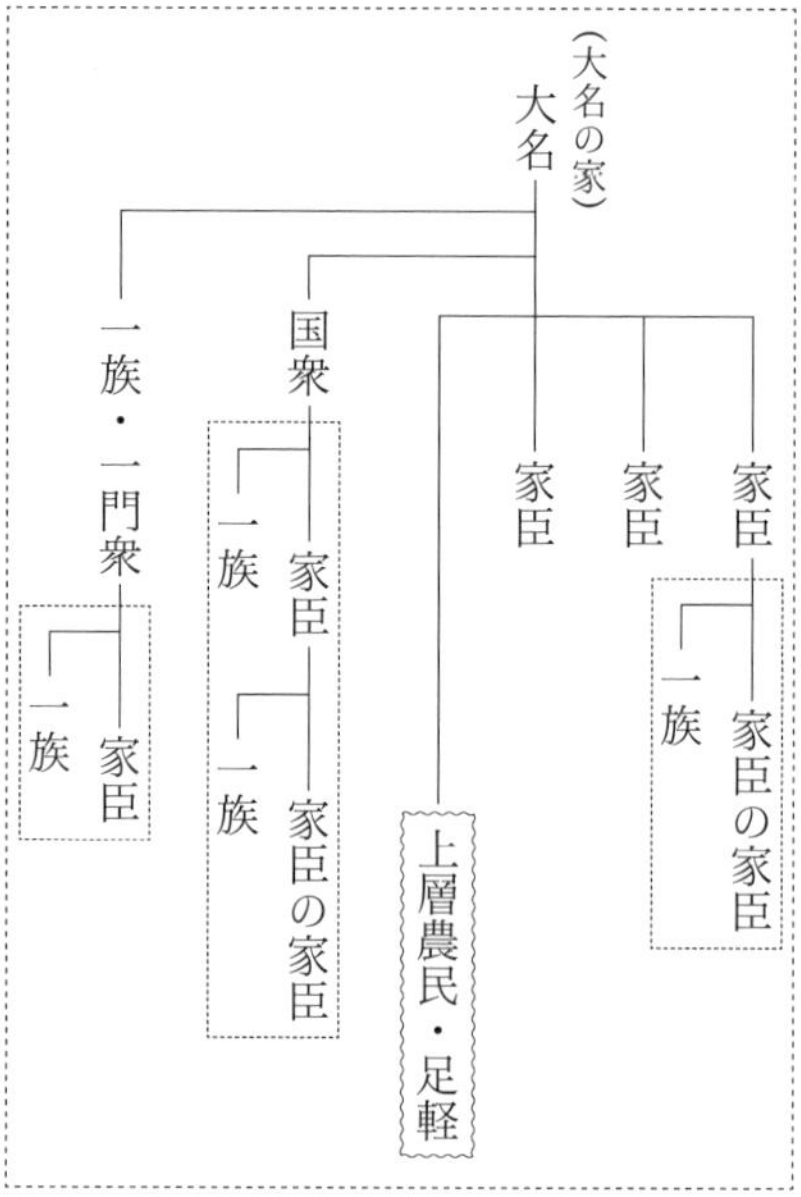

（大名の家）
大名
- 家臣
  - 家臣の家臣
  - 一族
- 家臣
- 家臣
- 上層農民・足軽
- 国衆
  - 家臣
    - 家臣の家臣
    - 一族
  - 一族
- 一族・一門衆
  - 家臣
  - 一族

また、大名が「家」という組織で自らの権力を構築していることで問題となるのは、「家」に包摂できない、大名よりも当時の社会秩序上の地位が高かったり、対等である存在に対してどのように自らの意向に従うことが正当であるかを主張することであった。前述のようにそれぞれの「家」の歴史＝由緒に誇りを持っている武士にとって、自分自身と自身の「家」の主人からの扱われ方は、武家社会における位置づけを意味するため重要な関心事であったことは言うまでもない。「命を惜しむな、名こそ惜しめ」という言葉は、家名を武士が重視したことの反映であった。

この問題を解決するためには、最終的には豊臣秀吉が行ったように、自らの社会秩序上の地位を引き上げることが必要となる。しかし、戦国大名にとって朝廷の掌握は、事実上実現困難な問題であり、代わって従来の社会秩序上の高位な存在である中世的な権威を利用することで補ったと考えることができる。戦国大名の多くが守護職や官職の授与を幕府や朝廷に求めるのは、自らの権力行使の正当性を確保するためであった。そして、より広域の統合を意図する織田信長や上杉謙信・北条氏が、室町将軍や古河公方の権威を利用したのである。

結びにかえて

戦国時代は、平安末期以降実力を持って台頭した武士が大名領国制という、武士自らを中心とする社会体制を確立する前後の段階にあたっている。確立するにあたって、武士は豊臣政権の武力を以て中世社会の特質であった実力主義＝「当知行」の原則や「自力救済」の放棄を求められ、兵農分離が行われて、中世の武士の特徴である在地領主制が止揚される。

社会的な慣習として、中世においては、たとえ文書等の裏付けがなくとも現実に領地等を実効支配していればその支配は容認されるという「当知行」の原則が広く認められていた。これが意味することは、自らの権益を自らの実力で確保することが求められた社会が中世社会であったということである。その社会において、文字通り武士は実力で自らの領地支配を維持することが求められた。それが中世を通じて連綿として継続され、従って、武士にとって先祖伝来の領地とは、先祖が血と汗を流して守り伝えてきたものであり、その維持・拡大が何よりも優先されたのであった。

しかし、近世への転換において「当知行」の放棄が行われることは、たとえ先祖伝来の領地を現実に実効支配していても、豊臣政権＝中央政権の承認なくしては支配を放棄しなければならない事態に立ち至ったことを意味する。その結果、大名の領地とは、豊臣政権・江戸幕府から与えられたものとなり、その大名に仕える武士の領地は、幕府から大名が与えられた領地を分けられたものになった。さらに突き詰めれば、多くの大名に仕える武士達の地方知行制が段階的に放棄された結果、武士は、大名や藩組織が集めた蔵米を俸禄として与えられる存在に変化し、いわば「サラリーマン」化した存在に変質した。近世と中世の武士の特質の違いは、ここに求められる。そのため、近世の武士にとって、自らの「家」を無事に維持するためには、自らが仕える大名の「家」の維持が前提となった。そこでは、大名の「家」が維持されることが、自らの「家」の維持につながり、主人である大名に忠節をつくすことが、家臣の「家」の存続・発展につながるのであった。

このようにみると、冒頭で述べた私の違和感は、メディアに描かれる歴史上の人物像には中世の武士と近世の武士の区別が十分でなく、ある意味一人一人が自営業である戦国時代の武士が、サラリーマン化した江戸時代の武士と同じように描かれることに起因しているように思う。

よく知られているように、毛利元就は、三子教訓状(16)の中で繰り返し毛利氏という家に対してよかれと思っている人はいないということを説く。また、毛利の家に生まれた子供である三人しかよかれと思っている者はいないのだから団結して毛利の家を支えなさいと説く。これは、元就が本稿で述べてきた毛利氏に仕える武士が本来的に求めているものがそれぞれの家の発展であり、毛利氏の発展ではないと認識しているのである。そのことを強調するのは、中世武士の行動原理を元就が熟知しているからに他ならない。

更には、元就は、吉川元春と小早川隆景という他の家に養子に行った者に対して、毛利の家に生まれたことを強調し、吉川・小早川のそれぞれの家の発展よりも毛利の血のアイデンティティを説く。それは元春や隆景がそれぞれの養家の当主として行動するよりも、実家である毛利氏を重視すべきこと、そして、元就存命時の体制を維持することを求めているのである。そこにも強烈な中世武士の行動原理への理解がうかがえる。

現代にメディアでストーリーを描いてドラマを作っていく上で、現代的な視点や感覚に基づくことは、メディアを受容する存在の共感を得るために欠かせないことである。現代人の多くが会社組織の中で生きている以上、戦国大名の家臣団を会社組織になぞらえることはある意味避けがたいことである。また戦いなどを近代以降の軍隊のイメージで考えることは仕方のないことかもしれない。

しかし、本稿で述べてきた戦国時代の武士の行動原理が自らの「家」経営の維持・発展にあることは明かである。大名と家臣の主従関係は、それを大名が保証することが両者の関係の出発点であり、そのために、家臣の去就・向背は常に不安定であった。大名は、家臣に細かい気配りをし、配慮をして武士達＝家臣を繋ぎ止めていたことを理解していただけたらと思う。

注

（1）「信長公記」巻十三。同様の内容が巻六にも記されている。「数度仰せ含められ候に、見合せ候段、各手前の比興曲事の由、御諚（じょう）候ところに、信長へこされ申し、面目も御座なきの由、滝川、柴田、丹羽、蜂屋、羽柴、稲葉、初めとして、謹んで申し上げられ候。佐久間右衛門（信盛）、涙を流し、さ様に仰せられ候へども、我々程の内の者は、もたれまじくと、自讃を申され候。信長御腹立ち斜（なな）めならず。其の方は、男の器用を自慢にて候か。何を以ての事、片腹痛き申し様哉（かな）と、仰せられ、御機嫌悪（あしく）候」。解釈は、巻六の内容も含めて行った。

（2）天正六年八月十七日付佐竹義重起請文写（秋田藩家蔵文書二五『茨城県史料』中世編Ⅳ所収）。

（3）天正十七年十一月朔日付佐竹義宣起請文写（秋田藩家蔵文書二五『茨城県史料』中世編Ⅳ所収）。

（4）天正十七年十二月二八日付伊達政宗書状（石川家文書『茨城県史料』中世編Ⅴ所収）。

（5）天正十八年正月二七日付佐竹義宣知行充行状写（秋田藩家蔵文書二五『茨城県史料』中世編Ⅳ所収）。

（6）「額田小野崎文書」（東大史料編纂所蔵）。

（7）佐藤進一・大隅和雄「時代と人物・中世」（『日本人物史大系』二所収　一九五九年）。

（8）上横手雅敬「主従結合と鎌倉幕府」（『法制史研究』二十号所収　一九七一年）。

（9）前掲佐藤・大隅論稿。

（10）岸部誠「藤原定家と式子内親王」（『愛大史学』二四号所収　二〇一五年）。

（11）高木昭作「『秀吉の平和』と武士の変質」（『思想』七二一号　一九八四年）。

（12）それらの土豪・上層農民と戦国大名の間に結ばれた主従関係も、軍役奉公の見返りに対する諸税の免除という側面から捉えれば本質的には家来型である。このことについては、旧稿「戦国期権力と在地領主の主従結合」（『中世東国武家文書の研究』所収、二〇〇八年）においては、家人型と捉えたが、自説を改める。

（13）しかし、必ずしも統一がとれている訳ではなく、研究者によっては同様の存在を「戦国領主」・「地域領主」等とそれぞれ表現しており、未だ統一認識となっていない。

（14）穴山氏は一族衆であるが、国衆規模の領地を経営しているために、同様に扱った。

（15）同様なことは天正十七年の磨上原の戦い直後にも蘆名氏の家中で起こり、敗北に際して有力な親佐竹派が次々に戦死したことによって、蘆名氏は自壊し、当主蘆名義広（佐竹義重二男）には母国常陸への帰国が求められ、反対に伊達政宗が親伊達派の国衆らによって会津に迎え入れられる。

（16）弘治三年十一月二五日付毛利元就自筆書状（『大日本古文書』毛利家文書所収）。

参考文献
佐藤進一・大隅和雄「時代と人物・中世」（『日本人物史大系』二所収　一九五九年）
上横手雅敬「主従結合と鎌倉幕府」（『法制史研究』二十号所収　一九七一年）
高木昭作「『秀吉の平和』と武士の変質」（『思想』七二一号　一九八四年）
氏家幹人『江戸藩邸物語』（中央公論新社　一九八八年）
佐々木倫朗『戦国期権力佐竹氏の研究』（思文閣出版　二〇〇九年）

11 「呂宋助左衛門」と海域アジア交易
——時代劇が培う歴史像

◉川戸貴史

はじめに

戦国時代の日本は、列島内で戦乱に明け暮れる殺伐とした時代が長く続いたことで知られる。それが後世の人々にとっては「非日常」の社会でもあり、それゆえ江戸時代以降は軍記物を通じて後世の人々を惹き付けることにもなった。そして現代に至るまで、様々な小説や漫画、時代劇、あるいは最近では各種ゲームなどが発表され、今もなお多くの人々が関心を持つ時代となっている。

一方で、戦国時代はまた異なった性格も持っている。それは、国家権力との関係が薄い、あるいはまったくない人々が、列島の外との交流を活発に行った時代でもあったことである。これらに関する研究は戦前からの長い蓄積があり、研究面においてはそれなりに地位を与えられた研究テーマでもある。しかし、一般の人々が常に高い関心を寄せてきたとまではいえないだろう。

戦後においてそのような状況を一変させたのが、一九七八年に放映されたNHK大河ドラマ『黄金の日日』であった。このドラマは、主人公である堺の貿易商人納屋助左衛門が、織田信長や豊臣秀吉、あるいは千宗易（利休）などの著名な人物と様々な形で関わりつつ、マニラとの交易を切り開いていく姿を描いたものであった。当時のキャッチフレーズによると、従来のような権力者を主人公とはしない、庶民を主人公とした戦国時代の時代劇というイメージが籠められたようである。(1) 最近では、二〇一六年に放映されたＮＨＫ大河ドラマ『真田丸』に助左衛門が再度登場したことで話題にもなったことは記憶に新しい。

残念ながら筆者は当時の放映を見たわけではないので、放映当時の空気を共有できているわけではない。ただ、現在でも参照できるドラマ制作者などの発言や記録を振り返ってみると、このドラマが与えた様々な影響を垣間見ることは可能である。そこで本稿では、主に織田信長から豊臣秀吉の時代（織豊時代）にかけての日本とルソン（マニラ）との交易についての研究を整理しつつ、歴史的事実と時代劇上の創作や演出との有意義な相互関係を探るための素材を提供したい。

一、「大航海時代」と海域アジア

世界史的には、一五世紀後半に西欧諸国、とりわけスペインとポルトガルによる海外進出が活発化し、地球規模で功罪交々の活動を展開するようになった。一七世紀前半頃まで続くこの時代を、一般に「大航海時代」と呼んでいる。一六世紀段階における主な市場はインドから東南アジア、そして中国を結ぶ海のルート上で展開されるようになっており、その周縁部として日本が位置づけられる。従来のアジア商人（主には中国商人）に加え、西欧諸勢力を巻き込んで活発化した上記の地域を総称して、現在では「海域アジア」と呼ばれるようにもなっている。

この海域アジアで周縁に位置した日本が一躍脚光を浴びたきっかけは、一五二〇年代とされる石見大森銀山

（現島根県大田市）の発見と開発であった。現在はユネスコ世界文化遺産にも登録されているこの銀山は、当時の世界においても有数の産出量を誇った。当時の世界市場での決済通貨は銀になっていたことから、石見銀は世界中から注目を浴びることになり、その富を求めて日本へ人々が殺到する時代を迎えた。

日本で海外との交易が明らかに活発化した徴候が見られるのは、一五四〇年代以降である。天文一二年（一五四三）に種子島へポルトガル人が来航して火縄銃を伝えた事実や、[2]その後天文一八年（一五四九）にフランシスコ・ザビエルが鹿児島へ来航したことはよく知られているが、その背景には東シナ海を渡って日本へ殺到する海域アジアの商人（主には中国商人）の活動があった。

当時の中国（明朝）は海禁制度を敷いていたため、原則的には中国人の海外渡航が禁止されており、自由な民間交易も禁じられていた。ところがこの時期になるとその統制は弛緩し、密貿易の形で多くの中国商人が海域アジア交易に乗り出していったのである。それを象徴するのが王直という人物であった。彼は舟山列島（現中国浙江省）の双嶼に拠点を構え、そこへポルトガル人などの貿易商人を呼び寄せて密貿易市場を築いていた。一五四八年に双嶼は明政府によって陥落するが、その後も拠点を移して活動した。実は彼らのような民間密貿易商人が、当時「倭寇」と呼ばれた存在であった。確かに彼らは明政府に武力をもって抵抗した海賊集団ではあったが、海域アジア交易を担う貿易商人としての顔も同時に併せ持っていたのである。

その頃の日本では、まさに堺が海域アジアの貿易拠点としての地位を高める時代に差し掛かっていた。文献史料に乏しく、堺の発展過程について不明な点も多いが、発掘調査では一六世紀後半のものとされる中国や東南アジア（ベトナム・タイなど）産の陶磁器が多数出土しており、一五四〇年代以降に貿易港として大きく活性化していったとみられる。「納屋衆」と称される津田宗及や今井宗久、そして千宗易など、『黄金の日日』を彩る堺の豪商たちは、この貿易に関与しながら財を成していったといえよう。

また、よく知られているように、堺は他の権力から自立し、豪商たちによる自治によって統治されていたとされる。これがかつては中世ヨーロッパにおける都市の自治と重ね合わせて理解されることも多かったが、このような堺商人の自治的な形態は、当時における海域アジア交易の在り方とも関わっているともいえるのではないだろうか。すなわち、先にも触れたように、海域アジア交易での主役は民間の貿易商人であり、基本的に権力者たちは彼ら商人の活動のパトロンなどとして受動的に関わっているに過ぎなかった。堺の自治は、このような海域アジア世界のいわば「民間主導的」空間が港町においても体現された事例とも位置づけられるだろう。

二、海域アジアへの乗り出す諸勢力

一五四〇年代頃までの海域アジアにおけるある種「自由」な世界は、一五五〇年代に入ると徐々に変わり始めた。明朝が倭寇征伐を本格化させたことがその最大の要因であるが、一方で日本においても、イエズス会宣教師によるキリスト教布教が活発化するとともに、九州の諸大名を中心として、権力者層が交易による利潤を積極的に追求するようになった。宣教師は必ずしも商人と表裏一体だったわけではないが、キリスト教の布教に寛容であった大友義鎮（宗麟）が積極的に海域アジアとの交易を推進していたことから、(3) キリスト教布教と海域アジア交易とが一体化して捉えられることも多い。

ただし、交易を担った主体は、やはり中国の福建や日本を出身とする商人たちであった。(4) 一五四八年の双嶼陥落はかえって倭寇が拡散して略奪行為が活発化し、一五五〇年代になると中国南部沿岸部を中心として大きな被害をもたらすことにもなった（「嘉靖大倭寇」）。明朝はさらに倭寇鎮圧を続けたものの、強硬な取締がかえって被害を大きくしたものと判断し、一五六七年には政策を転換した。すなわち、日本を除いて、各地への中国商人の渡航制限を緩和し、事実上の民間交易に道を開くこととなった。ただしその際には当局から渡航許可証を得る必要があるなど、官憲による管理も志向されていた。(5)これによって、かえって海域アジア交易に公権力による統制を呼び込むことになったとみることもできる。

一方の日本においても、一五六〇年代になると堺などの交易拠点は畿内情勢の変化に巻き込まれるようになった。いうまでもなく、織田信長の上洛である。永禄一一年（一五六八）の信長上洛に際し、堺に対して献上金を要求したことが知られる。ほかに信長と堺との関係を窺える事例をみると、同年一二月に今井宗久と武野宗瓦（紹鷗の子）との相論があり、信長が宗久勝訴の裁定を下している。(6)この頃には、信長が堺に対してある程度は権力行使が可能になっていたことは確かであろう。いわば堺に権力の介入が及ぶ画期として捉えられており、堺の自治にとっては「危機」の到来であった。

しかし権力者というパトロンを得たことにより、海域アジア交易をさらに活性化させたという側面もある。時代は下るが、文禄二年（一五九三）に肥後を支配していた加藤清正がルソンへ交易船を派遣させる計画を立てた事例では、当時ルソンで珍重された小麦粉を二〇万斤も積載したとされる。その船も清正の所有するジャンク船だったとみられる。このような交易の大規模化は、権力者による財力が大きく物を言ったのである。(7)当然権力側はその利潤を目的としたものであり、織田信長もその例外ではなかった。そして貿易利潤を追求する意欲は、豊臣秀吉にも継承されていったのである。

ルソンでは、スペインによる統治が一五七一年に始まった。先にも触れたように明朝は日本との往来を禁止していたため、中国と日本との交易は経由地を必要とした。一六世紀前半まではその役割を琉球が担っていたが、明朝の海禁緩和によって東南アジアとの交易が比較的開かれるようになると、東南アジア各地を経由する交易が盛んになっていったのである。『黄金の日日』では、丁度スペインが支配を完成させようとする時期に助左衛門がルソンへ渡海するシーンが描かれている。スペインはすでに支配下に置いていた中南米産の銀をルソンへ持ち込み、中国や東南アジアの産品（生糸や香辛料など）を買い付けるようになっていった。このようにして、ルソンの中心都市であるマニラへ海域アジア各地から商人が訪れ、東南アジアを代表する貿易港として発展していった。

三、「呂宋助左衛門」の時代

一六世紀後半の日本では、中国産の生糸（絹）や陶磁器のほか、鉄炮伝来に伴って火薬の原料となる硝石への需要が高く、一方中国などでは割安な日本銀が引き続き人気となっていた。ただし先にも述べたように、明朝は日本への直接渡航を禁じていたため、日中間では直接の往来が正式には不可能であった。そこでクローズアップされるのが、東南アジアを介した中継交易である。そしてその拠点として浮上していったのが、本稿で注目するルソン（マニラ）であった。

スペインがルソンを支配した一五七〇年代以降になると、日本へ東南アジアの産品が大量に持ち込まれるようになっていったとみられる。例えば弾丸の原料となる鉛は、シャム（タイ）から日本へ持ち込まれていたことが、近年の化学分析などの研究によって明らかにされている。(8) また、マレー半島を中心に産出する錫もまた日本へ持ち込まれた可能性がある。(9)

陶磁器もまた重要である。ベトナムでは生糸とともに陶磁器が多く輸出され、日本へも持ち込まれていた。先に触れたように堺においても出土しているほか、関東の城郭遺跡などでもベトナム産陶磁が出土している例がある。輸入量そのものを推測することは難しいが、少なくない数の東南アジア産陶磁器が日本へ持ち込まれていたと考えられる。

日本へこれらの産品を持ち込んでいたのは、引き続き海域アジアを往来する商人たちであった。ポルトガル人やスペイン人などの商人もそれに含まれるが、その多くは元々この海域を往来していた中国などを出自とする商人だったと考えられる。もちろん、その中には堺などを本拠とする日本商人も含まれていた。日本においては、その莫大な利潤に目を付けた権力者たちが介入しつつあったものの、依然として商人たちが主体となって交易を支えていたとみられる。

しかし一五八〇年代に入ると、日本の政治情勢の推移によって変化が生じ始める。言うまでもなく、豊臣秀吉の登場であった。秀吉は天正一五年（一五八七）に九州を平定すると間もなく、いわゆるバテレン追放令とともに海賊禁止令を発布した。海賊禁止の対象となったのは主に瀬戸内海を拠点とする村上氏や肥前の深堀氏などであったが、それは海域アジア交易を支える商人たちの要求があったと考えられている。(10) もちろん後の「唐入り」、すなわち明朝制圧を目的とした朝鮮侵攻を想定した兵站ルートの安定化がこの法令発布に際して念頭にあったであろうことから、海域アジア交易による富の掌握に乗り出す意欲の発露と受け止めることも可能であろう。

実際に、秀吉はルソンに対して服属要求を突きつけたことも知られている。天正一九年（一五九一）には、「小琉球」（＝ルソン）に対して服従の使節を送るように要求した。この時は、ルソンを往来していた原田孫七郎という人物が交渉役であったという。(11) 原田孫七郎はルソンとを往来していた商人原田喜右衛門の手代とされ、原田喜右衛門は秀吉の側近で茶人でもあった長谷川宗仁と昵懇であった。この原田喜右衛門のように、商取引を通じて権力と昵懇な関係を結び、それを利用する動きが目立つようになったともいえるだろう。これが昂じた結果、かえって権力の介入を呼び込む結果をもたらし、秀吉が発給したルソンへの交易許可朱印状なしでは渡航を禁じられるようになった。言い分としては海賊対策あるいは宣教師流入防止策だったであろうが、こうして一五九〇年代以降は、日本の海外交易は権力による管理貿易（朱印船貿易）体制、そして「鎖国」へと変貌していくのであった。

『黄金の日日』に登場する助左衛門は、このような権力による介入に抵抗する存在として描かれ、「呂宋壺」によって権力者秀吉に一世一代の挑戦を挑むシーンがハイライトとなった。ところで、「呂宋助左衛門」が実在の人物であったと語られることもあるが、必ずしもそうと断言できるわけではない。モデルとなった人物に関する記述は、次のものが知られている。

○呂尊（ルスン）より渡る壺之事
泉州堺津菜屋助右衛門と云し町人、小琉球呂尊へ去年夏相渡文禄甲午、七月廿日帰朝せしが、其比堺之代官は石田木工助（正澄）にてありし故、奏者として唐の傘（カラカサ）、蠟燭千挺、生（イキ）たる麝香二疋上奉り、御礼申上、則真壺（マツボ）五拾懸御目しかば、事外御機嫌にて、西之丸の広間に並べつゝ、千宗易などにも御相談有て、上中下段々に代を付させられ、札をおし、所望之面々誰々によらず執候へと被仰出なり。依之望の人々西丸に祗候いたし、代付にまかせ五六日之内に悉取候て、三つ残しを取て帰侍らんと、代官之木工助に菜屋申ければ、吉公其旨聞召、其代をつかはし、取て置候へと被仰しかば、金子請取参りぬ。助右衛門五六日之内に徳人と成にけり。(12)

「甫庵太閤記」として知られる、小瀬甫庵が記した「太閤記」の一節である。現代語訳は次の通りである。

和泉国堺津の「菜屋助右衛門」という町人が、文禄三年（一五九四）夏に「小琉球」（ルソン）へ渡航し、その翌年七月二〇日に帰国した。その頃の堺代官は石田正澄（三成の兄）だったので、助右衛門は彼を通じて、唐傘・蠟燭一〇〇〇挺、生きているジャコウジカ二匹を豊臣秀吉へ献じた。その中にあった「真壺」五〇個を見た秀吉はことのほか機嫌を良くして、大坂城西の丸広間に並べさせた。そして秀吉は千宗易らにも相談をしながら、それぞれの真壺に上中下の品定めを行って価格を定め、値札を貼り、大名らの面々に対して所望するならば持っていくがよいと言った。そこで面々は西の丸を訪れて値札の通りに五、六日の間でことごとく壺を購入していった。ただ三つが残ったため助右衛門が持ち帰りたいと石田正澄に言ったところ、秀吉はそれを聞きつけて、その三つの代金を助右衛門に渡させ、その三つを置いていくように言ったので、助右衛門はその代金を受け取った。助右衛門はこの五、六日間のうちに大金持ちになった。

以上の顚末が記されているが、「太閤記」はよく知られているように潤色が多く、すでに死去している千宗易が登場することなど、これだけをもって事実とするには足りない。そもそも「助左衛門」ではなく「助右衛門」である点も気に懸かる。『新日本古典文学大系』の注では「納屋助左衛門」が正しいとするが、その根拠は示されていない。(13) その根拠を探ると、慶長一二年（一六〇七）のカンボジアからの国書によれば、(14)「日本船主助左衛門」が当地へ渡航したと記されている。おそらくはこの人物と同一人物であると推測されているのであろう。しかし同一人物説自体も確実とはいえない。

一方、関連すると思われる史料がもう一点ある。それが次のものである。

此春、るすんへ渡商人壺多持来、直輙之間上下取之、然処に此冬太閤秀吉聞之御、日本国之為宝物を争与下直哉と有仰、悉く被召上、翌年右之価一倍金子被納、壺は本主え被返置(15)

これは一七世紀前半頃の成立と考えられる「当代記」の一節である。それによると、文禄三年春にルソンへ渡った商人が壺を多く持ち帰り売却したところ、秀吉がそれを聞きつけて言うには、それらの壺は日本の宝物であるので、下々の者に与えるわけにはいかないと言い出して悉く召し上げたという。翌年に秀吉は元の価格の倍に当たる金を受け取り、壺は元の購入者へ返したという。

この記事が事実とすれば、秀吉の行動は理不尽窮まるが、傍証史料に欠けるため事実かどうかは断言できない。「太閤記」とはやや内容を異にしており、この頃に商人がルソンから大量の壺を持ち帰ったことは事実としてもよいかもしれない。ただしその主体が「菜屋助右衛門」であるとまでは断定できないであろう。

また、明確な根拠が乏しいままに「菜屋」を「納屋」とすることも問題ではないか。『黄金の日日』でも主人公の助左衛門の屋号を「納屋」としているが、納屋とするのは、当時の堺統治の中心にいた津田宗及や今井宗久らの集団が納屋衆と呼ばれていることが念頭にあるためとみられる。それをもとにドラマでは助左衛門と今井宗久との密接な関係を主軸として描いているが、これは単なる時代劇の脚色ではなく、研究面でもそのように理解されてきたことによる。とはいえその根拠は乏しく、「菜屋助右衛門」が仮に実在したとしても、「納屋」と同一視することは慎重たるべきであろう。すなわち、今井宗久と昵懇だったとすることは、事実とするには論拠が薄弱とせざるを得ない。

ただし、ルソンから日本へ渡った壺（真壺）が法外な価格で取引されていた点は、多くの史料より確かめられる。この点は先行研究がすでに明らかにしているが、(16) 改めて紹介したい。

請取るすん壺、京都にて売代金之事

合拾参枚四両者

右、民部法印（前田玄以）へ出所候面皆済如件、

文禄三年（一五九四）十二月十一日　　石田治部少輔（三成）内

駒井権五郎（花押影）

長東大蔵（正家）内

竹内伊右衛門（花押影）

増田右衛門尉（長盛）内

上原久兵衛（花押影）

わかさ

甚四郎　まいる(17)

うり申つほの覚

一、金子四まい九両ニ　壱ツ　すあい久兵衛

助三郎　　宮木新大郎殿へ

小三郎

一、同　四まいニ　壱ツ　有楽（織田長益）へ

一、同　壱まい五両　壱ツ　弾正殿（浅野長吉）御内玄斎へ

右ニ御目ニかけ申候、

一、同　壱まい四両ニ　壱ツ　とくしゆ殿へ

右ニ御目ニかけ申候、

一、同　六両ニ　壱ツ　大津の勝三郎へ

一、同　壱まいニ　壱ツ　大津の平兵衛ニ

一、つほ　壱つ　売残申候へ共、則御差上申候也、

（後略）[18]

前者の史料は、文禄三年（一五九四）一二月に、若狭の商人甚四郎が京都で売却した「るすん壺」の代金を、増田長盛・長束正家・石田三成のそれぞれの被官が受け取ったことを示す史料である。先に見た「太閤記」の記述からは時間を遡る事例であるので、この事実がそのまま「太閤記」の記述を裏付けるものにはならないが、「太閤記」の記述にはそれなりの歴史的背景が反映されていたとはいえるだろう。

注目すべきは「るすん壺」の価値である。それが後者の史料によりわかるが、壺一個当たり最大で金四枚九両（四九両）にも上っていることがわかる。当時の金の価値は京都のレートで金一両当たり銭二〇貫文前後であった[19]。米価は変動が大きいが、当時の米一石の価格はおおむね銭一貫文を上回ることはなかったと考えられるので、金一両では少なくとも米二〇石は購入できた。つまり、たとえば金四九両あれば、は米は約一〇〇〇石相当にもな

る。これは他の輸入品に比べても法外な価格である。

『黄金の日日』にもあるように、ルソン壺自体の美術的価値は当時からそれほど高くない。それを示すのが、一六〇〇年前後にマニラを統治していたモルガの記述である。

このルソン島、特に、マニラ、パンパンガ、パンガシナン及びイロコス諸州においては、原住民の間に、非常に古い土器の壺が発見される。色は褐色で、外観はよくなく、あるものは中型で他のものはもっと小さく、しるしがあり押印してあるが、どこから来たものかいつ頃来たものか誰も説明できない。というのは、今はもう、どこからも到来せず、また島でも作られていないからである。日本人はこの壺を探し求め尊重しているが、それは、日本人が非常な御馳走として薬用として熱くして飲む茶という草の根が、日本の王や諸侯の間では、この壺にのみ貯え保存されることを知ったからである。日本ではいたるところで、この壺が大変に尊重されており、彼らの奥の間や寝室における最も高価な宝物とされている。この壺の値段は高く、日本人は、その外側を大変に美しい細工を施した薄い金で飾り、金襴の袋に入れておく。中には、十一レアル貨で二千タエ（タエル）に評価され売られるものもあり、物によってはそれ以下のものもあるが、ひびが入っていても、欠けていても中に茶を保存するのに不都合ではないので、それによって価値が下がることはない、これら諸島の原住民は、それらの壺を出来るだけ良い値で日本人に売ると共に、この商売のために壺を探すのに一生懸命になっているが、今までにあまり急いで売ってしまったので、今ではもうほとんどなくなってしまっている。[20]

この史料にあるように、少なくともルソンではこの壺の価値は高いわけではなく、むしろ現地人の日用品として普及していた。二〇〇〇タエルは銀の単位で、日本では銀二貫一〇〇～二〇〇匁に相当する。[21] 当時のレートによれば、およそ金四八～五一両と推定される。[22] 先にみた金四枚九両の壺の価格に近似しており、莫大な価格にモルガは驚いたであろう。

しかも重要なことは、古くから指摘があるように、この壺自体はルソンで生産されていない可能性が高く、宋代華南産と推定されていることである。[23] 宋代にルソンへ渡っていたかどうかは検討の余地はあるかもしれないが、少なくともルソンで焼かれたものではないことは確かであろう。また、室町期の唐物を多く含む東山御物に呂宋壺が含まれるように、壺自体は一五世紀以前から日本へ渡来していることは確かであり、焼かれた年代がかなり遡ることは間違いない。一五世紀以前に日本へ渡った壺は琉球を経由した可能性があるものの、[24] 一六世紀末に伝わった多くの壺は、それまでに華南からなんらかの形で（おそらくは明朝の海禁緩和後に）ルソンへ渡り、それがさらに日本へもたらされたものであったと考えられる。そうであれば、ルソン壺は、海域アジアにおける交易ルートを具体的に示す貴重な資料であったということができるだろう。

ルソン壺が日本で高価値となった要因は、はっきりとはわからない。伝来しているものは比較的上品とされており、相応の価値が付されても不思議ではないとも評価されている。もっとも、ルソン壺は茶壺として普及したことからすれば、茶の湯との関係に基づく局所的かつ時代限定的な需要の高騰が当然想定されるだろう（『黄金の日日』は「太閤記」の記述にならい千宗易の高評価が要因としたが、先述の通りそれは事実ではない）。ルソンとの交易に携わっていた商人たちは、その流行を逃さなかったのである。まさにルソンで壺を根こそぎ調達し、それを日本に持ち帰り高値で売り付けて巨万の富を築いた。そしてその富の多くは、おそらくは政権中枢の権力者から吸い取ったものであった。その象徴が、「菜屋助右衛門」であり、現在は「呂宋助左衛門」と呼ばれる「庶民」だったのである。

おわりに

すでに紙幅も尽きており、多くを付け加えることはないが、最後に大河ドラマ『黄金の日日』の監修（当時）を担当した桑田忠親が放映当時の状況について述べた一節を取り上げたい。桑田は同ドラマの放映当時に様々な媒体で「雑説」が繰り広げられたことを憂慮しており、しかもその「雑説」の多くが、「余りにもデタラメな説明や見当はずれの臆説が多いのに、一驚を喫した」という(25)。

「呂宋助左衛門」に関する史料は極めて少なく、そもそも実在の人物であるかも疑わしい。半面、そのことがかえって史実の束縛から解き放たれることにもなり、また「太閤記」において個性的に描かれた人物でもあったことから、小説やドラマなどの創作意欲を掻き立てる存在となったに違いない。そうして活写された主人公が多くの人々を惹き付けたことで、『黄金の日日』に成功をもたらしたのであろう。

こうして時代劇メディアに魅了された人々の多くが次に求めるのは、より深く掘り下げた歴史像や知識を涵養するメディアであろう。その役割を担うのは、研究者などによる研究書や教養書となる。しかし桑田が嘆いたように、当時はそれにふさわしい論説や書籍が提供されたとはいえなかったようで、この点は大きな課題が残ったようである。

翻って現状を鑑みるに、この問題は必ずしも過去のものになったともいえない。現在においても、ことに戦国期の経済に関わる「雑説」を再生産する姿が目に付く。とりわけ、織田信長に仮託して現代経済への教訓を引き出そうとするような、安易な「雑説」が長年繰り返されてきた（しかも、その根拠とする歴史的事実は、「雑説」に過ぎないことが多い）。

時代劇メディアと歴史学研究との架橋は大切である。しかし忘れてはならないのは、厳格な分析によって明らかにした歴史的事実こそが、当時の人間社会を最も活き活きと描く素材たりうる可能性を秘めていることである。それを踏まえてこそ、豊かな想像力による脚色がより活きるのであり、多くの人々を惹き付けることにも繋がるのではないか。現在の研究水準からすれば首を傾げる場面もないとはいえないが、『黄金の日日』の成功は、上記のような基本的な姿勢を堅持しようとする姿が視聴者に受け入れられたためではないだろうか。

もっとも、そもそも本来の研究者やメディア関係者はそのことを知悉しているはずなので、安易な「雑説」に走ることなどはないだろう。とはいえ書店で書棚を眺めると、それを知らない「研究者」は多いようで、四〇年前に発した桑田の慨嘆を今なお噛み締める必要があるようだ。

注

（1）『朝日新聞』一九七八年（昭和五三年）一月八日付朝刊（縮刷版を参照）。プロデューサーであった近藤晋も、「あえて庶民を主役に選んだ」と語っている（日本脚本アーカイブズ推進コンソーシアム「デジタル脚本アーカイブズ・市川森一の世界」http://ichikawa.nkac.or.jp/interview/kondo/、二〇一七年二月七日閲覧）。

（2）鉄炮伝来にかかるポルトガル人の種子島来航の年代については、前年の天文一一年（一五四二）とする説もある。詳細は、村井章介『日本中世境界史論』（岩波書店、二〇一三年）参照。なお、この時来航したのは中国船であった。

（3）近年の関連する研究に、鹿毛敏夫『アジアン戦国大名大友氏の研究』（吉川弘文館、二〇一一年）などがある。

（4）その様子を描いた近年の研究として、中島楽章「十四～十六世紀，東アジア貿易秩序の変容と再編」（『社会経済史学』七六―四、二〇一一年）などがある。

（5）中島楽章は、このようなシステムを「一五七〇年システム」と呼んでいる。注4前掲中島論文参照。

（6）奥野高廣『増訂織田信長文書の研究』上（吉川弘文館、一九八八年、初出一九六九年）所収一三八号文書。和田惟政らが連署で松永久秀に宛てた連署副状である。

（7）森山恒雄「豊臣期海外貿易の一形態――肥後加藤氏領における関係史料の紹介」（森山恒雄教授退官記念論文集刊行会編『地域史研究と歴史教育――森山恒雄教授退官記念論文集』熊本出版文化会館、一九九八年、初出一九六六年）、同「豊臣期海外貿易の一形態続論――肥後加藤氏関係の新出史料の紹介をかねて」（箭内健次編『鎖国日本と国際交流』上、吉川弘文館、一九八八年）、中島楽章「十六世紀末の九州―東南アジア貿易――加藤清正のルソン貿易をめぐって」（山田貴司編著『加藤清正』戎光祥出版、二〇一四年、初出二〇〇九年）。なお、森山は船の目的地を長崎としていたが、中島は直接ルソンへ派遣したとしている。

（8）平尾良光「鉛玉が語る日本の戦国時代における東南アジア交易」（平尾良光・飯沼賢司・村井章介編『大航海時代の日本と金属交易』思文閣出版、二〇一四年）。

（9）ただし、現状では当時における日本への錫の流入は杜絶状態に陥ったと理解されている。一方、一六世紀後半に突如として日本で「錫」と呼ばれる容器が贈答に多く確認されるようになる。それが実際に錫製であるかを含めて実態を検証する必要がある。なお、黒田明伸「唯・錫・史観――なぜ精銭を供給しつづけられなかったのか」（注8前掲平尾ほか編『大航海時代の日本と金属交易』所収）参照。

（10）藤田達生「海賊禁止令の成立過程」（三鬼清一郎編『織豊期の政治構造』吉川弘文館、二〇〇〇年）。深堀氏が長崎を荒らすことを訴えたというルイス・フロイスが著した『日本史』の記述による。

（11）清水有子『近世日本とルソン――「鎖国」形成史再考』（東京堂出版、二〇一二年）。

（12）檜谷昭彦・江本裕校注『新日本古典文学大系六〇・太閤記』（岩波書店）巻一六、四七二～四七三頁。

（13）同右。

（14）「泰長院文書」（『大日本史料』一二―五、三六頁）。

（15）「当代記」（『史籍雑纂』二所収）巻二・文禄三年（一五九四）条。

（16）渡邊基「豊臣氏の呂宋壺貿易について」（『史学』二一―二、一九四三年）、岸野久「「るすん壺」貿易の歴史的役割――教会史料を主として」（『キリシタン研究』一七、一九七七年）など。
（17）「組屋文書」九（『福井県史』資料編九）。次に引用する史料とともに、東京大学史料編纂所架蔵影写本も参照した（両史料いずれも原本の所在は不明となっている）。
（18）「組屋文書」八（同前書所収）。
（19）川戸貴史『中近世日本の貨幣流通秩序』（勉誠出版、二〇一七年）。
（20）モルガ（神吉敬三・箭内健次訳注）『フィリピン諸島誌』（岩波書店、一九六六年）。
（21）ジョアン・ロドリゲス（土井忠生訳注）『日本大文典』（三省堂、一九五五年）参照。一タエル＝一・一～一二クルザード＝一一～一二匁となる。なお、注16前掲岸野論文および川戸貴史『戦国期の貨幣と経済』（吉川弘文館、二〇〇八年）も参照。
（22）当時の金は同重量で銀の約一〇倍の価値があったとされており（品位はここでは問わない）、銀二〇〇〇タエルは金二一〇～二二〇匁とほぼ同価値となる。また当時はおよそ一両＝四・三匁前後であることから、金四八～五一両程度となる。注18前掲史料にみられる金四枚九両（＝四九両）はこの範囲に含まれることから、モルガの記述はかなり正確に価値を把握していると評価できよう。金と銀のレートについては、小葉田淳『金銀貿易史の研究』（法政大学出版局、一九七六年）参照。
（23）桑田忠親編『茶道辞典・訂正版』（東京堂、一九六一年）など。
（24）岸野久は、朝鮮経由か日本へ直接入った可能性を指摘している。注16前掲岸野論文。
（25）桑田忠親「呂宋の壺をめぐる雑説」（『日本歴史』三六八、一九七九年）。

12「設楽原」の発見
――時代劇メディアの民俗学

◉及川祥平

はじめに

本稿では時代考証学の課題の一つとして、時代劇メディアと実社会との関係に焦点をさだめ、筆者の専攻する民俗学の立場から議論してみたい。民俗学は説話や人神祭祀習俗をめぐる研究を通して、史実の所在のみならず、人びとのもつ歴史観を問題としてきた。人びとの歴史観には、メディアを介して発信され享受される諸々の物語が作用し、それは史実とは必ずしも整合しない。あえて図式的にいえば、民俗学は、受容者ないし受容の様態への注目から時代劇メディアで発信される歴史物語を考えてきた、ということができる。もっとも、時代劇メディアを体験する人びとを「受容者」としてのみ捉えることはできないことを本稿では強調することになる。

時代劇メディアを通して「歴史」に触れる人びとを捉えようとすれば、歴史学の議論を人びとがいかに読み替えているか、または史実をどのように受け入れていないか、そしてもちろんどのように史実に関心を寄せているかを議論することにもなる。総じて、史実の所在ではなく、それが人びとにとってどのような意味をもつかを考えることになる。

近年の民俗学では、現代社会における文化の資源化を導く諸力が、文化財行政やマスメディアを介して地域生活におよぼす影響について議論されている。本稿でも、時代劇メディアが地域の歴史観の変容にどのように関与したかをめぐって、若干の考察を試みる。その際の素材として、筆者が平成二二年（二〇一〇）から調査を継続している新城市域における長篠合戦表象と地元での取り組みを取り上げてみたい。実は、同地における長篠合戦表象の変容には、地域住民の歴史映画の視聴体験が関わっている。なお、これ以後、同合戦を長篠・設楽原合戦と呼ぶことにする。詳細は後述するが、当該地域において支持されている合戦の呼称だからである。

一、長篠・設楽原合戦と地域の概要

まず、長篠・設楽原合戦とこれにちなんだ地域の祭り・イベントの概要をおさえておきたい。天正三年（一五七五）、三河へ侵攻した武田勝頼の軍勢は、現在の愛知県新城市の長篠城を包囲する。城主・奥平氏の救援に駆けつけた織田・徳川の連合軍は設楽原で武田軍と衝突し、長時間にわたる戦闘の末、武田軍を敗走させる。名だたる武田の武将が討ち死にした当該合戦は、織田信長による火縄銃の利用によって神話化されている。すなわち、「武田騎馬軍」が織田の「三段撃ち」に敗れたという「イメージ」で語られ、合戦法の転換点とも位置付けられることが多い。その後、勝頼は織田・徳川・北条らの侵攻にあい、天正一〇年（一五八二）の天目山の戦いで自害している。歴史学的な評価はさておき、「織田の先見性」・「武田の敗北」を印象づけるのが各種メディアの長篠・設楽原合戦の扱いであるといえるであろう。

当該合戦はおおまかに言えば二つの段階で構成されている。一つは長篠城の攻防戦であり、もう一つは長篠城の救援に駆けつけた織田・徳川連合軍と武田軍との設楽原での衝突である。「長篠合戦」という呼称は、全体が長篠城の攻防を目的としていた点から案出されているわけだが、「三段撃ち」の神話等の印象的シーンは実は設楽原での戦いにおけるものである。

長篠城跡と設楽原は、かつては旧・鳳来町と旧・新城市（旧・東郷村）という別の自治体にそれぞれ位置していた。今でこそ、両者は新城市という同一自治体内に位置しているが、現・新城市は、平成一七年（二〇〇五）に旧・新城市と鳳来町、作手村が合併することで誕生し、この旧・新城市は、昭和三〇年（一九五五）に南設楽郡新城町・東郷村・千郷村、八名郡舟着村・八名村とが合併して成立している。旧自治体時代の昭和四〇年（一九六五）から、鳳来町では毎年五月に長篠城を中心として「長篠合戦のぼりまつり」が行なわれている。長篠城の攻防戦を意識したイベントであり、織田・徳川・武田の将士に扮した行列行事（合戦行列）を目玉とする（写真1）。加えて、長篠城から援軍を呼びに脱出した鳥居強右衛門勝商を象徴的な人物として位置付けている。

一方、旧・新城市の旧・東郷村域では、織田・徳川軍および武田軍の戦死者を埋葬したという竹広の大塚・小塚で八月一五日に「火おんどり」が挙行されてきた（写真2）。これは、武田方の戦死者を埋葬する大塚から夥しい蜂が出現し、地元住民が祟りとおそれ、勝楽寺の住職・玄賀に依頼して大施餓鬼を修したことにはじまるとされている祭りである。また、旧・東郷村域には武田家家臣の墓と称されるものが無数に点在している（写真3）。後述する「設楽原をまもる会」という地元の郷土史研究／史蹟保存団体が「設楽原決戦場まつり」を平成二年（一九九〇）に創始し、現在も毎年七月上旬に華やかに挙行されている。また、同時に信玄塚での慰霊祭が行なわれている（写真4）。

新城市内に、二つの長篠合戦をめぐる観光祭りが存在するわけであるが、これに、旧作手村が昭和五三年（一

写真1　長篠合戦のぼりまつりの合戦行列（2015年筆者撮影）

写真2　信玄塚での火おんどり（2013年筆者撮影）

写真3　甘利信康の碑（2010年筆者撮影）

写真4　慰霊祭に臨む人びと（2014年筆者撮影）

九七八）に創始した作手古城まつりを加えた「戦国絵巻三部作」が、歴史資源を活用した新城市の大きな催しとなっている。

二、想起の場としての設楽原

史蹟にはなんらかの過去を人びとに想起させる装置が配置されている。または、そのような装置があるからこそ、そこが史蹟と認識されることにもなる。また、人の死と関わる史蹟は、死者を想い起こさせる場ともなる。この点はすでに拙稿でまとめているが〔及川 二〇二〇〕、それをふまえつつ想起の「場」としての長篠・設楽原の成立について言及しておこう。

戦の後、同地では合戦や戦死者にどのような対応が行なわれたのだろうか。戦場となった郷里にもどった地元住民は、織田・徳川方、武田方を問わず死者を埋葬したとされている。先述の大塚・小塚である。大塚は信玄塚と称されているが、かつては千人塚とも呼ばれていた。設楽原における戦死者の弔い方は、室井康成の整理に依拠するなら「住民怨親平等型」に相当する。戦場となった土地の住民が敵・味方の別なく戦死者を弔ったというものである〔室井 二〇〇七〕。ここから、地域住民が当時から当該合戦の戦没将士に同情的であったという解釈が地元では生まれている。『新城市三十年史』は、金子藷山の「戦場考」の記述に[1]、合戦の三十二年後の慶長一九年（一六一四）の段階で古戦場にすでに石塔が設けられ、将士の姓名が刻まれていたという記録があることを引きながら、「この戦いと村人たちとのかかわり合いをしみじみ考えさせる」とする〔新城市三十年誌編集委員会 一九九〇：五五八頁〕。このような「敗者に寄り添う」という自己イメージは、現代のインフォーマントとの会話でもしばしば示される。時に、武田方の軍勢が地域住民に対し、好意的に接したためとする見方も唱えられるが、実態は明らかではない。少なくとも、新城市黒田で行なった調査では以下のような伝説が聴取された。拙稿で報告した事例だが再掲しておく。

長篠の合戦で逃走した兵士が、国へも帰れず、乞食のようなマネをして命をつなごうとしていた。それでも黒田の人々は食べ物を施すことがなかった。その兵士は黒田の木の下で死んでしまっていた。そのままにするわけにもいかないので、離れた場所にいけた。その場所は触れるとたたるという。

武田の落人をかくまった家で、落人と娘が恋をして、落人がひとはたあげて帰って来るといって出て行ったきりになり、娘が発狂した。

一様ではない地元の長篠・設楽原合戦観が垣間見えるといえよう。

なお、天正三年（一五七五）には徳川家康も武田軍の供養を行ない、承応二年（一六五三）には領主・設楽貞政が供養塔を建立し、福来寺を創建する。文化元年（一八〇四）にも小塚に供養塔が建立された。近世期から地元では戦没将士への慰霊行為が行なわれていたといえる。

大正三年（一九一四）、長篠古跡顕彰会が戦跡案内の石碑および武田方武将の墓碑建立に着手する。大正九年（一九二〇）には鳥居強右衛門への崇敬の念が高まり、新昌寺の墓域拡張がはじまる。先にも触れたように、鳥居強右衛門は長篠城から織田・徳川の援軍を促しに脱出し、帰路武田軍に囚われて「援軍は来ない」と叫ぶよう強要されたが、応じずに城中の味方に援軍が来る旨を伝え、処刑されたという人物である。犠牲的な忠義の象徴として美談化され、近代には郷土の偉人としてとりわけ称揚された。現在の鳳来中部小学校の前身である長篠小学校では「鳥居強右衛門の歌」を校歌にあたるものとして歌っていた形跡があり、近年の「長篠合戦のぼりまつり」では、鳳来中部小学校の児童らが、地域の人びとの記憶をもとに復元された同歌を合唱する催しがある。

昭和五年（一九三〇）には、医師であり郷土史家だった牧野文斎が信玄祖師堂および長篠役戦歿者忠魂堂を建立する。昭和一〇年（一九三五）には、山梨県から武田軍戦跡視察団を迎える。山梨からの訪問はこれが初めてのこととされる。同視察団は翌年の来訪に際しては勝楽寺で法要を執行し、昭和一三年（一九三八）には信玄原（大塚・小塚の所在地）に宝篋印塔と慰霊碑を創建する。石材は山梨県のものという。山梨県との交流は戦後も継続し、昭和三一年（一九五六）、大塚等から遺骨が分けられ、韮崎市の新府城跡に埋葬された。同地には長篠役従軍陣歿将士分骨碑が設けられている（及川 二〇二〇）。以後もモニュメントの建立は続き、昭和四一年（一九六六）には設楽原決戦場碑が家康物見塚に、昭和四七年（一九七二）には竹広字乗久根に供養塔婆が建てられた。長篠設楽原合戦後四〇〇年にあたる昭和五〇年（一九七五）には、鳥居強右衛門の四〇〇年祭および武田方将士の法要が行なわれるのとともに、供養塔・石碑類の建立が相次ぐ。

また、武田家家臣の末裔の組織として昭和四六年（一九七一）に結成された武田家旧温会は昭和四九年（一九七四）以来、毎年設楽原を訪れ、同地に建碑も行なっている（及川 二〇一七）。武田家旧温会との交流は、新城市郷土研究会が編集する『長篠戦後四百年史』でも地域の重要な出来事として特記されている（新城市郷土研究会 一九七五：二一五頁）。

さて、先述のように、設楽原を舞台とする戦いが、長篠・設楽原合戦のハイライトであるにも拘わらず、設楽原古戦場の観光化は平成二年（一九九〇）まで消極的なものであった。この背景には、地元住民も自らの居住地がいわゆる「長篠合戦」の主要な舞台の一つであるという自覚が乏しかったことが関わっている。想起の手掛かりとなる記憶装置（将士の墓）は地域内に無数に点在し、死者を想起する火おんどりという催しがありながら、自地域と「長篠合戦」を関連づけて想起する回路が必ずしも強固には用意されていなかったのである。

昭和一五年（一九四〇）度から昭和二〇年（一九四五）度まで現在の東郷東小学校に在学し、のちに市の教育行政にも携わったKY氏への聞書きによれば、在学当時、郷土教育の文脈で設楽原の合戦が教え込まれたことはなく、取り上げられるものがあるとすれば、長篠城跡と鳥居強右衛門であったという。例えば、同氏は、秋に行なわれる正規の運動会とは別に五月一五日に「軽い」運動会が行なわれたという記憶を有している。これは、鳥居強右衛門の命日であり、岡崎まで徒歩で向かった強右衛門にちなんだ催しであったらしい。KY氏には、遠足で長篠城跡に出掛けたという思い出もある。当時、「千人塚」と呼ばれていた現在の信玄塚では今日と同様に「火おんどり」が行なわれていたが、不思議なことに、そこから自身らの居住地が「長篠合戦」の象徴的な主戦場であったという認識には帰着しなかったという。いずれにしても、当時の郷土史教育の地域教材としては、史蹟としての「設楽原」は関心を持たれていなかったことがわかる。無論、建碑が相次いでいたことから、設楽原への関心は昭和初期から一部の人々にはもたれていたはずである。しかし、それは地域で共有されるまでには至っていなかったとみることができるだろう。

そのような状況に気づき、地元での記憶化状況の改善を試みるべく結成されたのが先述の「設楽原をまもる会」であり、「長篠・設楽原合戦」という呼称の積極的な提唱も、そうした状況を変えるためのものであった。同会は地元郷土史家や教員らによって結成された団体であり、昭和五五年（一九八〇）に発足する。同会は当初、旧・東郷村域内の地区会の開催から開始し、会の趣旨の浸透をはかっていった。このプロセスに、自地域がいわゆる「長篠合戦」の主要な舞台であることを周知することも含まれていた。同会の具体的な活動としては、①「設楽原決戦場まつり」の開催、②馬防柵の再現、③史蹟の整備・保存、④調査・研究、⑤会報発行の五点が銘打たれている。主要な成果のみ紹介するならば、昭和五六年（一九八一）には東郷中学校版画クラブが絵札を手がける「設楽原古戦場いろはかるた」を作成し、古戦場各所にその句標が建てられている（写真5）。また、馬防柵の再現も同年に開始されている。五〇メートルの織田方式の馬防柵の再現から着手され、昭和五八年（一九八三）度には第二期事業として徳川方式の馬防柵の再現が開始され、昭和六二年（一九八七）には新築される。馬防柵は定期的に造り直されており、現在も樹木の伐採から築造までのすべてを地域住民で担っている。また、慰霊事業としては、昭和五九年（一九八四）に、かつて牧野文斎が祭祀していた戦死者の位牌が静岡県富士市本照寺に移されていたのを譲り受け、勝楽寺で諸霊牌遷座供養を行ない、霊場碑を建立している（写真6）。

設楽原合戦の記憶化もしくは長篠合戦の「郷土」化を推し進める「設楽原をまもる会」の活動を紹介してきたが、同会の活動は郷土史研究会のそれに留まらず、地元小・中学校での地域学習にも影響を与えている。次章ではこの点を掘り下げてみる。

写真5　山縣塚に設けられた句標(2015年筆者撮影)

写真6　勝楽寺の位牌に手をあわせる武田家家臣の末裔たち(2014年筆者撮影)

三、東郷東小での歴史学習

「設楽原をまもる会」の影響下で、旧・東郷村域の小・中学校では地域学習のなかに設楽原合戦を組み入れていく。東郷東小学校では、昭和五七年（一九八二）七月から「設楽原合戦記念音楽会」を開催し、平成六年（一九九四）まで継続している（最終年度は「学習発表会」に改称）。東郷東小学校の作成する「総合的学習の時間」に関する資料を閲覧させていただいたかぎりでは、この音楽会は設楽原決戦場まつりへの全校参加へと移行していったものらしい。ただし、音楽会の頃から、なんらかの「合戦を演じる」催しが学校で行なわれていた模様である。東郷東小学校の学校新聞である『東』一七九号から、平成二年（一九九〇）度の音楽会の様子を探ってみよう。なお、リード文によれば、同年は「設楽原をまもる会」発足一〇周年にあたり、同会からの感謝状が学校に贈られている（東郷東小学校ＰＴＡ 一九九〇：一頁）。


七月九日、四一五年前のその日を思わせる梅雨の中休みの曇り空のもとで、『設楽原の戦い記念音楽会』が開かれ、のべ六〇〇名の地域の方々や家族が熱心に参観した。

学級歌と自由曲の発表は、それぞれの学級の持ち味を生かし、いきいきとした表情で練習の成果を発表することができた。また、六月三〇日の合唱交歓会で五年生が歌った『峠路』など二曲が披露され、参観者から暖かい拍手が沸いた。

また、今年度初めての試みとして東郷中の吹奏楽部の演奏が行われ、小学校と違ったレベルの高い演奏を親子とも目を輝かして見入った。

恒例の『設楽原の戦いの劇』は、小屋久保に批難した農民の気持ちと連吾川で発見された矢立硯を使用したと思われる上州の武将真田輝軍の活躍を組み合わせて構成された。六年生の子供の熱演は会場の参観者に強い印象を与えた。

また、六年生の手作りげんこつ飴が会場の参観者に配られ、好評であった。給食は『戦国時代の兵糧食』のみそ雑炊を味わい、終日往時をしのぶ日となった。

この段階で「設楽原の戦いの劇」は「恒例」と称されている。「音楽会」が創始された初期から劇が行なわれていた可能性が高い。東郷東小の取り組みは高い評価を得ている。『新城市三十年誌』は、「設楽原の戦い記念音楽会」は「設楽原合戦を再現、見事に上演する。かつての戦場に育ち、土地の歴史を学ぶ子供たちの真剣な姿が多大の感銘を与へ、賞賛されている」と記述する〔新城市三十年誌編集委員会 一九九〇：五六五頁〕。

一方、昭和五六年の『東』（一五一号）にも「設楽原の古戦場」を歌う児童らの写真があり、これ以前から合戦に関わる歌を教育に取りこんでいたことが知れる。

ちなみに、児童らが合戦に関わる演劇を披露するのはこの時ばかりではない。『東』を通覧していくと、三月の「六年生を送る会」でも卒業生が劇を披露している。以下は『東』一五六号掲載の六年生の感想文「風林火山の旗印」である〔加藤 一九八三：一頁〕。

ぼくたちは、三月六日の六年生を送る会で「長篠の戦い」の劇をやりました。ぼくは、土屋昌次の役になりました。すばらしい劇になるよう、いっしょうけんめいにセリフを覚え、よろいも本物そっくりに作りました。武田軍の旗「風林火山」も作り、その意味も覚えました。風のように速く攻め、林のように静かにひそんでいて、火のように激しく侵略し、山のように動かないという意味です。ぼくは、この旗の意味がとても気に入りました。だから、劇の最中も、この旗が光って見えるようでした。
劇全体としては、長篠の戦いの様子が、細かく、ていねいに、はっきりと、見ている人に伝わった感じがしました。みんなでいっしょうけんめいにやった「長篠の戦い」の劇。ぼくは、頭の中にいっぱいつめこみました。六年間の最後に、とてもすばらしい思い出ができました。

合戦の演劇化の伝統は、むしろ「六年生を送る会」からはじまったらしいことが、『東』一五六号における校長・渥美利夫の発言からはわかる。演劇それ自体も、渥美の発案によって起こったもののようである〔渥美 一九八三：五頁〕。

三十年も昔のある寒い冬の日、研究会参加のためわたくしは田原町の中部小学校を訪れていた。昼食時のことである。田原が誇る幕末の偉人渡辺崋山（幼名登）の〝板橋の別れ〟の学校伝統の寸劇を見せてもらった。（中略—引用者）
登場人物わずかに三人、セリフもほとんどない無言劇でなんのへんてつもないかのようであるが、さにあらず豪華なバックに舞台はととのい、子どもの演ずる劇は、見る人をして涙を誘うまったくの感動の場面そのものであった。
三年前のことである。長い間ひとりあたためていた〝田原中部小と板橋の別れ〟に対比する郷土の教材

〝東郷東小と長篠の戦（設楽原の戦）〟の構図を、世の中に出す計画をわたくしは決意した。六年担任の加藤、浅倉さんにことの理由を話し「五分でクライマックスを寸劇に」と言った。数日たって返ってきたのは「寸劇ではどうしてもサマにならない。三十分の劇にする」ということだった。そうして卒業生を送る会の「長篠の戦い」が日の目をみるようになったのである。つづいて昨年は夏目、市川さんが卒業生と、ことしは鈴木、権田さんが六年生と取り組んだのである。劇の名はそれぞれ違ってはいるが。

場面も学習の重点とかかわってかなりちがいが見られる。この多様化はもっともわたしのねらっているところだけにうれしい。衣裳や道具にも創意工夫が加えられ、子どものとり組む姿勢にもきびしさを加えてきたかにみえる。おそらく学校の伝統としてこの劇がその地位を築く日も遠くのことではあるまい。

現在の学習発表会への「設楽原をまもる会」の関与は観劇に訪れるのみであるというが、同会には地元教員が多数参加している。地域学習への「設楽原をまもる会」の関与は、むしろ史蹟散策への協力などに力点がおかれている。史蹟の要所に会員がたち、授業の一環で周辺を散策する児童たちに解説を行なっているという。

また、先述のように、「設楽原決戦場まつり」は彼らの活動の成果の一つであるが、東郷東小、東郷西小、東郷中の児童・生徒らが参加する。東郷東小の場合、一、二年生は創作演舞と称し、松明を模したバトンをもった体操、および、ダンスを実施する。バトンによる演武は、「もっせ、もっせ」の掛け声を組み込むなど、「火おんどり」を意識したものとなっている。三年生から六年生は「武者行列」に参加し、「子ども決戦」に参加する。「子ども決戦」では、東郷東小の児童が武田方、東郷西小の児童が織田・徳川方にわかれ、設楽原の合戦が再現される。その内容は織田・徳川の火縄銃に武田方が何度も突入しては倒れ、やがて掃射を突破した武田軍が織田・徳川軍との戦闘で破れる様を演じるというものである。東郷東小の児童は敗れる側ばかりを演じることに不満もあるようだが、児童らにとって楽しい演目であることは相違ない。

この設楽原決戦場まつりに参加するにあたり、かつては児童・生徒らは手作りの甲冑で参加していた。現在はOBの作品を継承している（写真7・8）。この甲冑制作に「設楽原をまもる会」がアドバイザーとして参加している。

以上、設楽原の古戦場が地域の史蹟として自覚されていく過程を確認した。それは「設楽原をまもる会」の活動によって導かれ、地元の小・中学校での教育を通して次世代への継承がはかられてきたといえよう。

写真7　東郷東小に保管されている手作りの甲冑（2015年筆者撮影）

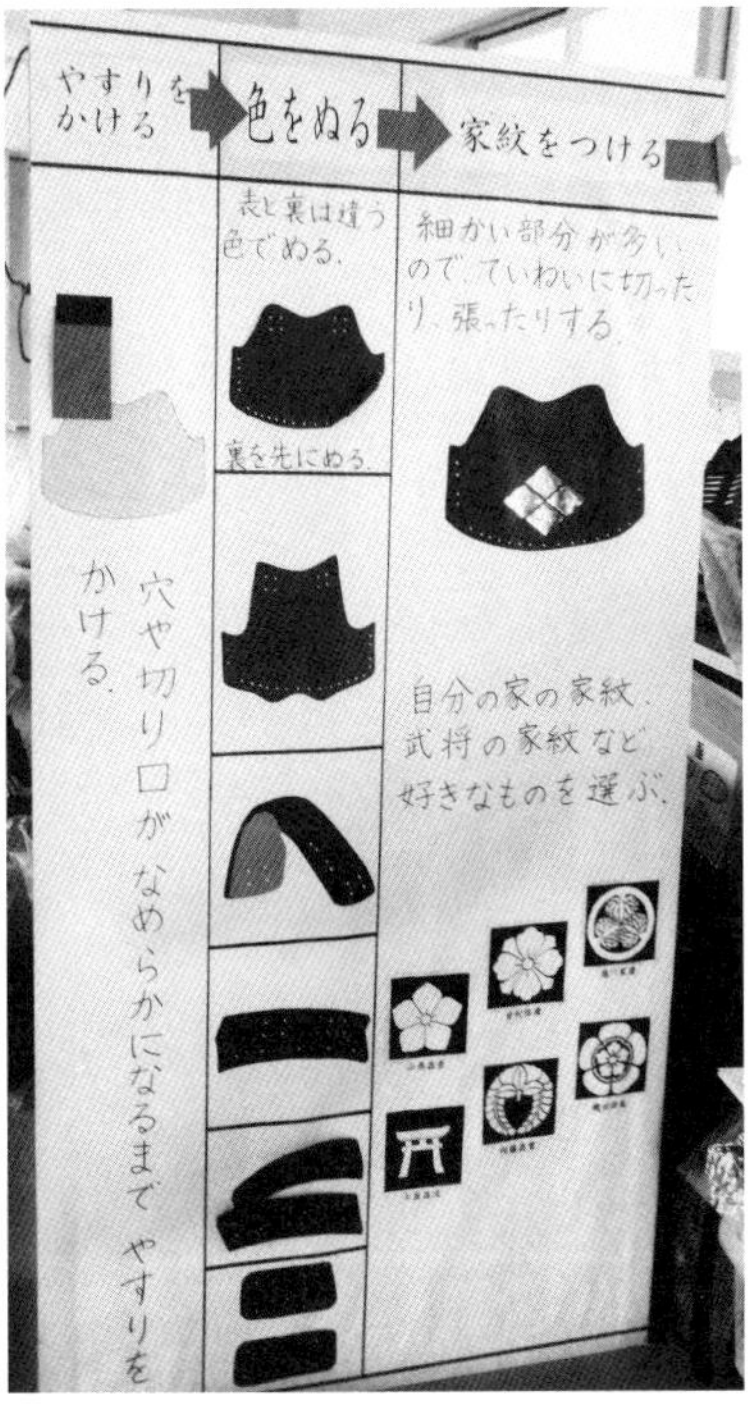

写真8　よろいの作り方のパネル（2015年筆者会撮影）

では、このような史蹟の自覚化に、時代劇メディアはどのように関わるのだろうか。

四、時代劇メディアへの違和感

近年の各地の大河ドラマ誘致運動を見渡すかぎり、全国の自治体は大河ドラマの放送によって発生する「ご当地ブーム」がもたらす経済効果に大きな期待を寄せていることが容易に看取される。しかし、市民もしくは地域と時代劇メディアとの関係は、このような面ばかりからでは語りつくせない。民俗学の立場から人びとに聞書きを重ねていくことで明らかになるのは、人びとが「時代劇メディア」に抱く「違和感」である。

実は、本稿で取り上げた「設楽原をまもる会」は黒沢明監督の『影武者』の鑑賞体験が直接的なきっかけとなって発足にいたった。同作品は昭和五五年（一九八〇）公開、仲代達也主演の東宝映画である。「設楽原をまもる会」の立ち上げに関わった者たちがこれを鑑賞した際、自身らの居住地である設楽原合戦の描写が目をひいた。『影武者』において、武田軍は織田・徳川軍の火縄銃に騎馬を駆って突入を繰り返し、倒れていく。鑑賞後の感想は、「こんな田んぼだらけの地形ではこれは無理だ」ということだった。設楽原の地は、現在も起伏にとみ、各所に水田が点在している。とても映画のように騎馬軍が突進していくことはできないのではないか、また、果たして合戦の当時からこの地は水田だらけだったのかという疑問が生まれた。そのように彼らは地域史の検証への関心を強めていったのである。古記録の勉強を通して「設楽原をまもる会」が出した結論は『影武者』は「大ウソである」というものであった。設楽原の地では奈良期の米蔵の遺跡が発見され、また検地帳と照合するかぎりでも大規模な水田耕作がかなりはやい時期から行なわれていたはずである、というのがその根拠である。時代劇メディアの鑑賞体験が、地域史の実像への関心を喚起したということは注意しておいてよい。

また、同時期、「設楽原をまもる会」の発足メンバーが、電車の車内で子供連れの女性が「あれが長篠の合戦の舞台よ」と長篠城を指差している様を目撃し、「そうではない」という意識を強めたことも大きなきっかけだった。自地域でもつ史蹟の価値、あるいは、歴史観の「ねじれ」をつよく意識させる体験だったといえるだろう。

時代劇メディアは、称賛的態度ばかりでなく、人びとに違和感や不満を抱かせる。それが人びとの歴史実践につながっていく。この「設楽原の発見」は、実は特殊な出来事ではない。先述の武田家旧温会は、NHK大河ドラマ『天と地と』を鑑賞した武田家家臣末裔らが、ドラマへの不満を語りあう場が発足につながっていったとされている。このほか、時代劇メディアに登場した自家の先祖の描かれ方や演出が「気に入らない」、「家の伝承と反する」等の違和感は、インタビューの場でしばしば聴取されるものである。それらの人びとの歴史観は、アカデミックな作業を通して形成されたものでは必ずしもない。しかし、時代劇メディアと実社会の関係を議論する場合、史実との整合性ばかりが問題になるわけではない。むしろ、各地域で各個人に保持されている、時として歴史学の見解とは相違する歴史観との関係に注意をはらう必要がある。地域の歴史観は歴史学の成果へも果敢な「異議申し立て」を引き起こす場合がある。兵庫県の赤穂市史編纂過程において、元禄赤穂事件の武士たちを四十六士とする見方が提唱された際〔八木 一九八九：三二一～三五三頁〕、市民からこれへの反発が生じ、結果として市長が四十七士説を支持する声明を出したことなどは〔及川 二〇一七〕、人びとが郷土への「愛着」とともに想起する「歴史」がどのような性質のものであるかを雄弁に語っているといえよう。

史実との整合性がない（もしくは乏しい）としても、それは「願われたものとしての過去像」として、人びとのアイデンティティと直結している場合がある。アイデンティティと直結するからこそ、「斯くあれ」という願いが抱かれるということもできる。そのような願いは既存の言説への対抗性を有する。望ましくないフィクションへは史実の強調という選択が行なわれる。また、慣れ親しんできたフィクションを相対化しようとするアカデミックな言説に対しては、従来のイメージを重視する機運が高まることもある。無論、歴史学は権威的な言説の体系である。人びとは自身らの支持する「望ましさ」に学問からの承認を得ようとすることもある。

そのような「願われたものとしての過去像」を形成したり、補完したり、時として否定するものとして時代劇メディアが存在するのであり、また歴史学やその権威性が存在するのである。市民にとっての「歴史」を、歴史学にとっての「歴史」と同等程度に重視しようとするならば、実社会においては「過去」はどこかで誰かの「現在」を説明する「物語」として活用されているということに改めて向き合うべきことを強調したい〔及川二〇一七〕。

むすびにかえて

本稿では、長篠・設楽原合戦をめぐる地元での歴史観の変化に注意を向けた。設楽原の場合、映画『影武者』が自地域の歴史をめぐって内外で抱かれているイメージを相対化するための郷土史研究団体を発生させていた。

時代劇メディアは人びとの歴史観に作用する場合がある。ただし、メディア決定論的な見方はいささか単純化された現実像をしか結ばない。時代劇メディアは、それへの反発心を喚起することもあり、地域史の取り扱いに影響を及ぼすこともある。市民と時代劇メディアの関係を捉えようとする場合、人びとを受容者ではなく能動的な読解者や探究者ないし発信者として理解し、読解の背景や情報発信の背後にある意識や戦略を議論していく必要がある。本稿ではそのような認識のもと、ケーススタディの一部を提示した。

注

（1）　同書は写本の一部が伝存するのみである。

参考文献

渥美利夫　一九八三「劇・長篠の戦」（〝松の木〟は知っている・一〇）『東』一五六号、東郷東小学校ＰＴＡ
及川祥平　二〇一七『偉人崇拝の民俗学』勉誠出版
及川祥平　二〇二〇「史跡の形成と地域間交流――山梨県民の長篠・設楽原への関与に注目して」『民俗学論叢』三五号
加藤大史　一九八三「風林火山の旗印」『東』一五六号、東郷東小学校ＰＴＡ
新城市郷土研究会　一九七五『長篠戦後四百年史』新城市教育委員会
新城市三十年誌編集委員会　一九九〇『新城市三十年誌』新城市
室井康成　二〇〇七「首塚伝承考――戦死者埋葬譚のモティーフ分類」『古城』五二号
八木哲浩　一九八九「四十七士をめぐる論議」『忠臣蔵』一巻、赤穂市総務部市史編さん室

［附記］　本稿の執筆に際し、日本私立大学振興・共済事業団、平成二七年度学術研究振興資金（若手研究者奨励金）に申請した研究課題「地域史の教育資源化をめぐる民俗学的研究」の成果の一部を使用しています。

13 特別展「戦国時代展」の思考

◉西山　剛

はじめに

本稿でとりあげる特別展『戦国時代展 A Century of Dreams』（以下、本展）は、二〇一六年一一月二三日から二〇一七年六月一八日まで開催された巡回展である。会場は、東京都江戸東京博物館、京都府京都文化博物館、米沢市上杉博物館の三館で[1]、展覧会の総入場者数は約二一万人にのぼった。本展の開催にあたっては三年の準備期間をかけ、展覧会コンセプト、出品資料、掲出パネル、展示叙述など、展覧会を構成する主要な要素については各館の学芸員を中心とする企画委員会が議論を行いながら決定してきた。本稿ではこの「戦国時代展」が作られていく背景にはどのような思考が存在し、それはどのように展示に結びついたのか。また、この一連の作業は、現在の博物館、展覧会をめぐる状況の中でどのような意味があるのか。展覧会を終え、一定程度時間がたった今の地平からこの点について考えてみたい。なお、本展は巡回展であるが、筆者が在籍する京都文化博物館で実施した展示を主な素材として考えるところ述べることとする。

一、戦国時代展のねらい

博物館の展示として戦国時代をテーマにすることはよく行われる。地域権力が顕著に可視化された戦国時代のあり方は、地域博物館の使命ともいえる地域文化の発掘・普及によく親和し、近年の「観光立国」の文脈とも相性がよい。またさまざまな地域において個性的な戦国武将が躍動する当該期に関する言説は、高度に物語性を帯び、展示の利用者にとっても親しみやすいものとなる。

このような戦国時代と展覧会の親和性をさらに強化してきたのが、毎年放映されるＮＨＫ大河ドラマと、それに関連して行われてきた大河ドラマ特別展（以下、大河展）であろう。ここ直近の一〇年間をふりかえっても江（崇源院）、黒田官兵衛、真田信繁、井伊直虎、明智光秀など戦国時代を生きた錚々たる人々を主人公に据えてドラマが制作され、また展覧会が巡回されたことがわかる。

大河展の特徴として、ドラマの世界観を引き受けて展示が構成されることが挙げられる。利用者は、ドラマの登場人物や人間関係、舞台設定など、ドラマの基本的な枠組みを引き受けつつ展示を鑑賞する。そのため、企画する側もこの枠組みを意識しながら列品計画をたてることが求められる。つまり、主人公や重要な役割を果たす人物に関する一次資料（肖像、肉筆の書状、所用の道具など）、ドラマにおいて画期として描かれる事件に関する資料などを列品の中心とし、ドラマで取り上げられる史実を裏付けたり、補強したりすることが強く意識されるのである。

このようにドラマと密接な関係をもちながら実現した大河展は、通常の同種の展覧会よりも広い利用者に受け止められていくこととなる。もっともその内容は、数年間にわたる企画会議で丹念に議論を重ねて構成されたものであり、学術的な批判にも十分対応できるほど専門的な内容を持つ。学術的な内容であっても、多くの利用者を動員し、魅了することができるのは、大河ドラマとしてパッケージされた世界観が多くの人々に認識され展示を見る上での前提となっているからこそであろう。

しかしながら、ここにこそ、本展で意識的に取り組もうとした課題が含まれている。いうまでもなく大河展は特定の主人公がいる。そのため展示叙述の中心は、主人公の生涯や事績、環境などに置かれることとなり、多様な視点で時代そのものを扱うことが困難となるのである。戦国時代に顕著となる各地の地域権力はそれぞれいかなる性質をもったものであり、それらは相互にどのような関係を結んだのか。この問いをたてたとき、やはり必要なのは複眼的に時代を観察することであり、対象とするフィールドを拡張していくことであると考えた。すなわち列島に出現した戦国時代という時代そのものをどのように展示するのか。この点こそが本展の根本的なテーマであった。

二、展覧会構成

前章で指摘した問題意識にたち企画会議で議論を重ね、本展の構成を次のように決定した。

序章　時代の転換
第一章　合戦　―静寂と喧騒
第二章　群雄　―翔け抜けた人々
第三章　権威　―至宝への憧れ

第四章　列島　─往来する人と物

終章　新たなる秩序

本展で対象とする時代は一五世紀半ばから一六世紀後半の約一世紀間とし、戦国時代の発端を享徳の乱（一四五四〜八二）、応仁文明の乱（一四六七〜七七）に置いた（序章）。関東と西国において政治体制を揺るがすほどの武力衝突がほぼ同時期に勃発していることをもって列島は戦国時代に突入した、という理解を表明したのだ。

次いで第一章では川中島合戦図屏風諸本、姉川合戦図屏風など戦いの姿をビジュアルに伝えている資料とともに、旗、軍配、法螺貝や陣鐘といった実際に戦場で使用された伝世品をあわせて展示し、戦場のイメージをより具体的に伝えるように努めた。

第二章では、前述の時期区分の中で活躍した諸権力を取り上げ、その関連資料を展示した。すなわち畿内勢力として足利将軍家の面々や幕府の有力武将である細川家や三好家、越前の浅井家、朝倉家、美濃の斎藤家、尾張の織田家、駿河の今川家、甲斐・信濃の武田家、真田家、越後の上杉家、あるいは伊豆小田原の北条五代、北関東から東北を拠点とする佐竹家、伊達家、最上家、蘆名家、南部家、安藤家、また中国地方の大内家、尼子家、毛利家など列島各地に所在する諸家にできるだけ目配りをした。特定の地域、人物に集中するのではなく、同一の時期区分の中、各地にいかに多種多様な人物が躍動していたかを示すことがこの章のねらいであった。

第三章では、旧来権力の象徴でもあった京都の文物が戦国期の列島各地にいかに受容されたのかを示した。日明貿易など大陸との交易の中で渡来した中国美術は、足利将軍家の中で蓄積され東山御物を形成した。戦国期における新興勢力は権威の表象としてこれを欲し、そのいくつかは現在にも伝わっている。出品資料としては、足利義植から大内政弘に伝えられたという「秋景冬景山水図」（京都・金地院蔵）、足利義政の後、戦国武将や茶人の手を経た後に豊臣秀吉に渡り、上杉景勝に下賜された「瓢箪茶入［上杉瓢箪］」（京都・野村美術館）、織田信長から上杉謙信に送られた「洛中洛外図屛風［上杉本］」（米沢市上杉博物館）などが並んだ。応仁文明の乱を契機に京都の実態的な権力は衰退し、各地が紛争状態に陥ったという言説はいまだに根強い。本展ではあらためてこのような説を否定し、戦国期においても京都の権威が十全に機能していたことを具体的な姿で明らかにしようとした。

第四章は、「往来する人々、流通する文物」をテーマとした。西国・坂東の両三十三所観音霊場など、巡礼の旅は戦国時代においてもなお活発で、参詣曼荼羅などをはじめ関連する諸資料を確認することができる。また巨視的な視点に立てば、この頃の列島では、北方地域としてはアイヌとの交易、前代から続く中国大陸・朝鮮半島との交易、西国では後の南蛮貿易につながる東南アジアとの交易が盛んであった。本章では、戦国時代が戦乱によって閉ざされた世界では決してなく、列島規模で多くの人々、様々な文物が往来していた時代であったことを示した。

終章では、戦国時代の後の統一政権の成立を明示するため、豊臣秀吉、徳川家康を象徴的に扱った。戦国時代は室町幕府が権威として存在していたが、実態的には各地域に異なる政治権力が生まれ、分立併存している状況であった。後に続く統一政権は、一転して中央集権的な政治体制を構想する。その点を語る資料として、各地に発布された「豊臣秀吉禁制」（東京都江戸東京博物館蔵）や諸大名統制に関する法令「武家諸法度」（同）を展示し、秀吉、家康の関連資料を対比的に紹介しながら戦国時代展の展示叙述の結びとした。

ここまで紹介したように、各章の内容はさほど強い論理性で結ばれているのではなく、あたかもトピックのように自立させて構成した。地域や権力体によって多面的な姿を見せる時代像を表象するためには一つの論理で結ぶのではなく、あえてテーマごとに切り分けて提示することのほうが相応しいと考えたのだ。本展の全体を俯瞰してとらえたとき、戦国時代の諸特徴が結び合い、個々の利用者の中で新たな戦国時代像が結ばれることを期待した。

三、民衆史の視点

（1）四条河原の一括出土銭

前章で述べた通り、本展では享徳の乱・応仁文明の乱から統一政権の成立までを一つの区切りとして提示したが、さらに最終部でエピローグを付し、一つのメッセージを表現した。近江国伊吹山の麓、大原観音寺に伝来した中世文書群のうち「夫馬一色衛門畠地寄進状」ほか三通の寄進状を展示し、「戦国人の願い」を読み取ろうとしたのだ。

前近代の人々は、自らの土地や権利を寺院に寄進することで神仏と結縁し、宿願の実現を祈った。寺院に納められた寄進状は当時の人々の願いのあり方を読み取る上で好個の素材である。取り上げた四通に願いとして記されていたのは、「当家御繁盛」、「庄内安穏」、「諸人快楽」、「後生菩提」、「現是安穏」、「後生善処」、「出離生死」、「頓証菩提」という文言であり、現世にあっては生活の安全と幸福を、また死後は極楽へ至りたいというものであった。本展ではこの文言を壁面にグラフィックであしらい、実物資料を印象的に演示することで、戦国の人々の願いが、実は今の我々とさほど変わらないものであったことを表現しようとした（写真1）。

ここで取り上げた寄進状の記主は、荘園内の秩序では上位に位置づくものであると考えられるが、いわゆる荘民として把握できるクラスであり、民衆と捉えることもできよう。実は本展で意識的に取り組んだことの一つと

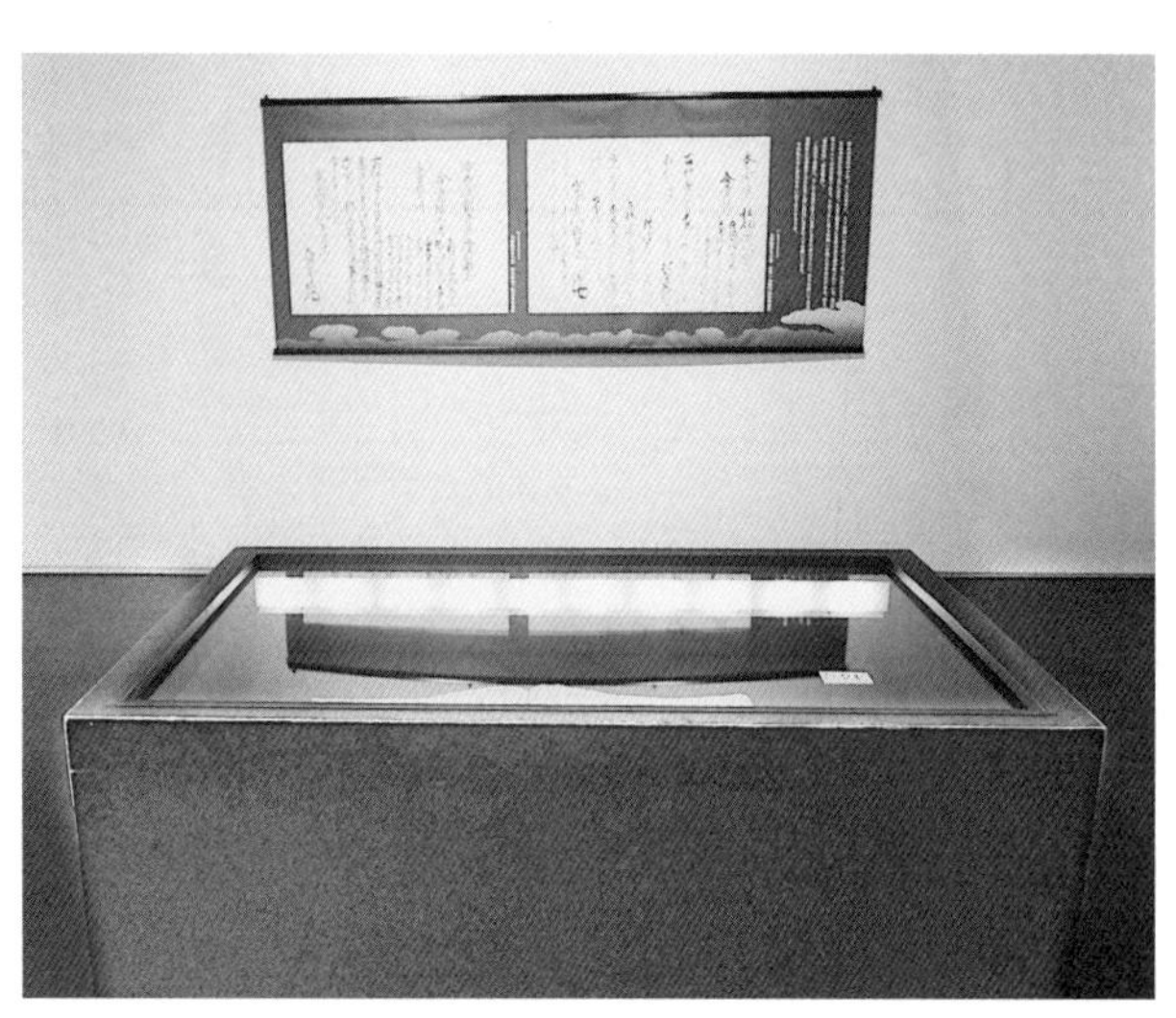
写真1　エピローグ部分展示風景

して、民衆史的視点で描かれる歴史像をいかに展示叙述の中に取り入れていくのか、ということがあった。ここで第四章を見たい。

先述した通り、本章は戦国時代に存在した国内外の流通・交易をみることで、当該期がいかに様々な文化が横断的に接触し、新たな価値観が育まれたかを考えるものであった。そんな中、展示した資料の一つに「寺町・大雲院跡出土　一括出土銭」（京都市考古資料館）があった。

本史料は、京都市下京区四条河原町に所在する大雲院跡から発掘された一括出土銭である。備前焼の壺の中、百枚単位で紐に通された銭が収納されており、総数は五万枚前後に登るという。構成する銭貨の分析から、あるいの遺跡の特徴から一五世紀から一六世紀の遺物であると判断されているが[2]、重要なのはその出土地点である。

戦国時代の当該地は、時宗寺院・金蓮寺の南側にあたり、文字通り鴨川の西側河原にあたる。幸いにもこの地域はいくつか絵画史料においても着目され描写されており、労働に専念する女性とともに、高々と干された藍色の布が描写されている（図1）。下坂守はこの描写および関連する文献史料を駆使し、当該描写が染色業を営む職能民・青屋であり[3]、当該地点が「余部屋敷」と呼ばれる河原者の拠点地域であったことを明らかにした[4]。

苛烈な差別に晒され、収奪される存在としてとらえられる傾向のある中世被差別民であるが、出品した「寺町・大雲院跡出土　一括出土銭」は、差別を被る職能民であっても、十分な資本を蓄積しうる存在であったことを雄弁と物語るのである。展示室では、上杉謙信・景勝の御手択「青磁牡丹唐草凸花文瓶」（山形・上杉神社）と並べて展示した（写真2）。上杉家に伝えられ、中国の文物を活用した京都の権威表象と通じながら威信財として活用されてきた瓶子と、賤視を被る職能民がその生業の中で獲得したであろう大量の銭貨の詰まった壺を対比さ

図1　東山名所図屏風（国立歴史民俗博物館）

写真2　第四章展示風景

せ、両者の間にある様々な差異を視覚的に対比してもらえるよう導線を配慮した。

（2）「洛中洛外図屛風　上杉本」

同様の視点で本展の出品作の中で、「洛中洛外図屛風　上杉本」は重要な作品であった。狩野永徳によって六曲一双の屛風の中に京都市中が広域に描き込まれた本作は、織田信長から上杉謙信に送られたとする魅力的な伝来論が物語るように、戦国時代の京都を語る上で欠かすことのできないものであった。

会場では、左隻に表現されている細川京兆と三好長慶・松永久秀の対立表現に関するコラムパネルを作成し、華やかな屛風の中に潜む戦国時代特有の政治状況を解説したが[5]、一方で作品の傍に高精細画像の閲覧を可能にするため、タッチパネルを設置した[6]。

本屛風に描き込まれた人物は約二五〇〇人もの多さに及ぶ。彼らは公家、武家、商人、職人、被差別民などありとあらゆる身分に渡り、広範な社会層に属す人々であった。本展では、展示側が一方的に切り取った場面だけを受容するのではなく、隅々まで描き込まれた屛風の全体を、タッチパネルを用いて詳細に観察してもらい、ふたたび原資料に戻りながら理解を深めてもらう鑑賞方法を提案したつもりである。また、洛中洛外図屛風を用いて戦国京都の生活史を復元的に考察することに関しては、図録論文の中で取り組んだ。論考では、築地をめぐらし、要塞化した集落に住む声聞師、三条室町界隈で活発に商業活動を行う大商人、戦国時代であっても霊場をめざし躍動する巡礼者たちの姿を見出した。

下克上や群雄割拠という、ヒロイズムに満ちた戦国時代の歴史像だけでなく、同じ時代、市井に生きた人々の姿を忘れてはならない。彼らの姿が生き生きと見出されなければ、戦国時代という時代観に向き合う展示とはならないであろう。

四、展覧会という共同研究

各館の学芸員が企画委員会を結成して巡回展を組み上げていく場合、その企画会議は実質的には共同研究の場となる。(7)普段は遠隔地にいて、それぞれの地域で行う学芸活動の中で蓄積された調査成果や知見が、この場で共有され、新出資料の発見、新たな解釈の提案などの成果につながることが多い。

本展の場合、戦国時代の一流の文化人・三条西実隆と連歌師・宗碩による大永元年（一五二一）一一月「住吉千句連歌懐紙」の発見は重要であった。本資料は金銀泥で草花が描かれた料紙に実隆自身が筆をとったものであり、書跡作品としても見どころがある。極めて美麗に仕立てられた本資料であるが、実はその成立に関しては、実隆の日記「実隆公記」によって詳しく後付けることができ、この懐紙が後柏原天皇に進上され、上覧を受けたことが判明した。美麗な料紙表現はこの点に起因したものであろう。

戦国期屈指の文化人の手による原本の発見は、その成立事情が判明することと合わせ耳目をあつめ、新聞に掲載され広く紹介され広報効果を生んだ（写真3）。展覧会における新出資料の発見は学術的な意味のみでなく、展覧会の魅力を広く発信することにつながり、利用者の動員を図る上でも重要な意味を持つものなのである。

また展覧会への動員の面で、特筆すべき取り組みとして刀剣展示への注力が挙げられる。巡回展全体でも「刀　無銘　籠手切正宗」（東京国立博物館蔵）、「刀　義元左文字　無銘」（京都・建勲神社）など九振の刀剣が出品されたが、なかでも京都展では上杉謙信が上洛の折、正親町天皇から下賜されたとする「短刀　銘吉光　号五虎退」（個人蔵［米沢市上杉博物館寄託］）は人気を集めた。これはゲーム「刀剣乱舞-ONLINE-」に牽引された近年の刀剣ブームと結びついた動きであり、当該の「五虎退」もキャラクター化されてゲームに登場する。展覧会側でもこ

三条西実隆の千句連歌

戦国期の公家　宗碩と詠み合う

戦国時代の代表的文化人で公家の三条西実隆（1455〜1537年）が、連歌師・宗碩（1474〜1533年）と和歌を詠み合った「住吉法楽千句連歌」が見つかった。実隆の自筆とみられ、専門家は「当時の文化人の交友関係がうかがえる貴重な史料」としている。

実隆は学者や能書家として知られ、清水寺や北野天満宮の絵巻物の詞書きなどを手がけたほか、日記「実隆公記」（重要文化財）は室町後期〜戦国時代の史実を伝える一級史料とされる。宗碩は近畿や九州で大名らと交流し、連歌を指導したことで知られる。

見つかったのは、1521年に宗碩邸で4日間に詠まれた約1000句。大坂の住吉大社の祭神にささげる目的で、実隆公記に当時の様子が記されている。

連歌には、実隆の「松ならぬ　こゑうちそふる　時雨かな（松だけでなく、時雨の音が辺りに加わる）」との発句に、宗碩が「かれ葉なみよる　あしのむら立（群れ立つ葦が風で波打つ）」と応え、晩秋から初冬の水辺の情景などが詠まれている。料紙は金銀泥に花鳥がうっすらと描かれた豪華なもので、後に実隆が後柏原天皇に献上するため清書したものとみられる。

6年前に東京の研究者が古美術商から入手。京都文化博物館（中京区）が昨年調査し、筆跡から実隆の自筆と判断した。

同館の西山剛学芸員（都市社会史）は「住吉千句連歌は江戸期の書写が残るが、実物は未発見だった。実隆のしとやかな筆遣いがわかり貴重な発見」と話す。

千句連歌は16日まで同館で開催中の「戦国時代展」（読売新聞社など主催）で公開されている。

発見された三条西実隆の千句連歌（中京区で）＝長沖真未撮影

写真3　「読売新聞」朝刊（2017年4月12日、29面）

写真4　「五虎退」に魅入る利用者の様子

のことを意識し、ゲームとコラボレートしたグッズ開発を行ったり、限定のクリアファイルを制作し配布イベントを行ったりした。とくに後者では期間中、早朝から極めて多くの利用者に来館していただき、導線を整理しなおす必要にせまられるほど、多くの方々で賑わった（写真４）。

刀剣ブームが象徴するように、近年のコンテンツ産業と博物館の密接さは前代に無いものであるといえる(8)。確かにこのような状況は、安易に利用することで利益優先の価値観に陥り、特定のジャンルにかたよった単調な展覧会ばかりが生み出されてしまう可能性を孕んでいるといえる。

しかし確認しなければならないのは、流行するコンテンツは展覧会に導く上で極めて有効な入り口であるということだ。本展においても「五虎退」を目的に来館したゲームファンは刀剣だけを見て帰るのではなかった。他に列品された資料を鑑賞し、じっくりとキャプションを読み、時間をかけて展示を楽しんでくれた方々が大勢いた。「刀剣乱舞」を通して、「五虎退」が持つ歴史に触れ、謙信と正親町天皇との関わり、戦国時代における謙信の位置付けなどに考えをめぐらせた方々もいたはずである。

展覧会において何を伝えたいかを明確化し、様々なコンテンツを窓口にしながら豊かな歴史的世界へ導いていくことこそが、本質的な意味での博物館とコンテンツ産業との共働なのではなかろうか。展覧会の企画会議は共同研究であると先述した。実はそこには学芸員だけではなく、展覧会を主催する新聞社などマスコミの担当者、グッズの企画・制作を担う担当者、図録や印刷物の編集者やデザイナーなど多くの専門家があつまる。専門的背景を異にする面々が真剣に一つの展覧会について議論しながら、新たな取り組みの可能性を探っていく。このような一連のあり方がミュージアム特有の共同研究のあり方であるといえる。

五、内側から見た展覧会の意義

二〇一九年四月一日、改正「文化財保護法」が施行された。昨今の人口減少や地域経済の衰退により、文化財の滅失や文化財の担い手不足が課題となっている中、文化財を積極的に観光に活用しながら地域社会を活性化しつつ、文化財保護を図っていこうとするものである。これまでの文化財保護は、その目的が公開よりもむしろ保存にあり、観光利用は反文化財保護と捉えられる傾向にあったといえよう。この意味で、本法の成立・施行はこれまでの文化財保護のあり方自体を真逆に変更したもの、と理解されることが多い。実際、本法に対しては、施行前から日本歴史学協会他二七学会が連盟で声明を発し(9)、「儲かる文化財とそうでない文化財という価値序列を創出しかねず、地域の文化・教育にとって特に重要な文化財であっても、短期的かつ金銭的な利益を生まなければ顧みられなくなる恐れ」を示しつつ、より慎重な議論を求めた。

また近年博物館側からの表明として岩城卓二・高木博志編『博物館と文化財の危機』(10)が著され、博物館をめぐる厳しい環境が提示された。とくに本書中、岩崎奈緒子が指摘したことは博物館をめぐる現状把握をする上で極めて重要である。すなわち氏は二〇一八年度および二〇一九年度の文化庁予算を比較し、博物館活動の充実のための予算が一〇パーセント程度削減され、反対にクールジャパンにつながる予算（「魅力ある文化資源コンテンツの創出・展開」予算）が大幅に増額されたことに触れ、国がおしすすめる理想的な博物館とは「国家ブランディング」「観光インバウンド」に特化した施設であることを明らかにした(11)。この位置付けでは、多様な博物館活動をある特定の功利的なものにだけ矮小化し、博物館が本来果たすべき収蔵、調査、修理など根幹的な活動はますます行いにくくなることは想像に難くなく、またそれは文化財に対する悪影響に直結することであろう。

しかし一方で、このような状況をうけつつ、現場にいる学芸員は、いかなる活動をすれば消費されない文化財とその環境を実現できるか、と問うていかなければならないだろう。既に奥野耕平が指摘するように文化観光を通じた文化財保護の意義は、経済的効果を高める観光を志向するのではなく、「先人たちが守り伝えてきた文化財の真正性と地域の誇り、アイデンティティ、文化財」という無形・有形の文化資源を継承し続けることであると主張した(12)。これを積極的に意識すれば、十分に博物館活動と文化観光は共存可能であろう。すなわち、今ある文化資源にはいかなる先人たちの歴史が息づき、それを永続的に継承するにはどのような配慮が必要であろうか、という問いがすぐに立てられるのである。

このような視点に立つ時、やはり展覧会は極めて有効な機会となる。本展の出品資料であった「足利義輝像」（京都・真正極楽寺蔵）は、展覧会にあたっての事前調査の折、その現状が確認され、出品のために部分的な修理が加えられた。また展覧会終了後、所蔵者によって全面的な解体修理がなされ、文化財の維持にとって万全な対応がとられた。この経緯および修理報告については、安井雅恵「「絹本著色足利義輝像」（真正極楽寺蔵）の修理について」が著されて新たな知見が加えられ(13)、また修理が加えられたことによって他の博物館での展示にも結びついた(14)。博物館の展覧会が、修理の契機となり、文化財が持つ歴史情報が更新されながら、あらたな展覧会に結びついた事例として印象に残るものであった。

近年の展覧会は興行的な要素が強い。主催館では利用者動員の目標が設定され、それに合わせて広報戦略が練られ、また関連グッズや物販ブース、音声ガイドなどが企画される。時には、展覧会の学術的な内容にわかりやすさが求められ妥協を迫られたり、事前情報の打ち出し方に変更が加えられたりする場合もある。しかしながら、どんな展覧会であっても、出品資料は存在し、安全に展示を行うにはその資料の持つ歴史的情報を把握し、かつコンディションを確認することは必須である。そしてその営為は、地域の中にいかなる文化財が所在し、それがどのような状況で、いかなる環境にあるのかを把握することにつながろう。すなわち「企画→事前調査→出品・鑑賞」という一連の展覧会行為には、現在の文化財の状況を明確化し、所有者、市民、行政など各方面に渡る関係者の保護意識を喚起する可能性が多分に秘められているのである(15)。

おわりに――コロナ禍の中で

現在、我々は未曾有の疫禍の最中にいる。密集を忌避する現在の状況では、文化財をめぐる新しい動きである「国家ブランディング」「観光インバウンド」も大きなうねりにはなっていない。

その一方、コロナ禍の中で進展したリモートの世界の中でいかに博物館は使命を果たすのか、禍中における展覧会のあり方はどういうものか、といった方向性がさまざまな館で模索されている。このような動きと合わせて必要なことは、博物館とそれをとりまく地域がいかに優れた文化財に囲まれているかを自覚し、かつ、あらたな文化資源を発掘しつつ、地域へと還元していくことではないだろうか。疫禍の直前までインバウンドなど外需獲得に向けられていた金銭と労力を、地域の中に絞り込み、再び地域史に光を当てる作業を進めていかなければならないだろう。

本展は巡回展であり、興行性の高いものであった。しかしながら様々な面で実感したのは、地域の中に分け入り、綿密に調査をすることがいかに展覧会の質をあげるか、ということであった。未知の史料の発掘、あらたな修理と歴史的価値の付加などはいずれも展覧会に際する調査の産物である。観光に特化した消費的な文化財の環境も、禍中における博物館活動の限定的状況も、いずれにせよ悲観的な状況であることは変わりない。しかしながら、その厳しい状況にあっても、少しでも前向きな要素を見つけ、充実した博物館活動に結びつけることこそ、今学芸員が求められている職能なのではなかろうか。

注

（1）企画委員は、齋藤慎一（東京都江戸東京博物館）、阿部哲人（米沢市上杉博物館）、長村祥知（京都府京都文化博物館）、西山剛（同）であり、企画の全体構成および方針等については、斎藤が大きな役割を占め、また出品資料の重要な柱となった上杉謙信関係資料の選定、および状況把握については、主に阿部がその手腕をふるった。

（2）『イビソク京都市内遺跡調査報告　寺町旧域』第一〇輯、株式会社イビソク関西支店、二〇一四年、拙解説「寺町・大雲院跡出土　一括出土銭」（東京都江戸東京博物館・京都府京都文化博物館・米沢市上杉博物館・読売新聞社『戦国時代展』、読売新聞社、二〇一六年）。

（3）青屋は中世には京都をはじめ畿内周辺の都市や地方荘園などにも増加し、座を結成しながら職能を維持・拡大していくが、その際、淀川・鴨川などの河原に集団的に居住することもあって河原者・坂の者と同一視され、賤視を被る存在であった。

（4）下坂守「中世「四条河原」考」（『奈良史学』第二七号、二〇〇九年）。

（5）本理解は、瀬田勝哉「公方の構想」（『洛中洛外の群像』、平凡社、一九九四年）による。

（6）本システムの構築は、矢野桂司（立命館大学衣笠総合研究機構アート・リサーチセンター）、佐藤弘隆（同）による。

（7）市川寛明「大河ドラマと博物館展示」（大石学・時代考証学会編『大河ドラマをつくるということ——時代考証学の提唱』名著出版、二〇一二年）、拙稿「二〇一三年NHK大河ドラマ特別展「八重の桜」での取り組み」（『文化財レポート』№二七、二〇一四年）。

（8）栗本涼花「ゲーム「刀剣乱舞-ONLINE-」と博物館の関係から見る日本文化」（『日本学報』三七巻、二〇一八年）。

（9）二〇一七年一〇月六日付「文化財保護法の改定に対し、より慎重な議論を求める声明」。

（10）人文書院、二〇二〇年。

（11）岩崎奈緒子「博物館・美術館のミライ」（岩城卓二・高木博志『博物館と文化財の危機』、人文書院、二〇二〇年）。

（12）奥野耕平「文化観光を通じた文化財保護の意義　文化政策学的視座からの考察」（『同志社政策科学研究』二二

巻、二〇二〇年）。

（13）『京都市文化財保護課研究紀要』第二号、二〇一九年。

（14）堺市博物館特別展『土佐光吉　戦国の世を生きたやまと絵師』（二〇一八年一〇月六日～一一月四日）。また同展図録（堺市博物館編『土佐光吉　戦国の世を生きたやまと絵師』）には安井雅恵「真正極楽寺蔵『足利義輝像』について」が掲載されており、修理の知見を生かした論考となっている。

（15）この点、池田寿は、「文化財を守り伝えるとは、人の意志による行為」であり、「守り伝えてきた先人の不断の努力・知恵や歴史に触れる」ことで、文化財保護意識は育成されることを指摘する（「文化財を未来へ受け継ぐ」、『歴史評論』八四九号、二〇二一年）。本文で述べた通り、今我々に求められるのは調査を極度に限定し、文化財の情報を占有するのではなく、所蔵者、行政、学芸員など関連する面々で情報を共有しつつあるべき文化財の環境についてい て対話をくり返しながら考えをめぐらすことであると考える。

COLUMN

戦国イメージをドラマ化することの意味と面白さを考える
――時代考証学会第六回シンポジウムに参加して

花岡敬太郎

はじめに

二〇一四年一一月二三日、東京学芸大学西講義棟W一一〇教室において、時代考証学会第六回シンポジウム「戦国時代イメージを考える――時代劇メディア・学問・市民」が開催された（本書2編及び第4編10章参照）。広めの講義室は概ね人で埋まり、戦国時代をテーマにした時代劇メディアに対する各分野からの注目の度合いが伺われるシンポジウムであったように思う。以下、当時、一般参加者として出席していた立場からのシンポジウム参加記として、可能な限りシンポジウム当日の様子を報告することとしたい。

一、各報告の概要から

シンポジウムは、時代考証学会運営委員（当時）・山野井健五氏の「戦国時代・武将のイメージ形成過程について」、大正大学教授・佐々木倫朗氏の「戦国大名の実像――殿様と家来」、俳優・森田順平氏、聞き手・金井貴司氏による「戦国武将を演じるにあたって」、NHKエンタープライズ制作本部ドラマ番組エグゼクティブ・ディレクター（当時）・佐藤峰世氏の「時代劇は存続するか?」の四つの報告で構成されていた。時代考証学会運営委員による戦国時代をテーマにした時代劇メディアをめぐる大状況の説明に加え、ドラマ制作者、演者、時代考証担当者（歴史研究者）の異なる三方向からアプローチを深めていく重層的かつ意欲的なシンポジウム構成になっていたように思う。個々の報告に関する詳細な内容はそれぞれ別稿に譲るものとして、ここでは、各報告の簡単なあらましを踏まえ感想を添えることで参加記としたい。

山野井氏の「戦国時代・武将のイメージ形成過程について」（本書第２編４章）は、時代考証学会事務局報告として用意され、テレビドラマを主対象に戦国時代・武将イメージの形成過程について整理するものであった。報告では、膨大な数のテレビドラマを放送年代や原作の有無、主人公が実在か架空かなどの細かなタームで分類し、テレビドラマにおける戦国時代をテーマにした時代劇の興隆や傾向などを大変クリアーに説明していた。単純に〝時代劇〟として制作されたドラマだけではなく、現代劇ではあるが、何らかの理由で物語の舞台が過去の時代にタイムスリップしてしまうような類のドラマにまで幅広く言及することで、戦国時代・武将のイメージがどのように拡散し多元化していくかについても同時にうかがい知ることができたと言えるだろう。一方で、アニメやゲームなどの展開について言及はあったものの限定的であり、戦国時代に関するイメージの大半が「信長の野望」などに代表される歴史系ゲームによるところの大きい筆者にとって、「イメージの展開」というテーマからするともう少し踏み込んだ言及があっても良かったように思う。

佐々木氏の「戦国大名の実像――殿様と家来」（本書第４編10章）では、ドラマ等で大名とその家来が描かれるとき、一般にイメージされる関係と実際とでは差異があることが織田信長と佐久間信盛の関係性や常陸佐竹氏の支配構造などを事例に説明された。信長の佐久間信盛追放については、単に佐久間信盛の一連の不遜な態度に対する処罰というだけでなく、佐久間信盛自身の織田家中での勢力の大きさを鑑み、信長の畿内支配が安定するまで信盛の処分を先延ばし、勢力の安定を待って信盛を処分したことが指摘された。

苛烈な独裁者というイメージが先行しがちな信長であるが、一方で佐久間信盛の処分に見るように、自身の実力や勢力の関係性などを冷静に見極めることのできるリアリストとしての一面も報告では強調されていたように思う。ただ、佐久間信盛の処分に前後して、傘下の有力者の造反が相次いでいることも指摘しており、信長と家臣の関係性について、従来のイメージとは異なるファクターが介在している可能性を研究者の視点から付け加えられていたようにも思う。常陸佐竹氏を通した大名と家臣の関係性の分析については、佐竹氏の拡大に伴って従属した国衆の分析を通して、戦国大名の所領維持・発展のために他勢力との緩衝役や交渉などを担当する国衆の役割について言及されていた。こちらも、大名と家来というイメージになると大名の居城で一堂に会す家臣団を想像しがちな筆者にとっては、半独立状態で主君筋の大名家と連携する国衆の役割についての指摘は大変刺激的であった。こういった織田信長や常陸佐竹氏の分析を踏まえ、戦国大名の権力構造を隷属色の強い「家人型」と双務的契約関係による「家礼型」の二つに分類し、主従関係としては「家礼型」の派生形態が多数派で、戦国期の大名と家臣の関係は家臣とは大名側にとっても慎重な配慮が要される大名⇕家臣の双務的な関係が強いことが指摘された。

森田順平氏の「戦国武将を演じるにあたって」（本書第2編6章）では、大河ドラマなどを中心に数々の戦国武将やその関係者を歴演してきた森田氏によって、戦国時代という遠い過去を役者の立場から可視化する際に意識されることについていくつかのテーマに分けて話された。歴史学研究者の端くれである筆者にとって非常に興味深かった指摘として、所作指導や殺陣指導の専門家と異なり、時代考証担当者と俳優が現場で顔を合わせることはほとんどないこと、また考証担当者の指摘も脚本家や演出家の差配如何では役者のレベルに演出として降りてこないことがあることなど、時代考証担当者と役者の間には思いもかけない距離があることが垣間見えた。これらの指摘は、研究者が「時代考証」という切り口から時代劇という一種の歴史叙述にどのように関わっていくことができるのか（あるいは、関わらなければならないのか）が試されているようにも感じる一面でもあった。また、森田氏が時代考証担当者に求めるものとして、人物の生活や性格をうかがい知るエピソードが欲しいと述べられていたことも興味深かった。教科書的な政治史の補足よりも、演じる人物がその時代をいかに生きようとしたかをより深く知りたいという森田氏の指摘は、歴史学が最も苦手としてきた生活史の重要さを図らずも強調しているようにも感じられ、生活史・文化史研究に身を置く筆者にとって大変刺激的であった。

佐藤峰世氏の「時代劇は存続するか？」（本書第２編５章）では、佐藤氏の時代劇づくり（ドラマ作り）に関する問題意識の所在を手掛かりに、市民の持つ歴史イメージの醸成と展開、必要とされる時代劇像の変化（それを時代劇の「衰退」ととらえるか否か）、そして市民の歴史イメージに歴史作品の制作者や演じ手がどのように向き合ってきたかなどが幅広く議論された。戦国時代・武将のイメージを探ることをテーマに掲げたシンポジウムではあったが、佐藤氏の関心は多岐にわたり、二つの古墳を結ぶ線から何か物語を紡ぎ出すことは出来ないだろうかという冒頭の問いからも感じられるように、特定の時代の議論に限らず、幅広い興味関心が重層的に交錯することで、意欲的なドラマ作りが可能になるのだということをこれでもかと実感させるような報告であった。

四者四様の報告であったが、いずれの報告についても「戦国時代」という時代イメージに対する真摯な関心と「時代劇」というメディアの在り方（これまでとこれから）に対する飽くなき情熱を感じ取ることができ、一時代劇ファンとして（また一テレビドラマファンとして）、興味の刺激の絶えない報告であったことは間違いない。

二、パネルディスカッションから

シンポジウムでは、登壇者四名によるパネルディスカッションが行われた（本書第2編パネルディスカッション）。四氏のコメントの中で筆者が興味を持ったものをいくつかあげる。まず佐藤氏のコメントの中で「チャンバラものの影響が強く、（若い時に）戦国時代をテーマにした作品はあまり見なかった」、「コミカルに描かれる豊臣秀吉には興味があった」、「鎌倉時代から戦国時代までずっと日本では戦争（合戦）をやっているイメージがあり、その間、暦は一切動いていない」といった発言が面白かった。これらの発言は、佐藤氏が「戦国時代」という時代をクロニクルとしてあまり特徴的にとらえておらず、むしろ鎌倉時代から続く武士と合戦の時代の一端と理解していること、その殺伐な時代の中でコミカルに描かれる豊臣秀吉の描写に関心を持ったことが読み取れる。また、時代劇のイメージの多くは戦国時代モノのドラマよりもチャンバラ映画の影響が大きいという指摘についても、チャンバラと戦国時代劇との間の距離を想起させる指摘で大変興味深かった。山野井氏の「時代劇の演出と実際の史実とのギャップは分けて考える」、佐々木氏の「ドラマがしっかりと成立していれば、史実との齟齬はあまり気にならない」という指摘は、歴史学研究者サイドから発せられた歴史学と歴史叙述との関係性を考える上での非常に重要な指摘であったように考える。過剰にドラマの都合を優先し、当時の時代状況を無視した演出を行ってしまえば時代劇メディアとしてドラマ自体が破綻してしまう恐れがあることは自明だろうが、一方でドラマとしての完成度と史実実証性については、一つの物語の中で完全に同居できるわけではないこともまた必然であろう。この物語と史実の緊張関係の狭間に歴史学研究者はどのように向き合うべきかという問いについては、一朝一夕に明快な答えの導き出せる問いではないだろう。しかし、佐々木氏が加えて指摘した「トータルで考える。いいものを作るために協力する」という言葉はシンプルではあるが、時代劇（歴史叙述）と歴史学の関係に深みを持たせうる重要なコメントであったのではないだろうか。森田氏は時代劇を演じるにあたって「（演出家は広く浅く知見を求めるが）役者は狭く深く掘り下げて人物像に迫っていきたい」とコメントされていた。森田氏のコメントの背景には、「いかに（演じる）人物がその時代を生き抜いたか」に迫りたいという問題意識があるからであり、歴史とはそういった人々の（小さな）一瞬一瞬の積み重ねでなのではないかと強く感じさせるコメントであった。近年の歴史学における個人史研究は（筆者が主戦場とする近現代史に限った話かもしれないが）、個人史について大変細かく実証的に迫っていくものが多い反面、細かいばかりで対象の個人が時代をいかに「生きたか」が、個人の生きざまが時代にどう積み重なっていったのかにまで目が配られないものが多いように感じている。森田氏のコメントは、現在の歴史学全体が孕む課題について、時代劇という一つの歴史叙述から発せられたヒントとなりうるように感じられた。

以上、四報告やパネルディスカッションは、いずれも意欲的で参加者の興味を引き付ける内容であった。それだけに、フロアとの自由な対話時間があまり用意されなかったのが非常に残念ではあった。時程や会場の都合等やむをえない事情もあるのであろうが、「時代考証学の普及・発展をめざす、市民と諸分野の専門家の組織」が時代考証学会である以上、是非、次回以降のイベント運営に踏まえていってほしいと思う。また当日の会場の雰囲気として、若い女性の参加者が思いのほか多かった。「歴女」と呼ばれる歴史を愛好する若い女性が増えている事は事実としては知っていたが、それでも、まだまだ時代劇メディアは一定以上の年齢層の男性が愛好するものなのだと勝手に思い込んでいた筆者にとっては、新鮮な光景であり、時代劇メディアを愛する人の思いもかけぬ裾野の広がりも感じた。

おわりに

当日の報告概要は以上の通りである。筆者自身のつたない理解力・分析力に基づく内容リポートなので、報告や討論の主旨とはズレがあるかもしれないが、その点についてはご容赦願いたい。少しでも、シンポジウム当日の雰囲気が伝われば幸いである。

当日、会場にいたすべての人（登壇者・参加者・考証学会事務局）は、みな時代劇を愛好し、時代劇の発展・存続を願う人々であったろうと思う。時代劇専門チャンネルや日本映画専門チャンネルなどのケーブルテレビ局の展開や前述の歴女と呼ばれるような人びとの登場は、時代劇メディアの新たな活路のように思うが、メディア全体の傾向としては、残念ながら時代劇は斜陽にあると言えるだろう。だからこそ、今回のシンポジウムのように時代劇に対する多様な情熱が折り重なる空間はとても大切である。今後とも時代考証学会が意欲的に活動を展開し、時代劇もまた新しい活力を手に入れていってくれることを一時代劇ファンとして心より期待し、シンポジウム参加記を結びたい。

COLUMN

「お目付役」を超えるために
——時代考証学会第六回シンポジウムのアンケート回答から

鈴木一史

はじめに

時代考証に関心をもつ人々は、過去の歴史を題材とした作品（以下、「時代劇メディア」）に何を求め、時代考証にどのような役割を期待しているのか。

本稿では、二〇一四年一一月二三日（日）に開かれた時代考証学会（以下、「当会」）第六回シンポジウム「戦国時代イメージを考える——時代劇メディア・学問・市民」（以下、「シンポジウム」）のアンケートに対する回答内容（以下、「回答」）の検討を通じて、これらの問いを考えたい。

シンポジウム当日の総括で、筆者が成果として挙げたのは、①研究を通じて明らかになった史実や、当時の人々の行動原理に注目する研究者、②歴史上の人物を深く掘り下げて表現する演じ手、③自らが生きる時代と作品との関わりを重んじる作り手と、時代劇メディアをめぐって、それぞれの立場において目指すもの、大切だと考えるものが異なることが改めて明らかになった点である。時代考証に携わる者は、こうしたさまざまな立場や考え、そしてそれらを支える論理や心構えを理解することが求められる。そのうえで、自身のあり方を含めてそれらを引き受け、かつその作品を成立させるよう努めることが重要といえよう。

しかし、制作に携わる側の期待と、作品を受け取る側の期待とは必ずしも一致しない。また、その期待のありようも一様ではない。制作に携わる者の論理や心構えが明らかにされたシンポジウムにおいて、時代劇メディアを受け取る側の人々はそれをどう感じ、いかなる反応を示したのか。本稿でアンケートを分析する意義は、ここにある。

ただし、回答数は参加者の半数を下回っており（参加者数48名、回答数20）、回答内容は、必ずしも参加者の意見や感想を代表していない。また、数量的な傾向を読みとることも難しい。そのため本稿では、回答のなかでも、特に記述の内容に注目し、時代考証の意義や、これからの時代考証のあり方を考えるうえで参考となる箇所を挙げることで、冒頭の問いを検討したい。

なお、アンケートの設問及び集計結果は、個人情報を除いて本稿末尾に掲載した。ただし、会場運営についての記述など、本稿の趣旨と直接関わらない内容は省いた。また、読みやすさを考慮し、明らかな誤記と思われる部分は、筆者が適宜訂正し、句読点の加除や表記の統一を行った。

一、「何でも〝アリ〟にならないように」――なぜ時代考証が必要か

時代劇メディアは、必ずしも、過去の出来事の再現を目指してはいない。しかし、時代考証の役割に関する質問（2．時代劇メディアには時代考証が必要だと思いますか？）への回答からは、時代劇メディアは可能な限り史実に近づけた内容が望ましい、という認識を読みとれる。

その一例が、「何でも〝アリ〟にならないように〝時代考証〟が役割を果たす」という回答である。「何でも〝アリ〟」とは、史実よりも、創作性や娯楽性を優先することを意味していよう。この回答からは、時代劇メディアと時代考証について、次の二つの前提を見てとれる。一つは、時代劇メディアには、過去の

史実をある程度正確に伝える役割があるということ。もう一つは、時代考証は、時代劇メディアを作る際のいわば「お目付役」として、史実との矛盾や誤りがないように助言したり、修正に努めたりする役割があるということである。

前者については、「好きで見る者にとっては内容を信じる時もある」という回答が、人々の時代劇メディアへの期待を端的に示している。作品としての説得力があればあるほど、見る者はそこで描かれたものを、過去の史実そのままだと捉えることがある。多くの人々が見る可能性のある時代劇メディアだからこそ、脚本家や演出家などの作り手は、誤りのない情報を盛り込まねばならない。こうした意見は、時代劇メディアの作り手が担うべき責任のあり方を指摘したものといえよう。

後者は、「ある程度のリアリティ」という回答が、時代考証の「お目付役」としての役割の内実を示している。時代劇メディアが説得力を得るためには、過去の史実に一定程度沿う必要がある。時代考証を行うことで、明らかに誤った史実が紹介されることを防ぎ、それによって作品の「リアリティが増す」。ここでの「リアリティ」とは、過去の史実と作品の内容との一致を指していよう（時代考証におけるリアリティの問題については、大石学「歴史作品とリアリティ―」『大河ドラマをつくるということ――時代考証学の提唱』名著出版、二〇一二年などを参照）。

二、「リアリズムの追究」と「時代劇の存続」――時代考証におけるリアリティ

ここで問題となるのは、時代劇メディアにおける「リアリティ」の中身である。

一般的にリアリティとは、現実性や真実性といった意味で使われる。前章で紹介したとおり、アンケートの回答からは、時代劇メディアにおいて、描写と過去の出来事との一致が、リアリティとしてとらえら

れていることがわかった。

シンポジウムでは、戦国時代を対象に、時代劇メディアにおける取り上げられ方や、武士の実像、演者の心がけといった話題について議論が行われた。これらは、本稿の関心に引きつけるならば、戦国時代を題材としたドラマを通して、わたしたちは戦国時代についてのどのような描写にリアリティがあると判断しているのか、あるいは、時代考証の役割と時代劇メディアのリアリティにはどのような関係があるか、と言い換えられよう。

この問題を考えるために、シンポジウムの参加者が、戦国時代にどのようなイメージを抱いているかを確認してみよう（4．これまでの戦国時代・武将イメージをご自由にお書きください）。そこからは、戦国時代についてのイメージを成り立たせている二つの要素を読みとれる。

一つは、自らの勢力範囲を広げるため、戦を繰り返すというイメージである。「自分の家業の存続をかけて」「四六時中いくさばかり」「武力のみ」といった回答は、自分自身を守るため、常に戦い続けなければならなかった時代というイメージを反映していよう。

そしてもう一つは、そのような時代だからこそ、人々は主君に忠誠を誓ったり、領地を守るために力を尽くしたりしたという認識である。「一所懸命」「常に身の振り方を考えないといけない時代」「自分本位」「かけひきと冷たさ」「死ぬことを、おそれない」といった回答からは、戦国時代の人々が、戦のなかでいかに生き残るかという点に重きを置いていた、というイメージがうかがえる。

シンポジウムでは、①戦国時代を題材とした時代劇メディアの変遷、②戦国時代における主従関係のあり方、③戦国時代の武将などを演じる際の心構え、④戦国時代を題材としたドラマを作ることの意図、について報告が行われた。その企画意図は、人々が戦国時代に対してどのようなイメージを抱いてきたか、そして、そのイメージが形作られるにあたり、学問上の研究成果や時代劇メディアはいかなる影響を与えているかを明らかにすることにあった。

しかし、この趣旨について議論が深まったとは言い難い。シンポジウムの議論に接して、戦国時代についてのイメージが変わったかという問い（5．今回のシンポジウムを通じて戦国時代・武将イメージは変わりましたか？）に対して、約半数が変わらなかったと答えたことから、それは明らかである。

ここで注目したいのが、自由記述欄（6．今回のシンポジウムのご意見・ご感想を、ご自由にお書きください）における、「正直ビジョンが定まっていない印象を受ける」「リアリズムの追究、時代劇の存続に比重があるのか定まっていない」という二つの回答である。

前者において、「ビジョン」という言葉の具体的な事例が挙げられていないため、その内実を正確には把握できない。しかし、後者の回答における「リアリズムの追究、時代劇の存続」という一節を参照すれば、おおよその意図を推測できよう。時代劇メディアの内容と過去の出来事との整合性をはかることと、作品としての魅力を深め、多くの人々の支持を得ることとは両立しない。ゆえに、時代考証学会は何を目指して活動し、いかに時代考証の実践を積み重ねるかが明らかではない。これら二つの回答には、以上の含意があると思われる。

ここで重要なのは、時代考証を行うことと、作品の魅力を高めることとは両立し得ない、という見方そのものである。シンポジウムでは、佐々木報告に代表されるように、従来の戦国時代へのイメージとは異なる武士の行動が明らかにされた。こうした武士の姿は、戦に明け暮れ、常に勢力拡大を目指したという、戦国時代のイメージには合っていない。戦が続く時代のなかで、当時の人々は何を信じ、いかに行動し、他者といかなる関係を結んだか、というところに人々が魅力を感じるならば、史実との整合性に重きを置く時代考証は、作品の表現の幅をせばめ、その魅力を減らしかねない。先に挙げた二つの回答は、こうした見方を前提にしている。

このような見方に対して、時代考証のあり方を考え、考証の実務に携わる者の集まりとして、当会はどのように応答できるのか。シンポジウムでは、この点について、一定の見解が示される必要があった。

三、「戦国武将たちにリアリティを持てました」——時代考証の可能性

ここで振り返りたいのが、「リアリズムの追究」と「時代劇の存続」とは両立し得ないか、という問いである。

それを考える手がかりが、先に掲げた、戦国時代に対するイメージの変化の有無についての質問（5．今回のシンポジウムを通じて戦国時代・武将イメージは変わりましたか？）への回答である。

「佐々木先生のご発表で、イメージがガラっと変わりました。自分の中にあった違和感のようなものが氷解し、戦国武将たちにリアリティを持てました。やっと、血の通った人間として意識できるようになりました」

この回答における「リアリティ」とは、過去の出来事が誤りなく描かれていることではない。歴史上の存在としてのみ捉えていた人物が、子や孫にまで財産を伝えるために生きる、現在のわれわれにとっても身近で理解可能な存在になった、という意味での「リアリティ」である。これは、「リアリティ」という言葉のもつ、迫真性という意味に該当しよう。ここにこそ、「リアリズムの追究」と「時代劇の存続」を両

立させる時代考証の可能性があるのではないか。時代考証とは、単に筋書きや台詞、描かれる事物が、過去の史実に合致するか否かを確認し、作り手に修正を働きかけることに留まらない。作り手とともに、その作品のあるべき姿を考え、何を描き、今、その時代劇メディアを作ることにどのような意味があるかを共有することも重要である。そのうえで、対象とする時代の人々が、その時代の環境のなかで、何を感じ、何を大事だと考えていたのか、というところまで掘り下げることが必要ではないだろうか。

ただし、現在のわれわれにとって身近に感じられることが、必ずしも過去において当たり前だったとは限らない。時代劇メディアを受けとる人々が身近だと感じられるであろう要素だけを取り出すのではなく、過去のありようと、現在のわれわれのありようとを混同しないことも重要である。

現在と過去の両方に目を配りながら、史実に可能な限り沿うだけではなく、そこで生きていた人々にも目を向けること。こうした時代考証のあり方こそが、魅力ある時代劇メディア作りに、ひいては「時代劇の存続」にもつながるといえよう。

おわりに

本稿では、シンポジウムのアンケート回答を題材に、シンポジウム参加者が時代考証に対して抱いているイメージや、求められる役割を明らかにするとともに、時代考証のあり方を考えてきた。

時代劇メディアは、多くの人々の目に触れる以上、史実と大幅にかけ離れた描写は行うべきではない。ゆえに、作品における事物や人物描写が、史実とかけ離れたものにならないよう、時代考証が重要である。これが、人々が時代劇メディアと時代考証に期待する役割だった。

しかし、シンポジウムでの報告や議論に対するアンケート回答には、先に述べたような史実との整合性を優先することと、時代劇を後世まで残すことと、どちらに重きを置いているのかわからない、という意見が見られた。これは、史実に合わせようとすることで、作品における表現の幅がせばまり、魅力をそぐのではないかという認識にもとづいていた。

一方、戦国時代の武将を、血の通った存在として考えられるようになった、という回答も寄せられた。こうした回答からは、歴史上の人物を史実の一部としてとらえるのではなく、子や孫に財産を残すために生きた人物という、現在を生きるわれわれにとって身近な存在としてとらえたことが読みとれる。

これらの回答は、時代劇メディアにおけるリアリティとは何か、という問題を提起していた。リアリティとは、いつ、どこで、誰が、何をしたか、という史実だけを指さない。過去を生きた人々が、何を考え、何を目指し、何を大切にしていたか。それを表現することもまた、迫真性という意味においてのリアリティである。そしてそれは、時代考証を通じて作品の魅力を高める可能性や、時代劇メディアを後世に伝える可能性につながっていよう。

しかし、残された課題も明らかになった。今回の回答にも記されたとおり、時代考証の役割という一つの問題についても、さまざまな立場や見方、感じ方が見られた。時代考証学が「歴史作品、学問、市民社会に寄与する総合学」（大石学「「時代考証学」の可能性」『時代考証学ことはじめ』東京堂出版、二〇一〇年、一一頁）である以上、市民と向き合うことが、その根本である。しかし、制作に携わる側の期待と、市民の期待とは必ずしも一致しない。では、時代考証学を深める者は、いかにさまざまな市民と向き合い、あるいは時代考証のあり方を議論していけばよいのだろうか。時代考証学のあり方そのもの、そして当会の姿勢こそが、問われている。

アンケート集計結果

0．回答者の属性

（1）年代

20代：3／30代：0／40代：5／50代：6／60代：4／70代：2

（2）性別

男性：9／女性：10／未回答：1

（3）職業

会社員：4／主婦：2／自営業：4／学生：3／その他：6

1．どのような時代劇メディアに興味がありますか？（複数選択可）

映画：15／テレビ：16／舞台演劇：7／小説：16／漫画：7／ゲーム：3／その他：2（イベント、再現劇、シナリオ文学、コミック型解説書（キャラクター利用のもの）、ゆるキャラ（実在モデル）、伝記もの、おもてなし武将隊）

＊印象に残っている作品はありますか（複数回答）

カーネーション（時代劇ではありませんが）／幕末新選組／巨いなる企て／天と地と／篤姫／柘榴坂の仇討／大河ドラマ（中期まで）／山中貞雄の三作品／鮫／七人の侍／国盗り物語／真田風雲録／殿と

いっしょ／戦国BASARA／鬼武者Soul／清洲会議／のぼうの城／闇の松明／戦国繚乱／弾正星／ドリフターズ／独眼竜政宗（大河ドラマ）／白虎隊（年始大型ドラマ）／黄金の日々／風と雲と虹と／遠山の金さん／仮名手本忠臣蔵／龍馬伝／江／平清盛／八重の桜／銀二貫

2. **時代劇メディアには時代考証が必要だと思いますか？**

はい：19／いいえ：0／未回答：1

＊理由（はい）

・歴史像や時代精神の改変（誤った解釈）が際限なく進んでしまうから。
・表現の道具としての考証と、歴史としての継続をなぞるための考証の両方がいると思うし、表現やコンテンツごとに使いわけが必要。
・出来るだけ正しい歴史知識を多くの人に知って貰う責任がメディアに有ると思うので。
・その時代背景を知ることが出来るから。
・時代劇を時代劇たらしめるものが時代考証だと思います。
・何でも〝アリ〟にならないように〝時代考証〟が役割を果すから。
・戦国時代以外も。TBS「水戸黄門」でこんなことがあり、直にTBSにTELにて担当者に抗議（以下）／元禄10年代に、黄門一行が播州赤穂へ。老公と大石がこの地で会い、交流がありました。ここまではTVの創作で許されると思うし、話を面白く進める（人気取り）と云うことで、文句は云いませんが。その折、浅野家の発行の藩札の年度が元禄12年とありました。問題は、光圀が死去した年が13年です。この発行年をもっと注意して、例えば9、10年とすれば納得?が出来ますが、こう云うところの注意、神経の使い方が不足しているのでは。又、同番組でもう一つ、一行が滞在した商家の家人が墓参した際に（先祖代々の）、多分どこかの古い墓地の古い墓石でしょうが、脇に（建立）天正2年（本当に）と刻まれていました。天正2年頃の赤穂には、人家、町並、寺院があったとは思えません?こんなところにも注意を払って下さればと思います。ドラマを創る時に、スタッフの見識も問われるのではないでしょうか。ささいな事が観る者にとって、興趣を削がれると思いますので、是非ご一考の程を。／今年の大河ドラマも含めて、信長以下、酒を飲むシーンが多いのでは。戦国時代はそれ程、酒を飲む習慣が無かったのではないでしょうか。又、肴も殆どあれ程並べる様なことはないと思いますが。安土、大阪（ママ）城はともかく、一武将の居城では、夜遅くまで酒はどうかと思われます。／江戸時代、町家、商家の女性（使用人なども）が足袋を着用しているが、いかがかと思います。

・時代の雰囲気、その時代らしさを演出するために必要だと思います。また、考証をふまえた方が、設定やストーリーに説得力があると考えます。ただし、作品のテーマや制作目的に合わせて加減が必要ではないでしょうか。

・私のように、ドラマをきっかけにして歴史や古典文学、歴史的人物に興味を持つ人も沢山いらっしゃると思います。その「扉」にはある程度のリアリティがあってほしいと願います。

・極端な史実との差を起こさないため。（例：左前の着物、公家の正座、タメ口（偉い人役の公式席で）、史実上ありえない人物の登場（距離、時代、年齢、格式レベル））

・作品によりリアリティをもたせるため、時代考証がなければ時代劇とは言えないのではないか。

・楽しく見せる部分も大切だと思うが、好きで見る者にとっては内容を信じる時もある。いいかげんに作ってしまうのは良くないので必要だと思います。
・時代考証がなければ歴史は学べません（めちゃくちゃになります）。
・ストーリーや人物を楽しむのと同時に、その時代を楽しみたいから。
・ビジュアル（視覚イメージ）から生まれる歴史認識もあると思うので、適当な考証ではいけないと思う。

3．時代劇メディアのどの点に着目しますか（複数回答可）

作者：11／登場人物：12／舞台となる時代：13／舞台となる場所：3／ストーリー：11／史実に忠実か否か：11／エンターテインメント性：6／時代考証：11／その他：1（流れとしての歴史―現代との差を楽しむ）

4．これまでの戦国時代・武将イメージをご自由にお書きください。

・朱子学的な武士観、主従観を反映した、ナニワ節的イメージ。さもなくば、下克上の権化のような野卑なイメージ。いずれにせよ極端な描写。
・軍団的イメージが強かった。「独眼竜政宗」世代なので。個々の武将と一族のかかわりなど、会社に例えるのがおもしろいと思ったが、実際に調べるともっと多様性があったイメージ。
・政治・軍事・文化教養という様々な点で秀でた人が多い
・一所懸命

・強力なリーダーシップ
・自分の家系の存続をかけて、欲望・体制の中でしのぎを削った時代の人々
・四六時中いくさばかりしているのが一般的なイメージで、為政者という面にスポットが当らない。
・正義、理想、慈愛のイメージが強すぎる。ＴＶというメディア上、仕方ないのか。
・常に身の振り方を考えないといけない時代、人々。生臭く、泥臭い。
・いわゆる、ステレオタイプのイメージでした。武将は天下を狙い、家臣は主君に命がけで仕える。ドラマで描かれるイメージでとらえておりました。
・世間的には、武力のみの脳ミソ筋肉野郎。農民は圧政を強いられていた。信長がティピカル。私のイメージでは、「戦は最終手段」「経済にも詳しく、領国経営は主力」「連歌、茶、作法は常識」「武将より名主がエライ」「物価変動にも敏感」、「日より見常なり」「公家を招いて学問も熱心」、今川義元・毛利元就がティピカル
・乱世を終わらせるというイメージ、平和に重点が置かれている
・自分本位
・かけひきと冷たさ
・死ぬことを、おそれない。
・男の時代。大河ドラマなどで映像化され尽くしているイメージ。縦社会。

５．今回のシンポジウムを通じて戦国時代・武将イメージは変わりましたか？

はい：７／いいえ：８／未回答：５

＊理由（はい）
・最近、日本人の働くシステムを考えているのですが、今日の第二報告でもしかしたらルーツがそこにありそうなイメージを作ることができた。第一報告での戦国時代の範囲の見方も……。
・佐々木先生のご発表で、イメージがガラっと変わりました。自分の中にあった違和感のようなものが氷解し、戦国武将たちにリアリティを持てました。やっと、血の通った人間として意識できるようになりました。実は今日まで、戦国にはそこまで関心なかったのです、私。
・戦国期も朝廷の職位は重要で有効。
・家の重みと大切さ。
・佐々木先生の指摘は新鮮に受け取ることができました。

＊理由（いいえ）
・『君は時のかなたへ』は時代劇ではありません（90分弱中80分間が現代）。
・戦国時代、武将などについては、学術的な資料を読むことが多いので、佐々木先生のご報告に近い印象を持っていました。エンターテインメント性の強い時代劇メディアの登場人物としての武将は、その作品のキャラクターとして見るので、史実に直結させて考えません。
・特に変わりません。対象が漠然なので……。

6．**今回のシンポジウムのご意見・ご感想を、ご自由にお書きください。**
・正直ビジョンが定まっていない印象を感じる。リアリズムの追究、時代劇の存続に比重があるのか定まっていない。今の若い世代の人は、現代史の授業ほとんど受けていないので、江戸時代以前と現代のつながりを想像できないので、そこを埋めないと時代劇離れは進むと思う。

・森田さんの真摯なお話がとても良かった。説得力ある演技をするために、人物の日常が知りたいとのお話が腑に落ちた。

・第一報告：ジャンル分けの定義は他のジャンルの学問と深くかかわりそう――文学・演劇などＴＶ以外との関係も複合的なものにするともっと整理できると思う。グラフ、表にした方がわかりやすい。資料に使われているデータは、自分がＴＶＤＢに提供したものが多いので、分類での精査はもっとお手伝い出来るかと思いました。これをたたき台にもっといろいろな研究が進むと思います。他メディアやコンテンツイメージは、アンケートも組みあわせが出来そう。テレビドラマコンテンツの消長も比較に使えるかなと。

・第二報告：主従関係の変遷史はその後幕末までひっぱっている気がする。幕府の役や忠臣蔵の家臣団の動きをその流れで見ることができないか？

・第三報告：今までもいろいろな俳優の方から報告いただいていたが、個々の方で共通点と違いが見られて面白かった。今回はゲーム声優やアニメなどの音声劇の面からも確認できた。

・第四報告：スタッフとしてのドラマ制作イメージの形成の流れがイメージできました。ただ前提として、ドラマ史や制作システムの変遷などをイメージしてあてはめなければ出来ないのはわかっているのが元となるので、脳内整理しづらいかなとも考えました。

・時代考証学会の催しをもっと紙面等にお知らせすれば、多くの時代劇ファンが喜ぶと思います。

・「時代劇の中での戦国もの。映画では本数として作られることが少ない戦国ものが、何故ＴＶで作られたか」という観点が必要なのでは？

・興味深く拝聴しました。自分は学術的な資料とエンターテインメント作品の両方をいつも見ますので、様々な立場、視点の方の報告が聞けて非常に参考になりました。分析をしやすいということがあるためとは思いますが、今回もテレビドラマという実写作品がテーマになっている報告が多く、戦国なら他にもたくさんの媒体で時代劇メディアが発信されているはずなのに、そのことについてほとんど触れられずに終わったことが残念です。ドラマ原作として漫画、ゲームが紹介されたのは個人的に大変嬉しかったです。

・初めて参加させていただきましたが、学び多き、充実した時間でした。自分は今、「平安時代をエンターテインメントに落としこむことで、古典のおもしろさを人々に伝えたい」と企画を出しつづけております。「時代劇はお金がかかる」という理由から「現代劇にリメイクできないか」と言われ続け、〝時代劇〟にこだわり続けたい私は、それを拒みつづけ……というせめぎ合いをやっております。（現代におとし込んだところで制作にGOサインが出る保証もないですし）今日、やっぱり時代劇で行きたい、との思いを新たにしました。いつか必ず形にします!!

・森田さんのお話が楽しかったです。話の流れも良かったです。

・佐々木先生のお話しは大変勉強になりました。

・すんごく面白かった!!私は挿絵の仕事をしているのですが、時代ものの挿絵を描くのに迷いがあり、このシンポジウムにたどりつきました。もっと早く知りたかった。色々な視点からのお話があり、本当に、おもしろかった。挿絵はどこの視点でしょうか。もっと勉強したい。まずは本を買います。授業があったら、どんどん行きたい。

・どの発表も興味深かったのですが、総括でそれぞれのお話しがひとつにつながり、気付かされることが沢山ありました。総括的なことをもっと時間をとってやってほしいと思いました。

7．時代考証学会が今後取り組むことを期待するテーマなどはありますか？

・歴史・時代小説に真正面からアプローチしていただきたい。
・ご存知ものの清長と定氏みたいなものをテーマに。任侠、チャンバラ、忠臣蔵から龍馬、戦国、幸村、三英傑、長谷川伸など、心中もの、八百屋お七、忠治、次郎長、時代劇そのもの。
・①江戸時代／前・中・後期、②後継ぎ、養子、③武蔵野の新田開発の歴史（現在の町名と開発者等）、④江川太郎左衛門の多摩の足跡
・時代劇に於ける「距離感」（中央と地方）、講談（映像になる前の「時代劇」）、近代現代、幕末
・司馬史観と時代考証
・居館の内装に疑問を感じている。本年の大河ドラマでも初期の姫路城はじめ大阪城、安土城のセットなどいかがなものか。衣装について、田舎の代官が将軍のような衣装をつけている。
・時代劇メディアを広く定義しているわりに、ドラマや映画など実写映像作品ばかりを取り扱っていることが非常に多いと思います。エンターテインメント性が強いサブカルチャー的なゲーム、漫画など、史学にそれほど興味がない中高生などであっても能動的に触れうるような時代劇メディアのことを、もっと積極的に取り扱っていただけないでしょうか？また、考証の視点として民俗学の可能性を議論するようなテーマも扱っていただけると嬉しいです。
・「武士道」についての考察が伺いたいです。平安末期で（古典文学では）武士が歴史の表舞台に出て

来ます。平家物語には武士道（生きざま）が描かれています。でも、時代の中で、それは変遷してきたと思うのです。倫理観というか……。今日のお話でも、そのへんが少し触れられていましたが、もっと深く知りたいと思いました。時代によって「武士の姿」の描き方がどう変遷していくのか、その終焉まで見たいと思います。

・昭和30年代ドラマの時代考証、農村を視点として鎌倉〜戦前で何が変わったのか?、戦国と現代の共通する意識は何か?

・今回、テーマが戦国時代と初めてで面白かったです。テーマは思いうかびませんが、今後も楽しみにしています。

・今回のように、いろんな視点の人の話をきけるのは、とても面白い!!あと、私は画面の外のことが気になってます。その時代は、どんなにおいたっだのか。とか。木曜時代劇はなくならないでほしい。民放と同じになっちゃつまらないし、外国にもじまんできる宝ものです。

・時代劇において、一般市民の生活をどうすくい取るか。

COLUMN

時代考証の役割とメディアリテラシー
――時代考証学会第一一回シンポジウムのアンケート回答から

工藤航平

はじめに

本稿は、二〇一九年一一月三〇日（日）に開催された時代考証学会第一一回シンポジウム「時代劇メディアと『ポップ・カルチャー』の境界を歩く」の参加者アンケートの結果をまとめ、市民の時代考証に対する認識やメディアリテラシー（新聞やテレビ放送などのマスメディアが発信する情報を、主体的・批判的に評価し、理解する能力）ついて考察したものである。

時代考証学会ではこれまで、さまざまなメディア媒体を通じて社会に発信される歴史作品――テレビドラマ、映画、漫画、小説、アニメ、ゲームなど――を「時代劇メディア」と総称し、時代考証の在り方や意義について議論を重ねてきた。これまでNHK大河ドラマをはじめ時代劇ドラマを主に扱ってきており、ポップ・カルチャーをきちんと取り上げるのは今回がはじめてといえる。

当会は研究者・制作者・市民の三者の関係を重視して考察を続けてきているが、市民の意見を十分に汲み取ることが難しいなか、シンポジウムなどの活動やそこで得られたアンケートの回答は貴重な機会となるのである。

今回のシンポジウムでは、特に『忍たま乱太郎』シリーズをはじめ老若男女に広く人気のある作品を描いてきた尼子騒兵衛氏に報告をいただいたこともあり、多くの方々に参加いただくことができた。そのため、初めてシンポジウムに参加した、当会のことをはじめて知ったという方、特に一〇代から四〇代の女性が大勢であったということが、これまでと異なる大きな特徴といえよう。注意を要するのは、時代考証学会という研究者団体の活動に関心を持って参加した方、尼子氏・尼子作品に関心のある方という二つの制約を有することである。一方で、時代考証に対する認知度などからは、一般の市民の認識に近いものと理解しても良いであろう。

なお、当日の参加者は一七六名、アンケート回収数は一〇五名分で、回収率は約六〇％であった。回答者の属性および人数は第1表の通りであり、先述のように二〇代から四〇代、特に女性の参加の多かったことがわかる。男女比では八割が女性であること、紙数も限られていることから、数値は男女をわけずに示すこととする。

第1表　アンケート回答者の属性

	男	女	不明	小計
10代	0	7	0	7
20代	3	21	1	25
30代	4	21	2	27
40代	3	16	0	19
50代	2	2	0	4
60代	3	2	0	5
不明	0	14	4	18
小計	15	83	7	105
	14%	79%	7%	

＊会社員50、学生19、教員7、主婦7、自営業5、その他9、未回答8

一、時代劇メディアの視聴環境

まず、参加者が普段どのような時代劇メディアに触れているのかみてみたい。結果は第2表（三七六頁）の通りであり、年代によって異なる傾向がみられることがわかる。

一〇代から四〇代では漫画が圧倒的に多く、アニメ・特撮が続く。この要因は先述のように、参加者が尼子氏や尼子作品のファンであることにあると考えられる。ただ、現在の漫画・アニメブームを踏まえると、一般的な傾向と判断しても良いであろうか。

テレビドラマは、五〇代・六〇代が一〇〇%であるのに対し、その他の年代ではギリギリ五〇%台もしくはそれ以下と、明確な差が出ている。映画やノンフィクション・歴史教養が比較的高い数値を見せていることから、単に若者の時代劇離れ・歴史離れというわけでなく、テレビ時代劇特有の事情といえよう。ノンフィクション・歴史教養が各年代、特に若い年代でも高いことが注目されよう。歴史教養とはいっても、研究成果を取り入れたドキュメンタリーから歴史を扱ったクイズ・バラエティ番組に近いものまで幅は広い。ただ、ドラマや漫画などと区別して認識されていることは、メディアリテラシーを考える上で注目できよう。

割合として全体的に低いのは、舞台演劇とゲームである。ゲームはどの年代でも低く、五〇代・六〇代は皆無となっている。ゲームはさまざまなツールで提供されており、楽しんでいる方も多いことを考えると、ゲームは時代劇メディアとは一線を画して捉えられているとも推察される。

各年代また個人で、受容するメディアの重点は違えど、それぞれ多様化する時代劇メディアの違い・特徴を一応は理解していると評価できよう。

二、時代考証への要望

市民の関心ある時代やメディアのジャンルの広がりは、時代考証が必要とされる幅の広がりとも連動する。では、視聴者である市民は、時代考証にどのような役割を期待するのであろうか。そこには、市民の時代劇メディア認識、メディアリテラシーといった問題が存在すると考える。

この問いには、一〇二名が必要と回答し、未回答三名、必要ないとの回答は無かった。これは、アンケート記入がシンポジウム終了後であったことが影響したとも考えられる。ただ、必要な理由をみると、時代劇メディアをどのようなものと考え、どのように利用しているのか、次のように意見をまとめることができる。

①歴史認識の形成　まず、大多数の意見として挙がったのは、歴史知識を学ぶ場、歴史認識の普及・共有の場としての時代劇メディアである。いくつか回答例をみてみると、「大河ドラマから史実を知る」（二〇代）、「事実を知りたい」（三〇代）、「作品ごとに描写に誤差があると混乱するし、後で嘘に気づくと何となく作品が安っぽく見えてしまう」（二〇代）といったものがある。また、「子供向けであれば尚のこと考証は必要」（四〇代）という意見もあった。

この歴史知識を身に付けるという行為については、「観て鵜呑みにしているところがある」（二〇代）、「知らない人が観たらそのまま事実と信じてしまう」（二〇代）、「知らず知らずのうちにその時代のイメージが蓄積されていく」（六〇代）という回答もある。「社会の授業で困る子供が出そうなので」（三〇代）という意見も同様のことであろう。これは、発信される時代劇メディアを無批判に受容することを意味しており、それだけに制作段階で〝史実〟に基づく考証の必要性を強く求めているのである。

例えば「エンタメとしてだけではなく当時のことについて学びたいと思っている」（二〇代）と回答した方は、設問1（第2表）で「ノンフィクション・歴史教養」にチェックをしていないことから、ドラマや映画、漫画・アニメ等を歴史知識習得の場と考えていることがわかる。

確かに、歴史研究者や歴史に興味を持っている人でない限り、時代劇メディアを批判的に視聴し、疑わしい内容を書籍等で調べて確認をとることはしないであろう（歴史研究者でもなかなかいない）。ここで回答例を挙げさせていただいた方々は客体的・無批判的に受容していることを自覚しているが、視聴者の多くは時代劇メディアで語られる物語を無自覚的に受容していると判断できる。

第2表　興味ある時代劇メディア

	映画	テレビドラマ	舞台演劇	小説	漫画	アニメ・特撮	ゲーム	ノンフィクション歴史教養	その他
10代	5	3	3	4	6	6	3	5	0
	71%	43%	43%	57%	86%	86%	43%	71%	0%
20代	10	10	10	14	20	16	8	10	0
	40%	40%	40%	56%	80%	64%	32%	40%	0%
30代	17	14	11	9	23	17	8	18	0
	63%	52%	41%	33%	85%	63%	30%	67%	0%
40代	8	7	10	12	14	8	5	14	1
	42%	37%	53%	63%	74%	42%	26%	74%	5%
50代	1	4	0	1	1	1	0	2	0
	25%	100%	0%	25%	25%	25%	0%	50%	0%
60代	4	5	2	3	2	2	0	4	0
	80%	100%	40%	60%	40%	40%	0%	80%	0%
不明	9	9	9	10	11	8	5	8	0
	50%	50%	50%	56%	61%	44%	28%	44%	0%
小計	54	52	45	53	77	58	29	61	1
	51%	50%	43%	50%	73%	55%	28%	58%	1%

＊百分率の数値は各世代の総人数に対する割合。小数点以下は四捨五入。

さらに、歴史知識を身に付けるという個人的範疇を超えて、日本や海外における歴史認識の共有・拡散という社会的影響力をもつ存在としても考えられている。

いくつか意見をみると、「多くの人に影響を与えるものなので、ある程度の正史に則った演出は必要だと思う」（二〇代）、「歴史的事実の誤認や歴史に対する問題意識の低下につながる」（三〇代）、「歴史修正主義がはびこる中、誤った歴史認識を発生させないためにも必要だと思う」（三〇代）、「全くの嘘が本当のように広まるのは将来良くない」（三〇代）、「時代劇メディアは情報の拡散力があるため、間違った情報が広まり、場合によってはイメージの定着を招く危険がある」（不明）など、メディアという拡散力のあるツールの利点とともに危険性も認識されている。また、単に〝史実〟に基づくかだけでなく、描かれるストーリーの選択にも言及されている。この意見は、二〇代・三〇代に多いことも特徴である。

②舞台設定　時代モノであるため、時代考証は必須であるという意見であり、これも同様の多くの回答

を得ている。あえて特定の時代を設定しているのだから、その時代の考え方・社会・風俗など考証を経てきちんと踏まえるべきという意見である。

また、「知らないで嘘をつくことと、知った上で嘘をつくことは違う」ため、時代考証をして史実を押さえたうえで創作の嘘を加える、「どんなに自由にアレンジされた作品でも、土台は必要だと思う」という制作サイド姿勢を問う意見も多い。

第3表　時代劇メディアや時代考証に関心のある時代

	旧石器	縄文	弥生	大和	飛鳥	奈良	平安	鎌倉	室町	戦国	安土桃山	江戸	幕末	明治	大正	昭和
10代	1	1	1	0	0	1	3	2	6	4	2	5	5	4	2	2
20代	2	3	3	2	3	3	10	9	16	14	8	11	11	15	11	9
30代	1	3	1	2	3	3	12	9	18	15	10	12	10	10	8	4
40代	1	1	1	4	5	4	9	7	12	11	7	8	6	2	0	0
50代	0	0	0	0	0	0	1	0	0	0	0	3	3	2	1	1
60代	0	0	0	1	2	2	1	2	2	4	2	4	4	1	1	0
不明	3	4	3	4	6	5	7	7	13	12	8	10	11	9	7	6
小計	8	12	9	13	19	18	43	36	67	60	37	53	50	43	30	22

③より良い作品制作　これは時代考証を加えることで、「作品に深みや新たな表現方法が生まれる」（二〇代）、「より価値のある発展が望める」（三〇代）、「想像だけの物語より厚みが出て面白くなる」（四〇代）など、より良い作品制作に繋がるという意見である。反対に時代考証が無いと、「その時代への愛情、引き込もうという力が感じられない」（四〇代）、「ただのバラエティになる」（二〇代）という厳しい意見も寄せられている。

④史実・リアリティ　これも②③と共通するが、舞台設定から服装や言葉づかいなど細かな描写まで注目されている。多くの意見は、〝史実〟との矛盾を回避したり、リアリティを持たせることで、面白くなる、感動する、「ストーリーの面白さや作者の伝えたいことが描ける」（一〇代）というものである。逆に無いと、気持ちが冷める、気になって集中できない、物語に没頭できない、

モヤモヤすると、視聴者の満足度に直接影響していることがわかる。

一方で、時代考証に重きを置くことに対し、「ガチガチにし過ぎると自由さにかける」（不明）、「全部史実でもつまらない」（三〇代）、「その時代を表現しないで実は「現代劇」であるから、時代考証はそこそこで」（五〇代）など、否定的な意見も一定数存在している。

市民のメディアの選択、メディアの利用方法、メディアへの期待はさまざまであり、時代考証の役割・存在意義についてもあらためて考えさせられる。

三、時代劇メディアの区別

では、すべての時代劇メディアに対して、時代考証を求めているのであろうか。アンケート結果をみると、そうではないようである。ポップ・カルチャーでの違和感の有無は第4表の通り。

参加者の動向をみると、「どちらとも言えない」を挟んで、「少しある」「あまりない」が拮抗してる。ただ、二〇代・三〇代で「少しある」、四〇代・六〇代で「あまりない」の割合が高いという違いがみられる。

違和感がないと回答した人の意見は、①割り切って観ている、②面白さや楽しさを重視している、③「絵空事」「吹っ飛んでいるもの」「ファンタジー」というポップ・カルチャー特有の表現手段、④子供の頃から慣れ親しんでいるという四つに大きく分類できる。ポップ・カルチャーというメディア特性を認識した上で、〝史実〟とは一定度切り離して楽しんでいることがわかる。そのため、男女逆転もの、タイムスリップものなども、受け入れて楽しんでいるようである。

一方、違和感があると回答した人の意見は、ポップ・カルチャーの特性を認識した上でも、「あまりにも史実とかけ離れていると戸惑う」（一〇代）、「キャラクター属性を重視する場合、その歴史的事件や人物をきちんと示す必要がある」（二〇代）、「余りにも時代的矛盾があるとモヤモヤする」（二〇代）、「消費されるために記号化されすぎている」（三〇代）、「現代に合わせてポップ・カルチャーが望むようにわん曲するのは良くないと思う」（不明）をはじめ、時代設定や髪型・服装など最低限の史実は踏まえてもらいたいというものである。

ちなみに、どちらでもないと回答した人の意見は、「話して違和感がなければ良いと思う」（二〇代）、「創作にどこまで忠実さを求めるべきかわからない」（二〇代）、「コンテンツによって違和感を強く感じたり、感じなかったり」（三〇代）などとなっている。

ちなみに、違和感がない、あまりないと回答した人は、ポップ・カルチャーとしての時代劇メディアを制作するにあたって、どのような点に留意すべきと考えているのであろうか（設問6「『ポップ・カルチャー』として時代劇メディアを制作するにあたって、それに携わる研究者・制作者・演じ手などはどのような点に留意するべきと思いますか？」）。

第4表　「ポップ・カルチャー」として展開される時代劇メディアへの違和感

	ない	あまりない	どちらともいえない	少しある	ある
10代	1	4	1	1	0
20代	4	5	6	8	1
30代	2	6	7	10	2
40代	2	7	6	4	0
50代	0	0	2	2	0
60代	1	2	1	0	1
不明	4	0	9	1	3
小計	14	24	32	26	7

創作と時代考証の両立・バランスを重視してもらいたい、「作者が何を伝えたいかを中心に、縛りすぎて世界観を壊さないようにとは思う」、「史実警察にならないでほしい」といった、ポップ・カルチャーとしての創造性・エンターテイメント性を担保するような作品制作を求める意見が複数ある。

〃史実〃との向き合い方については、まず〃吹っ飛んだ〃ものであっても、その前提となる史実を調べた上で、アレンジしてもらいたいという意見が複数ある。また、実在した人物をモチーフにする場合は「実際に生きた人生を尊重してもらいたい」、言葉遣いや衣装の着方などストーリーに影響のない部分での正確性が求められているようである。

四、時代考証の必要性

では、ポップ・カルチャーで描かれる時代劇に対して違和感が「あまりない」「ない」という人は、時代劇メディア全般において時代考証に重要性を置いていないといえるであろうか。アンケートの意見をみると、そう単純ではないことがわかる。

いくつかアンケート回答をみてみたい。ポップ・カルチャーには「話として違和感がなければ良いかと思う」としたのに対し、「正しい事を正しく知りたい欲求がある。」（二〇代）という。同じように、「ポップ・カルチャーはそういうものと割り切っている」という人も、「平清盛の大河ドラマは風景が忠実だと聞いて、当時の情景をテレビで観られるのは新鮮だった」（二〇代）と、大河ドラマが〝史実〟を反映させようとしたことに満足している。また、ポップ・カルチャーをファンタジーと割り切っているに対し、他の時代劇メディアは「時代を知れるものとして視聴者側はみるため、時代考証があれば納得できるし、説得力というでも時代考証は欲しい」（二〇代）や、「考証のされない作品が増えると、過去の事実が薄れ、消えてしまう」（三〇代）という懸念を抱いている。

このような意見からは、時代劇メディアの特性に合わせて区別し、それに基づいて史実性の度合いなどを期待していることがわかる。ただし、その区別やジャンルの分類、史実性への期待は個人によって異なる。そこには、個人の興味関心やメディアリテラシーの差が反映していると考える。メディアの多様化と受容者の裾野の広がりのなか、市民にも一定度のメディアリテラシーが求められる。

五、メディアリテラシーと時代考証

本稿では、シンポジウム参加者のアンケートから、市民の時代考証に対する認識やメディアリテラシーについて簡単に検討を行った。アンケートは本稿で検討したテーマを目的に作成されたものでなく、筆者の力量不足も重なり、十分な分析を行うことができなかった。それでも、市民の時代劇メディアや時代考証に対する認識、メディアリテラシーの実態について興味深い結果を得ることができたと考える。

時代劇メディアで歴史知識を学ぶので、時代考証を踏まえた〝正しい歴史〟の描写を求めるという意見が多数あった。確かに、NHK大河ドラマは、〝国民の歴史〟を紡ぐ重要な装置であり、学校教育などよりも、もっと巧妙に市民に向けて公的な歴史を語り、歴史意識の基礎を醸成してきたといえる。しかし、大河ドラマの時代考証に携わった経験のある筆者からみても、放映スケジュールやエンターテイメント性など制作・演出を優先した結果、〝史実〟の改変や創作による書き換えが複数みられた。

視聴者である市民のメディアリテラシーという面では、メディアの特性を踏まえた大まかな区分や〝史実〟の反映度の差異を認識していたことがわかる。しかし、テレビドラマ（特にNHKの時代劇）や歴史教養番組は〝史実〟に基づいて描くもの、描かれているものとして、無批判に受容している層が大きいことも判明した。本アンケートからは広い年代で確認できることから、古くから存在した問題であったことがわかる。これまでも問題として認識されてはいたが、あらためて実態が明らかになったといえる。

アンケートの意見には、時代劇メディア自体だけでなく、別に関連してフォローするツールの必要性が出されていた。

これまでも大河ドラマの放映が決定すると、それに関連した書籍の刊行、特集番組の放映、新たな資料の発掘、博物館の企画展示などが続き、時代劇メディアを補完する役割を担っている。大人気を博したポップ・カルチャーである『鬼滅の刃』は大正時代を舞台とするが、〝史実〟とは大きく異なる描写が多く、漫画・アニメ・ゲームなどポップ・カルチャーとして幅広く受容されている。一方、これを契機として、歴史学や民俗学から学問的にアプローチした書籍等も刊行されており、市民の知識習得を補完し、メディアリテラシーを養う存在となっている。

研究者・制作者・市民の三者の関係を重視して考察を進めていくためには、研究者（時代考証）・制作者という発信者側だけでなく、受容者である市民をきちんと分析対象として捉えていかなければならないことがあらためて証明された。本会の市民参加型の活動は、メディアリテラシーを養うことに寄与してきたと評価できるが、一朝一夕に実現できるものではないため、工夫を加えながら、継続的に取り組んでいく必要がある。

・　・　・

アンケート集計結果

0．回答者の属性

第1表参照

1．どのような時代劇メディアに興味がありますか？（複数選択可）

第2表参照

＊印象に残っている作品はありますか（複数回答）

北条時宗／毛利元就／独眼竜政宗／真田丸／葵三代／龍馬伝／新選組！／いだてん／ちかえもん／樅ノ木は残った／水戸黄門／暴れん坊将軍／木枯し紋次郎／鬼平犯科帳／座頭市シリーズ／三匹が斬る！／JIN—仁—／長谷川伸作品／お江戸でござる／タイムスクープハンター／BS世界のドキュメンタリー／どろろ／七人の侍／のぼうの城／宮本武蔵／柳生一族の陰謀／用心棒／座頭市／バジリスク／武士の家計簿／壬生義士伝／二百三高地／日本のいちばん長い日／黒沢映画作品／刀剣乱舞／クレヨンしんちゃん アッパレ戦国大合戦／忍たま乱太郎／もののけ姫／絶園のテンペスト／名探偵コナン／十兵衛ちゃん／忍者戦隊カクレンジャー／陰陽師／闇がたり／峠／剣客商売／しゃばけ／風光る／燃えよ剣／坂の上の雲／夢十夜／多情多恨／天切り松／ぼくの稲荷山戦記／司馬・海音寺作品／応天の門／あさきゆめみし／天上の虹／ぶっしのぶんしん／落第忍者乱太郎／子連れ狼／大奥／殿様は空のお城に住んでいる／夢の碑／新選組血風録／おーい龍馬／銀魂／ゴールデンカムイ／南京路に花吹雪／Shang-hai 1945／火の鳥／サイボーグ009／幽遊白書／ポーの一族／封神演義／幕末Rock／三国無双／遥かなる時空の中で

2．どの時代を取り上げた時代劇メディアや時代考証に関心がありますか？（複数回答可）

第３表参照

3．時代劇メディアには時代考証が必要だと思いますか？

はい：102／場合による：2／未回答：1

＊理由（はい）
・その時代を表現する場合は必要。
・事実を知りたいです。
・話が成り立たなくなるため。
・リアリティがあるほうが面白いため。
・ある程度は。まったくデタラメだと入り込めない。
・生活文化などは時代ごとに特徴があるので、その辺りはしっかりして欲しいなと思います。
・時代劇を作るにあたり、時代考証は基本・土台だと聞いてて思いました。どんなに自由にアレンジされた作品でも、やはり土台は必要だと思います。
・忠実である必要はないが、すぐ気付くような誤りがあると本編が楽しめない。
・現代人が皆それが正しいと思い込んで、それが事実として普及してしまうので。間違った事を残してはいけない。
・現代を生きる元となった起源を知るきっかけになる。あまり好かれにくい歴史の面白さを理解してもらえる。「知らないから怖い」を変えるため。
・事実に近い方がおもしろいです。でもガチガチにしすぎると自由さにかけるのでわかった上で崩すのはＯＫかと。
・わかっていてあえてはずすことと、まるでわかっていないではずれているのは大きな差がある。かつ、子ども向けであればなおのこと考証は必要か。
・私は歴史を学ぶ入口が映画やアニメーションなどの映像作品であることがほとんどなので作品ご

とに描写に誤差があると混乱するし、後で気づくと何となく作品が安っぽく見えてしまいます。
・時代考証をした上でこそ制作する作品に深みや新たな表現の方法が生まれると考えているため。
・今、着物を着れない人が多いので。せめて和服ぐらいはちゃんと着てほしい。でもあまり、時代考証をきちんとしすぎるとエンタメとしてたのしめないので。
・タイムスリップものなどは、きっちりしないとシラける。
・時代考証が無い＝その時代への愛情・引き込もうという力が感じられない。
・時代考証がなければ「時代もの」ある意味が成立しないから
・メディアが身近になりネットリテラシーの問われる現在においてある程度のものさしや時代考証が作家や作品、ひいては歴史の間口を守ると考えている。
・時代考証そのものにも評価がわかれるし、絶対的なものではないため。

＊理由（場合による）
・その時代を表現しないで実は「現代劇」であるならそこそこで。
・主題を何におくかにより、必要な場合、不要な場合があります。

4．**時代劇メディアのどの点に着目しますか**（複数回答可）
作者：22／登場人物：61／舞台となる時代：54／舞台となる場所：31／ストーリー：66／史実に忠実か否か：26／エンターテインメント性：50／時代考証：37／その他：世界観（舞台美術など）／歴史への対峙方法／史実とエンタメのバランス

5．「ポップ・カルチャー」において展開される時代劇メディアに違和感などはありますか？

第４表参照

＊理由（ない）

・メディア作品は歴史的資料ではないです。創造性を許容しての楽しみかと思います。
・絵空事という自由がある。
・見る側の人が楽しめればそれで十分であると思うから。

＊理由（あまりない）

・ある程度ぶっとんだものであると、「まあそういうものなんだな」と割とストレートに受け入れられます。
・山田風太郎の「影の軍団」・「必殺！」など、とんでも時代劇を観て育ってきたので。
・よほど不勉強なもの以外は、作品の面白さでカバーできると思う。時代考証のために作品を見ているわけではない。
・正しいことがわからないので出されたものをそれとして受け取るから。
・時代によって表現媒体に変化があってもおかしくないから。
・「ポップ・カルチャー」というものを観る時点で・あまり細かく考えていない。
・そういうものとして割り切るから。

＊理由（どちらとも言えない）
・非常に個人的なことになってしまい恐縮ですが、流行りすぎるととっつきにくくなるため。
・そもそも歴史について詳しく学びきれていないのでわからない。
・あったりなかったりするが、話として違和感が無ければいいかなと思う。
・自分が楽しいと思えることに重点を置いたとき、時代考証が良し悪しどちらにも作用するから。

＊理由（少しある）
・史実であればやっている事をやっていない事には許容できるものが多いですが、やられていない事をやり続けていると大変気持ちが悪いです。（女性の前髪がずっと短いなど）
・最近観た劇（刀剣乱舞）の中で戦国時代だったのに江戸時代の墓が出てきて冷めました。作る側が重きをおかなかっただけと納得する事にしましたが〝史実〟がひとつのテーマだったので劇に集中できなくなり残念だった記憶があります。
・文学専攻ですが、余りにも時代的矛盾があるともやもやします。
・ある程度は娯楽作品として割り切ってはいるものの、間違いを正しいとされることはやはり違うのではと思います。
・性別転換は理由がきちんと説明されていないとモヤっとします。
・消費されるために記号化されすぎている。
・正しさばかり追求すると教科書的なつまらなさになりがちだが、それを踏まえて新たな価値観を生み出す力（とそれを育てる環境）が無いように思う。

・興味を持っても自分で調べる人は少ない。イメージで伝わっているなあっていうのを感じる。
・皆が知っている現代を詳しく描けないために、てきとうな時代ものに走る例が目立つ。時代ものである意味がわからない。
・現代にあわせてポップカルチャーがのぞむようわんきょくするのは鼻につく。
・戦後（を扱った）ドラマも時代考証がダメなものが多い。オンタイムで生きているから（違和感を感じる）。

＊理由（ある）

6．「ポップ・カルチャー」として時代劇メディアを制作するにあたって、それに携わる研究者・制作者・演じ手などはどのような点に留意するべきだと思いますか？

・ここは絶対に時代考証的に認めることのできないことは認められないと、制作側に譲らないこと。
・史実に作る作業を行いながら、現代の感覚とどれ位マッチさせられるかの塩梅。
・尼子先生がおっしゃっていたように、どんなにがんばっても間違いは出てしまうでしょうが、それでも制作者らは、扱う歴史のことを大切にすることを諦めてはいけないと思います。
・史実警察にはならないでほしいです。
・過去の時代を描くという事に対して、自分の思いやストーリーを優先するのではなく、歴史に敬意を払う、ということが大切だと思います。
・カルチャーをたのしむと同時に「本当」も大声でいうべき。
・〝史実〟のどの部分を作品に取り入れ、どこを捨てるのか、その目的を制作者・演者がきちんと把握・共有した上で作品を作ること。

・基本さえふまえていれば、ある程度のことはしかたない。その時代に生きていないし、今と違い、地域や階級によって違うので、全てを調べるのは無理。

・史実・時代考証はしっかり踏まえつつ、不明部分をどう埋めていくか、エンターテインメント性をどう担保していくのかが重要かと思う。

・あえてその時代を設定している以上その時代の考え方。社会・風俗などをある程度ふまえていてほしい。

・苦悩するくらい追求・研究するのはすばらしいと思うが、伝えたいのはもっと感情に訴えるものではないか。そこを忘れてほしくない。

・作品が面白くなる事が最優先ではないか。

・登場人物にこだわることで、自動的に彼らが生きた時代にもこだわりが出ると思うので、キャラクターを大切にすることが重要だと思います。

・何に重きを置くか、という根本テーマを変えないこと。

・今日本のポップカルチャーは注目されているように思うので、世界に発信することの意味を意識すべき。

あとがき

本書は、時代考証学会シンポジウムの成果刊行物として刊行するものである。厳しい出版事情のなか、当会はシンポジウムの成果を継続して出版社から刊行することにこだわってきた。研究者だけではない市民との新しい学問構築を目指すうえで出版社からの刊行が最適と考えてきたからである。こうした勝手な理想を堅持しつつ、時代考証学の確立にむけてその中核となるシンポジウムを毎年開催し、編集作業を進めながらもなかなか刊行までには至らずにいた。この間、学会内では、成果を世に問うための手段について幾度も議論を重ねていたが、このたび勉誠出版に関心をもっていただき刊行の運びとなった。

本書の構成は、第六回シンポジウム（二〇一四年開催）と第一一回シンポジウム（二〇一九年開催）の内容に加え、戦国時代劇メディアがもたらす戦国イメージを考察する論文・コラム計九本からなる。すなわち、その象徴たる三英傑のイメージ変遷を論じた論考三本、そして諸学問から問い直すための論考三本、シンポジウム参加者のアンケート結果と参加記から見つめなおすコラム三本を加え、時代考証のもつ社会的役割を明確化させることができたと考えている。ご多忙のなか原稿をお寄せいただいた執筆者の方々に厚く御礼申し上げたい。

第六回シンポジウムの参加記を執筆した花岡敬太郎は、当会委員となり、第一一回シンポジウムの委員長をつとめた。それほどの月日が経ってしまった。第六回シンポジウムにて報告をいただいた方には編集作業が大幅に遅れ、多大なるご迷惑をおかけしたことをこの場を借りて深くお詫びしたい。

ここに至るまでには勉誠出版の吉田祐輔氏、武内可夏子氏に大変お世話になった。両氏には、当会一〇周年記念シンポジウム、第一一回シンポジウムにご参加いただき、編集にあたってはさまざまなアイデアをいただくとともに、多大なご配慮をいただいた。講演録と論文とを組み合わせつつ、本書がまとまりあるものになっているとすれば、吉田氏、武内氏のおかげである。ここに記して、厚く御礼申し上げたい。

（時代考証学会編集担当：川戸貴史・鈴木一史・中野良・野本禎司・茂木謙之介）

＊

第六回シンポジウム「戦国時代イメージを考える――時代劇メディア・学問・市民」から、早くも七年の月日が経とうとしている。この度、シンポジウムの成果をこうして世に問う機会を与えていただいたことは望外の喜びであり、まず、心より御礼を申し上げたい。

第六回シンポジウムでは、当学会が確立を目指している時代考証学において主要なアクターとなると考えている、研究者・制作者・市民の関係について注目し、特に時代劇メディア作品の需要者である市民がそれぞれの時代に対して持っているイメージがどのようにして形成されているのか、あるいは、その形成に学問や時代劇メディアがいかに関わっているのかをテーマとして議論を進めた。

山野井氏、佐々木氏、森田氏、佐藤氏のそれぞれのご報告は、二〇一四年当時において「戦国時代イメージ」の形成がどのように積み重ねられ、また、それにどのように関わってきたのか、ということを研究者として、あるいは、演者・制作者として明らかにされた、非常に意義のあるご報告であったと思っている。

なかでも、佐々木氏のご報告は、戦国大名の権力構造、すなわち戦国時代の主従関係を歴史学の立場から明らかにされ、多くの「市民」が持つイメージと史実の間の乖離を分かりやすくご説明いただいたものであった。来場者のアンケートでも、佐々木氏の報告について様々な感想が述べられており、そのインパクトは大きかったものと考えている。なお、二〇一六年のNHK大河ドラマ『真田丸』の前半において国人領主としての真田氏の描写が行われた。こうしたこともあり、現在では、戦国時代は必ずしも主君を絶対視するような主従関係ではなかったという認識は、一般にも広がりつつあるように思うが、『真田丸』に先行して「戦国時代イメージ」の形成に関する議論を提示できたことは、本シンポジウムにおける大きな成果の一つとなったのではないかと思う。

あらためて、ご登壇をいただいた皆様方、またご来場いただいた皆様方に御礼を申し上げ、筆を擱くこととしたい。

（門松秀樹）

＊

第一一回シンポジウムを企画から担当してきた者として、その成果内容を本書のような形にすることができ、胸をなで下ろすような心情でいる。第一一回シンポは、企画者である花岡が学会報告を兼任し、外部から玉井建也氏、尼子騒兵衛氏に報告を依頼、最後に議論の方向性をまとめてもらう意図をもって大橋崇行氏にコメントをお願いした。

時代考証学会に委員として参加した当初から「忍たま乱太郎」（『落第忍者乱太郎』）の作風と時代考証の緻密さの関係性に興味があり、いつか学会として尼子さんのお話しを聞くことが出来ないかと考えていた。一方で、尼子さんの存在感にシンポ全体が沈溺してしまうのではないかという危惧もなかったわけではないが、全くの杞憂で玉井報告、大橋コメントのいずれにも参加者は真剣に耳目を傾けて下さり、シンポ当日は企画者の期待を上回る熱意が登壇者、参加者の双方から（少なくとも私には）感じられた。

戦国時代に限らず、文字資料に頼らざるを得ない遠い過去の人物や事績をイメージすること、そしてそのイメージを共有することは、特にそのイメージを発信する側（映像作品関係者、マンガ家、研究者など立場を問わず）にとって、さまざまな気苦労や注意、翻意を必要とすることが、シンポの企画や本書の編集に携わったことで改めて実感された。それらの〝気苦労〟を表象やリアリズムの問題と捉えるのか、信仰や顕彰に関わるのか、あるいは実証的な史実や資料の問題として考えるのかは人それぞれだろう。第一一回シンポのタイトルに設定した「境界を歩く」という問い立てに沿って言うと、これらの表象やリアリズム、信仰や顕彰、実証的史実といったような複数の視座が交叉する境界に、シンポジウムや本書の編集を通して立つことが出来たのだとすれば、それは一人の人文科学研究者として至高の喜びであり、改めて時代考証学会の役割と可能性について思いを巡らせること が出来た。このような思いを巡らせる機会に恵まれた幸運について、本書に関わる（読者も含めた）すべての方々に心からお礼申し上げたい。

（花岡敬太郎）

執筆者一覧

大石　学（おおいし・まなぶ）1953年生まれ

東京学芸大学名誉教授、日本芸術文化振興会監事、時代考証学会会長。

〔業績〕NHK大河ドラマ『新選組！』（2004年）、『篤姫』（2008年）、『龍馬伝』（2010年）、『八重の桜』（2013年）、『花燃ゆ』（2015年）、『西郷どん』（2018年）、NHK金曜時代劇『御宿かわせみ』（2003～05年）、『蝉しぐれ』（2004年）、『慶次郎縁側日記』（2004～06年）、NHK木曜時代劇・土曜時代劇『陽炎の辻』（2007～09年）、NHK-BSプレミアムBS時代劇『薄桜記』（2012年）、映画『大奥』（2010年）、『るろうに剣心』（2012年）、『沈黙』（2017年）など数多くの作品において時代考証を担当。

〔著作等〕『吉宗と享保の改革』（東京堂出版、1995年）、『享保改革と地域政策』（吉川弘文館、1996年）、『徳川吉宗・国家再建に挑んだ将軍』（教育出版、2001年）、『首都江戸の誕生』（角川学芸出版、2002年）、『新選組』（中央公論者、2004年）、『大岡忠相』（吉川弘文館、2006年）、『元禄時代と赤穂事件』（角川学芸出版、2007年）、『江戸の教育力』（東京学芸大学出版会、2007年）、『江戸の外交戦略』（角川学芸出版、2009年）、『徳川吉宗』（山川出版社、2012年）、『近世日本の統治と改革』（吉川弘文館、2013年）、『時代劇の見方・楽しみ方――時代考証とリアリズム』（吉川弘文館、2013年）、『新しい江戸時代が見えてくる――「平和」と「文明化」の265年』（吉川弘文館、2014年）、『今に息づく江戸時代―首都・官僚・教育』（吉川弘文館、2021年）など。

野本禎司（のもと・ていじ）1977年生まれ

東北大学東北アジア研究センター上廣歴史資料学研究部門助教。

〔業績〕NHK大河ドラマ『篤姫』（資料提供、2008年）、映画『大奥』（時代考証、2010年）、『DVD付 学研まんがNEW日本の歴史09開国と明治維新』（監修、学研プラス、2021年）など。

〔著作等〕「時代考証と歴史学――大河ドラマ『篤姫』を題材に」（大石学・時代考証学会編『時代考証学 ことはじめ』東京堂出版、2010年）、『みちのく歴史講座 古文書が語る東北の江戸時代』（吉川弘文館、2020年、荒武賢一朗・藤方博之との共編著）、『近世旗本領主支配と家臣団』（吉川弘文館、2021年）など。

尼子騒兵衛（あまこ・そうべえ）「くの一に年齢は無い！」

〔業績〕1994年まで（株）電通 関西支社勤務。朝日小学生新聞に『落第忍者 乱太郎』連載（1986年～2019年）。NHK テレビアニメ『忍たま乱太郎』OA 開始（1993年～）し、現在29期放送中。代表作は、あさひコミックス『落第忍者 乱太郎』全65巻（朝日新聞出版）、幼年童話『らくだいにんじゃらんたろう』シリーズ（ポプラ社）、朝日こども百科『乱太郎忍者の世界』（朝日新聞出版）、あさひコミックス『はむこ参る！』（朝日新聞出版）ブンブンコミックス『はむこ参る！』原作（ポプラ社）、『らくご長屋 1～10巻』イラスト（ポプラ社）など。忍者の話を描いていますが、本当は中世（鎌倉時代）が好き。

花岡敬太郎（はなおか・けいたろう）1983年生まれ

明治大学大学院博士後期課程修了、博士（史学）。明治大学大学院特別補助講師。

〔時代考証〕映画『ラストレシピ――麒麟の舌の記憶』（東宝系、2017年）、NHK『NHKドラマ10 昭和元禄落語心中』（2018年）、NHK『Akiko's Piano ～被爆したピアノが奏でる和音～』（2020年）など。

〔著作等〕「「仮面ライダー」シリーズから読み解く1970年代初頭のヒーローの「正義」と戦争の記憶」（『明治大学人文科学研究所紀要第81号』明治大学人文科学研究所、2017年）、「「帰ってきたウルトラマン」制作過程から読み解く1970年代の変容の兆し」（『文学研究論集第49号』明治大学大学院、2018年）、『ウルトラマンの「正義」とは何か』（青弓社、2021年）など。

玉井建也（たまい・たつや）1979年生まれ

東北芸術工科大学芸術学部文芸学科准教授、日本風俗史学会理事、コンテンツ文化史学会副会長、文芸ラジオ編集長。

〔著作等〕『幼なじみ萌え』（藝術学舎出版局、2017年）、「物語世界と日常――『ふらいんぐうぃっち』を事例として」（『東北芸術工科大学紀要』28号、2021年）、「せいので飛び出せるのか　岡田麿里作品における共同体」（『ユリイカ』50巻3号、2018年）、「物語文化と歴史イメージ、コンテンツツーリズム」（『東洋文化研究』18号、2016年）など。

大橋崇行（おおはし・たかゆき）1978年生まれ

成蹊大学文学部日本文学科准教授。

〔著作等〕『言語と思想の言説　近代文学成立期における山田美妙とその周辺』（笠間書院、2017年）、「「愛国」に覆われる世界　道徳教育としての「少年講談」」（『昭和文学研究』第79集、2019年）、「翻訳と言文一致の接点　坪内逍遥・山田美妙・森田思軒」（『iichiko』No.148、2020年）など。

茂木謙之介（もてぎ・けんのすけ）1985年生まれ

東北大学准教授。

〔著作等〕『表象としての皇族　メディアにみる地域社会の皇室像』（吉川弘文館、2017年）、『表象天皇制論講義　皇族・地域・メディア』（白澤社、2019年）、『遠隔でつくる人文社会学知　2020年度前期の授業実践報告』（大嶋えり子・小泉勇人と共編著、雷音学術出版、2020年）など。

山野井健五（やまのい・けんご）1977年生まれ

2009年成城大学大学院文学研究科博士課程後期単位取得退学。川口市立文化財センター調査員、目黒区めぐろ歴史資料館研究員、東京情報大学非常勤講師を経て、現在、（株）ムラヤマ、お城EXPO実行委員会。

〔時代考証・監修〕『学研まんがNEW日本の歴史4 武士の世の中へ』（学研プラス、2012年）、『学研まんが 日本の古典 まんがで読む 平家物語』（学研教育出版、2015年）。

〔展示〕「お城EXPO」（お城EXPO実行委員会、2016年～）、「春の企画展 引札と広告――絵にみる広告の世界」（目黒区めぐろ歴史資料館、2013年）、「内藤コレクション展II ――『木曽伐木運材図』と近代化」（目黒区めぐろ歴史資料館、2010年）。

〔著作等〕「中世後期朽木氏における山林課役について」（歴史学会『史潮』新63号、2008年）、「中世後期朽木氏による関支配の特質」（谷口貢・鈴木明子編『民俗文化の探究 倉石忠彦先生 古稀記念論文集』（岩田書院、2010年）、「プロレスファン文化論 会場におけるファンの振る舞いを中心に」（現代風俗研究会『現代風俗プロレス文化――歴史・表現・エロス・地域・周縁（現代風俗研究会年報第22号）』、2010年）など。

佐藤峰世（さとう・みねよ）1951年生まれ

演技指導講師。

〔業績〕元NHKエンタープライズ制作本部ドラマ番組エグゼクティブ・ディレクター、1977年NHK入局。連続テレビ小説『純ちゃんの応援歌』（1988年）、連続テレビ小説『ぴあの』（1994年）、連続テレビ小説『天うらら』（1998年）、放送80周年ドラマ『ハルとナツ』（2005年）、大河ドラマ『篤姫』（2008年）、BS時代劇『塚原卜伝』（2011年）、BS時代劇『アテルイ伝』（2012年）、木曜時代劇『吉原裏同心』（2014年）などの制作に携わる。

森田順平（もりた・じゅんぺい）1954年生まれ

俳優、声優。

〔業績〕1977年、故・杉村春子の息子役で初舞台。同年、NHK大河ドラマ『花神』の沖田総司役でTVデビュー。その後も大河ドラマの出演は2008年『篤姫』まで計11作品を数える。1979年から始まった『3年B組金八先生』では、数学教師の乾先生役を演じ、2011年のファイナルまで32年間演じ通した。TBS日曜劇場『半沢直樹』岸川慎吾役（2013年）、テレビ朝日『相棒 Season17』国島弘明役（2018年）。声優としても活動しており、ヒュー・グラントの吹き替え、海外ドラマ『クリミナル・マインド』ホッチ役、アニメ『NARUTO-ナルト-疾風伝』長門役、『クレヨンしんちゃん』園長先生役など、数多くの作品に出演。

金井貴司（かない・たかし）1977年生まれ

江東区文化財専門員。

〔業績〕特別展「角川源義――出版・俳句・学問への熱意」（杉並区立郷土博物館、2010年）、特別展「将軍家の鷹場と杉並」（杉並区立郷土博物館、2011年）。

〔著作等〕「中野村組合と馬橋村」（『杉並区立郷土博物館研究紀要』第18号、2011年）、「人足寄場周辺雑記～深川との関係を中心に～」（『江東区文化財研究紀要』第18号、2014年）など。

門松秀樹（かどまつ・ひでき）1974年生まれ

東北公益文科大学准教授。

〔業績〕NHK大河ドラマ『八重の桜』（資料提供、2013年）、NHK連続テレビ小説『あ

さが来た』(資料提供、2015年)、NHK連続テレビ小説『わろてんか』(資料提供、2017年)、NHK大河ドラマ『青天を衝け』(時代考証、2021年)ほか。

〔著作等〕『開拓使と幕臣――幕末・維新期の行政的連続性』(慶應義塾大学出版会、2009年)、『明治維新と幕臣――「ノンキャリア」の底力』(中公新書、中央公論新社、2014年)、「設置当初の屯田兵による北海道防衛に関する一考察」(『東北公益文科大学総合研究論集』第39号、2021年)など。

佐々木倫朗(ささき・みちろう)1966年生まれ

筑波大学第一学群人文学類卒業。筑波大学大学院博士課程歴史・人類学研究科中退。大正大学文学部歴史学科教授。

〔業績〕「戦国餃飯TV」シーズン1(時代考証、2020年)、学研プラス『学研まんがNEW日本の歴史5 室町幕府と立ち上がる民衆』(監修、学研プラス、2021年)。

〔著作等〕『戦国期権力佐竹氏の研究』(思文閣出版、2011年)、『戦国遺文　下野編』第1～3巻(共編、東京堂出版、2017～2019年)、『常陸佐竹氏』(編、戎光祥出版、2021年)など。

神谷大介(かみや・だいすけ)1975年生まれ

横浜開港資料館調査研究員、東海大学文学部非常勤講師。

〔業績〕舞台『あかいくらやみ――天狗党』舞台『あかいくらやみ――天狗党幻譚』(資料提供、2013年)、NHK大河ドラマ『花燃ゆ』(資料提供、2015年)。

〔著作等〕「文久・元治期の将軍上洛と「軍港」の展開――相州浦賀湊を事例に」(『関東近世史研究』第72号、2012年)、『幕末期軍事技術の基盤形成――砲術・海軍・地域』(岩田書院、2013年)、『幕末の海軍――明治維新への航跡』(吉川弘文館、2018年)など。

橋本　章(はしもと・あきら)1968年生まれ

京都文化博物館主任学芸員。

〔専門〕日本民俗学。

〔業績〕「大関ヶ原展」(京都文化博物館、2015年6月2日～7月26日)、「祇園祭――京都の夏を彩る祭礼」(京都文化博物館、2020年6月20日～7月26日)。

〔著作等〕『戦国武将英雄譚の誕生』(岩田書院、2016年)、「歴史伝承の成立過程に

関する研究――信長上洛と立入宗継の事績を題材に」(『京都文化博物館紀要朱雀』33号、2021年)など。

井上泰至(いのうえ・やすし)1961年生まれ

防衛大学校人間文化学科教授、日本伝統俳句協会常務理事。

〔業績〕NHK時代劇『まんまこと』(作中俳句担当、2015年)。藤沢市社会人講座で、NHK大河ドラマ『鎌倉殿の13人』の時代を描いた『北条九代記』を講読中。

〔著作等〕『秀吉の虚像と実像』(堀新と共編、笠間書院、2016年)、『関ケ原はいかに語られたか』(編著、勉誠出版、2017年)、『信長徹底解読』(堀新と共編、文学通信、2020年)など。

原　史彦(はら・ふみひこ)1967年生まれ

名古屋城調査研究センター主査。

〔業績〕特別展「徳川慶勝――知られざる写真家大名の生涯」(徳川美術館、2013年)、特別展「没後400年 徳川家康――天下人の遺産」(徳川美術館、2015年)特別展「徳川将軍ゆかりの名刀」(徳川美術館、2019年)など。

〔著作等〕「長篠・長久手合戦図屏風の製作背景」(徳川黎明会編『金鯱叢書』36、2010年)、「徳川家康三方ヶ原戦役画像の謎」(徳川黎明会編『金鯱叢書』43、2016年)、「「刀 銘 村正」の伝来と妖刀村正伝説」(徳川黎明会編『金鯱叢書』45、2018年)など。

川戸貴史(かわと・たかし)1974年生まれ

千葉経済大学経済学部教授。

〔著作等〕『戦国期の貨幣と経済』(吉川弘文館、2008年)、『中近世日本の貨幣流通秩序』(勉誠出版、2017年)、『戦国大名の経済学』(講談社、2020年)。

及川祥平(おいかわ・しょうへい)1983年生まれ

成城大学文芸学部専任講師。

〔著作等〕『偉人崇拝の民俗学』(勉誠出版、2017年)、『東日本大震災と民俗学』(加藤秀雄、金子祥之、クリスチャン・ゲーラットとの共編著、成城大学グローカル研究センター、2019年)、『民俗学の思考法』(岩本通弥、門田岳久、田村和

彦、川松あかりとの共編著、慶應義塾大学出版会、2021年)など。

西山　剛(にしやま・つよし)1980年生まれ

総合研究大学院大学博士後期課程満期退学。博士(文学／総合研究大学院大学)。京都文化博物館学芸員。

〔業績〕特別展「戦国時代展――A CENTURY of DREAMS」(於 京都文化博物館、2017年)、特別展「北野天満宮　信仰と名宝」(於 京都文化博物館、2019年)、企画展「町のちから　三条御倉町文書の世界」(於 京都文化博物館、2020年)、特別企画展「花ひらく町衆文化」(於 京都文化博物館、2021年)。

〔著作等〕「中世の駕輿丁と行幸」(『民衆史研究』第99号、2020年5月30日)、「近世北野社の一視角　「洛外名所図屏風　北川家本」の紹介」(『東京大学史料編纂所附属画像史料解析センター通信』第88号、2020年)、「北野祭礼神輿と禁裏駕輿丁」(『世界人権問題研究センター研究紀要』第26号、2021年)など。

鈴木一史(すずき・かずふみ)1984年生まれ

埼玉県立歴史と民俗の博物館学芸員、神奈川大学日本常民文化研究所付置非文字資料研究センター研究協力者

〔業績〕テレビ東京開局50周年特別企画ドラマスペシャル「永遠の0」(資料提供、2015年)、特別展「小田原城址の150年　モダン・オダワラ・キャッスル1868-2017」(小田原城天守閣、2017年)、NHK-BSプレミアムドキュメンタリードラマ「Akiko's Piano ～被爆したピアノが奏でる和音～」(時代考証、2020年)、『DVD付学研まんが　NEW日本の歴史12　新しい日本と国際化する社会～昭和時代後期・平成時代～』(監修、学研プラス、2021年)。

〔著作等〕「MLA連携における学芸員の役割　小田原市立図書館での実務経験から」(『記録と史料』26、2016年)、「戦争を描けなかった紙芝居――戦時下の教育紙芝居をめぐる議論から」(安田常雄編著『国策紙芝居からみる日本の戦争』勉誠出版、2018年)、「翼賛文化運動の戦中と戦後――加藤芳雄旧蔵埼玉県翼賛文化連盟関係資料から」(『埼玉県立歴史と民俗の博物館紀要』15、2021年)など。

工藤航平(くどう・こうへい)1976年生まれ

東京都公文書館史料編さん担当専門員。

〔業績〕NHK大河ドラマ「龍馬伝」(資料提供、2010年)、NHK土曜時代劇「オトコマエ！」シリーズ(時代考証補、2008～2009年)、BSジャパン「火曜スペシャル　松本清張ミステリー時代劇」(時代考証、2015年)など。

〔著作等〕『近世蔵書文化論――地域〈知〉の形成と社会』(勉誠出版、2017年)、「大河ドラマ『平清盛』放映と宮島――宮島の特質と地域文化」(大石学・時代考証学会編『時代劇メディアが語る歴史――表象とリアリズム』岩田書院、2017年)、「日本近世における地域意識と編纂文化」(『歴史評論』790、2016年)など。

編者略歴

大石　学（おおいし・まなぶ）

1953年生まれ。東京学芸大学名誉教授、日本芸術文化振興協会幹事。専門は日本近世史。
大河ドラマ『新選組！』『篤姫』『龍馬伝』『八重の桜』『花燃ゆ』『西郷どん』の時代考証を担当。著書に『時代劇の見方・楽しみ方—時代考証とリアリズム』（吉川弘文館、2013年）、『今に息づく江戸時代—首都・官僚・教育』（吉川弘文館、2021年）など多数。

時代考証学会（じだいこうしょうがっかい）

2009年創設。会長は大石学。
編著書（いずれも大石学・時代考証学会編）に『時代考証学ことはじめ』（東京堂出版、2010年）、『時代劇文化の発信地・京都』（サンライズ出版、2014年）、『時代劇メディアが語る歴史—表象とリアリズム』（岩田書院、2017年）などがある。

戦国時代劇メディアの見方・つくり方
——戦国イメージと時代考証

編　者　大石　学
　　　　時代考証学会
制　作　㈱勉誠社
発　売　勉誠出版㈱
〒101-0061 東京都千代田区神田三崎町二-一八-四
電話　〇三-五二一五-九〇二一㈹

二〇二一年一〇月一日　初版発行

印刷
製本　中央精版印刷

ISBN978-4-585-32006-7　C0021

古文書への招待

古代から近代にわたる全四十五点の古文書を丹念に読み解く。カラー図版をふんだんに配し、全点に翻刻・現代語訳・詳細な解説を付した恰好の古文書入門！

日本古文書学会 編・本体三〇〇〇円（＋税）

増補改訂新版 日本中世史入門
論文を書こう

歴史学の基本である論文執筆のためのメソッドと観点を日本中世史研究の最新の知見とともにわかりやすく紹介、歴史を学び、考えることの醍醐味を伝授する。

秋山哲雄・田中大喜・野口華世 編・本体三八〇〇円（＋税）

鎌倉北条氏人名辞典

約一一〇〇項目を立項。充実の関連資料も附録として具備し、鎌倉時代の政治・経済を主導した鎌倉北条氏の全貌を明らかにする必備のレファレンスツール。

菊池紳一 監修／北条氏研究会 編・本体一八〇〇〇円（＋税）

鷹狩の日本史

鷹狩は五世紀から十九世紀後半に至るまで権力と深く結びつきながら続けられてきた。日本史を貫く重要な要素でありながら、等閑視されてきた鷹狩の歴史を紐解く。

福田千鶴・武井弘一 編・本体三八〇〇円（＋税）

日中韓の武将伝

個別に花開いていった日・中・韓の武将伝の「偏差」を浮かび上がらせ、三者を比較することにより、文化伝播の様相を総体的かつ相互交流的に捉える。

井上泰至・長尾直茂・鄭炳説 編・本体二〇〇〇〇円（＋税）

戦国武将逸話集
訳注『常山紀談』（全四冊）

名だたる武将の逸話約七〇〇を収録した『常山紀談』を読みやすい現代語にし、注を付した。訳注『常山紀談』巻一～二五・拾遺・附録巻（全四冊）。

湯浅常山 原著／大津雄一・田口寛 訳注
（正・続）各冊本体二七〇〇円（＋税）
（続々・別冊）各冊本体一八〇〇円（＋税）

織田信長という歴史
『信長記』の彼方へ

複数残る『信長記』の自筆本や写本の系統分類と比較検討をとおして、成立・伝来に関わった中世末から近世にかけての人びとの歴史に対する向きあいかたに迫る。

金子拓 著・本体三八〇〇円（＋税）

『信長記』と信長・秀吉の時代

自筆本や新出写本、秀吉の事跡を記した『大かうさまくんきのうち』など牛一著作の詳細な調査・比較検討を通じて、通説とされてきた事件・事象に光を当てる。

金子拓 編・本体三八〇〇円（＋税）

関ヶ原合戦を読む
慶長軍記 翻刻・解説

『慶長軍記』二種（寛文三・八年本）全編を本邦初翻刻。関ヶ原合戦をめぐる歴史叙述の理解が一層深まる充実の解説と多彩なコラム、主要人名索引も収載した決定版。

井上泰至・湯浅佳子 編・本体六〇〇〇円（＋税）

関ヶ原はいかに語られたか
いくさをめぐる記憶と言説

虚像（文学および美術）を中心に武将の銘々伝的アプローチを行い、この多様な語りの諸相を整理し、関ヶ原の戦いのイメージの形成過程を明らかにする。

井上泰至 編・本体二二〇〇円（＋税）

戦国合戦図屏風の歴史学

主要作品二十数点を、歴史学の視点から丹念に読み解き、図像的特徴や成立背景、写本の普及と合戦像の定着、後世の評価について明らかにする。

高橋修 著・本体九〇〇〇円（＋税）

近世日本の歴史叙述と対外意識

近世日本において、自己と他者をめぐる言説が記憶となり、語られていく諸相を捉え、近世そして近代日本の世界観・思考のあり方を照らし出す。

井上泰至 編・本体八〇〇〇円（＋税）

江戸時代生活文化事典
重宝記が伝える江戸の智恵

学び・教養・文字・算数・農・工・商・礼法・服飾・俗信・年暦・医方・薬方・料理・食物等々、江戸時代に生きる人々の生活・思想を全面的に捉える決定版大事典。

長友千代治 編著・本体二八〇〇〇円（＋税）

江戸庶民のまじない集覧
創意工夫による生き方の智恵

江戸時代に出版・書写された資料を博捜、効能別に分類し、二四〇〇点以上の図版とともに紹介する「まじない」百科事典！

長友千代治 著・本体六〇〇〇〇円（＋税）

江戸庶民の読書と学び

当時の啓蒙書や教養書、版元・貸本屋の記録など、人びとの読書と学びの痕跡を残す諸資料の博捜により、近世における教養形成・書物流通の実情を描き出す。

長友千代治 著・本体四八〇〇円（＋税）

書物・印刷・本屋
日中韓をめぐる本の文化史

書物のジャンル、形態、印刷技術、本屋や商業出版の諸相など、日中韓の書物文化史を詳述。三九〇点を超える図版資料を収載したエンサイクロペディア。

藤本幸夫 編・本体一六〇〇〇円（＋税）

近世蔵書文化論
地域〈知〉の形成と社会

社会の基盤をなす〈知〉は、いかに形成・浸透したか。地域で受け継がれるアーカイブズを「蔵書文化」という観点から読み解き、近世社会特有の〈知〉の構造を描き出す。

工藤航平 著・本体一〇〇〇〇円(+税)

近代日本の偽史言説
歴史語りのインテレクチュアル・ヒストリー

近代日本に、何故、荒唐無稽な物語が展開・流布していったのか。オルタナティブな歴史叙述のあり方を照射し、歴史を描き出す行為の意味をあぶりだす画期的成果。

小澤実 編・本体三八〇〇円(+税)

偉人崇拝の民俗学

歴史上の人物は、共同体の記憶の中で変容し伝説化していく。人々は彼らに何を託すのか。彼らを祀る神社や史蹟、祭礼を丹念に検証し、その表象の現在に迫る。

及川祥平 著・本体六二〇〇円(+税)

パブリック・ヒストリー入門 開かれた歴史学への挑戦
【オンデマンド版】

歴史学や社会学、文化人類学のみならず、文化財レスキューや映画製作等、さまざまな歴史実践の現場より、歴史を考え、歴史を生きる営みを紹介。日本初の概説書!

菅豊・北條勝貴 編・本体四八〇〇円(+税)